本教材是国家社会科学基金（基金号2022-SKJJ-C-040）和队
2022年教改课程（基金号2022B21）项目成果

# 军人心理健康维护

主　编　保宏翔　李逢战
副主编　黄　荷　张亚娟　隋佳汝
编　者　（以姓氏拼音为序）
　　　　保宏翔　陈　晨　黄　荷
　　　　李逢战　隋佳汝　汪　瑞
　　　　王　昕　席　芳　徐鹏博
主　审　苗丹民

陕西师范大学出版总社　西安

图书代号　　JC24N1264

**图书在版编目（CIP）数据**

军人心理健康维护 / 保宏翔，李逢战主编 . -- 西安：陕西师范大学出版总社有限公司，2024. 7. -- ISBN 978-7-5695-4574-6

Ⅰ. E0-051

中国国家版本馆 CIP 数据核字第 2024G6P894 号

---

### 军人心理健康维护
JUNREN XINLI JIANKANG WEIHU

保宏翔　李逢战　主编

| 选题策划 | 曾学民 |
|---|---|
| 责任编辑 | 杨　凯 |
| 责任校对 | 宋丽娟 |
| 封面设计 | 鼎新设计 |
| 出版发行 | 陕西师范大学出版总社 |
| | （西安市长安南路 199 号　邮编 710062） |
| 网　　址 | http://www.snupg.com |
| 经　　销 | 新华书店 |
| 印　　刷 | 西安报业传媒集团 |
| 开　　本 | 787 mm×1092 mm　1/16 |
| 印　　张 | 14.5 |
| 字　　数 | 260 千 |
| 版　　次 | 2024 年 7 月第 1 版 |
| 印　　次 | 2024 年 7 月第 1 次印刷 |
| 书　　号 | ISBN 978-7-5695-4574-6 |
| 定　　价 | 72.00 元 |

读者购书、书店添货或发现印刷装订问题，请与本社高等教育出版中心联系。
电　话：（029）85307864　85303622（传真）

# 前言

　　军人肩负着保卫国家安全和民族尊严的重任，始终站在维护和平的最前线。他们以坚定的意志和无私的奉献精神，守护着万家灯火，却往往将自己的心声深藏。《军人心理健康维护》的出版，正是出于对这份牺牲与奉献的深切敬意，旨在为军人搭建一座心灵的桥梁，让阳光照进每一个可能被阴影覆盖的角落。

　　本教材的编写，源自当前社会对军人心理健康日益增长的关注和需求。在高强度的训练、执行任务的压力和长时间远离家庭的孤独中，军人的心理健康面临着前所未有的挑战。因此，维护军人的心理健康，不仅关系到个体福祉，更是提升部队战斗力、保障国家安全的重要基石。本教材分为四篇，分别为心理健康维护概述、心理健康维护常用技术与方法、心理健康维护专项技术和特定环境下官兵心理健康的维护。心理健康维护概述篇系统介绍了心理健康与维护的基本概念、内容、原则和相关问题；心理健康维护常用技术与方法篇精心甄选并详细介绍了一系列常用心理调适技巧；心理健康维护专项技术篇探讨了一些实用的心理干预方法及策略；特定环境下官兵心理健康的维护篇聚焦于高海拔环境及其他特殊情境下官兵心理健康维护的方法与技能。

　　整体而言，本教材旨在贯彻"贴近实战、贴近边防、贴近基层、贴近岗位"的教学理念，具有三个特点：一是内容编排详略分明。教材对战时及高原情境中的心理维护方法技能进行了浓墨重彩、详尽全面的讲述，对常用技术或一般技能进行了适当细化、突出要点的阐述，对森田疗法及叙事疗法两种专项技能的阐述言简意赅、详略得当。二是框架编排强调理论与实践的结合。教材对五种常用的心理维护技能，即心理健康教育、心理测验筛查、心理问题早期识别、心理咨询治疗及心理行为训练分别进行系统阐述，并按照先介绍每种技能的理论知识，再提供相应实例演示的思路展开。如此设计，可方便读者在系统学习理论知识之后，能够结合实践操作，轻松地做到学以致用。三是在内容甄选上凸显实践性和技能性。教材中所列每种技能都涉及理论阐述，并侧重技能的具体应用。

本教材适用于军队院校及基层部队相关从业人员，同时也可供地方心理工作者和研究人员参考。教材的内容对改善军人的心理健康状况有重要作用。特别感谢空军军医大学军事医学心理学系苗丹民教授对本教材编写工作的全程指导和审核。此外，本教材的出版得到了国家社会科学基金（基金号2022-SKJJ-C-040）和陆军军医大学2022年教改课题（基金号2022B21）的支持。在此，我们特别说明并向以上单位致以诚挚的感谢！

由于编者学识和精力有限，本教材在结构框架设计、知识内容编写等方面难免存在不完善及疏漏之处，敬请广大读者批评指正！

编者<br>
2024年6月

# 目录

## 第一篇 心理健康维护概述

### 第一章 绪论 / 2
第一节 心理健康维护的相关概念 / 2
第二节 军人心理健康维护内容、特点及原则 / 5
第三节 心理健康维护一般技能概述 / 10

### 第二章 军人心理健康相关问题 / 16
第一节 心理健康与不健康界定 / 16
第二节 正常心理与异常心理的甄别 / 22
第三节 军人常见精神心理问题 / 28

## 第二篇 心理健康维护常用技术与方法

### 第三章 心理健康教育 / 44
第一节 心理健康教育概述 / 44
第二节 心理健康教育的组织实施 / 47

### 第四章 心理筛查与心理测评 / 55
第一节 心理测量与心理评估 / 55
第二节 常用心理测验及其使用 / 66
第三节 军营心理筛查与评估的组织实施 / 78

## 第五章　心理咨询与心理治疗 / 98

　　第一节　军营心理咨询疏导与心理治疗 / 98
　　第二节　心理咨询的原则及一般流程 / 112
　　第三节　心理咨询治疗常见疗法概述 / 116

# 第三篇　心理健康维护专项技术

## 第六章　心理健康维护之森田疗法 / 136

　　第一节　森田疗法的理论、特点及原则 / 136
　　第二节　森田疗法的常见形式及其治疗方法 / 145

## 第七章　心理健康维护之叙事疗法 / 150

　　第一节　叙事疗法概述 / 150
　　第二节　叙事疗法的原理及适应症 / 154

## 第八章　心理危机干预及自杀防控 / 158

　　第一节　心理危机概念及其征兆表现 / 158
　　第二节　危机干预及支持技术 / 160
　　第三节　自杀防控及DBT技术简述 / 166

# 第四篇　特定环境下官兵心理健康的维护

## 第九章　战场团体心理训练与心理辅导 / 176

　　第一节　组织心理健康及团体心理训练 / 176
　　第二节　战时团训组织与集体心理晤谈技术 / 186
　　第三节　战时心理自助互助及战后心理调适 / 196

## 第十章　高原军人心理健康维护方法 / 204

　　第一节　高原军人认知神经心理功能损伤与维护 / 204
　　第二节　常驻高原军人心身及现实问题应对 / 206
　　第三节　高原驻训及临战情境中的心理维护 / 211

**参考文献 / 217**

**附录 / 221**

**后记 / 225**

# 第一篇
# 心理健康维护概述

本篇共设两个章节，第一章为绪论，阐述了心理健康维护的相关概念，并对心理工作和心理健康维护工作两个概念进行了辨析和界定；接下来对军人心理健康维护的内容、特点及原则做了详细阐述。其中，在军人心理健康维护部分，专门增加了高原卫生军士心理维护内容的建构与解析，凸显和强化了高原卫生军士这一特殊心理卫士的职能、价值。在第一章末节对常见的 5 种心理技能（心理卫生工作基本能力构成）——心理健康教育、心理筛查、心理问题识别、心理疏导、心理行为训练分别进行了简述；第二章介绍了军人心理健康相关问题，整章内容围绕心理健康相关概念及其理论展开，具体来说，本章三节内容分别聚焦心理健康与不健康，正常心理与异常心理及军人常见精神心理问题 3 个重要内容模块。阐述的方式包括理论简述、举例说明、示例演示等。

# 第一章 绪论

> **教学目标及要求**
>
> 知识：了解心理工作、心理健康维护等概念，熟悉军人心理健康维护能力构成，掌握五大心理健康维护技能的基本内涵。
>
> 能力：初步开展心理维护工作的能力。
>
> 素质：心理健康维护需要坚持以人为本的理念，开展心理健康维护工作需秉持科学态度和运用科学方法。

## 第一节 心理健康维护的相关概念

### 一、心理工作

心理工作的概念很广泛，既包括心理学基础研究工作（如普通心理学所涵盖的全部内容），又包括心理学应用研究工作。心理学基础研究内容广泛而丰富，涉及心理学的研究对象、研究任务、研究方法及目的等。心理学的研究对象可细分为心理过程（如感觉、知觉、记忆、思维、想象和情绪情感），以及个性特征（如能力、人格、需要、动机等）。心理学是从哲学分化而来的，就其研究方法而言，既具有研究哲学所用的方法——直觉的、反理智的，又具有研究科学所用的方法——逻辑的、理智的。常用的心理学研究方法包括调查法、观察法、个案法等。通过心理学基础研究，人们最终期望弄清楚意识的运作机制。应用心理学的内容则更加丰富，包括医学心理学（临床心理学）、变态心理学、健康心理学、教育心理学、学校心理学、社会心理学、工业及组织心理学、工程心理学、法医心理学、犯罪心理学、运动心理学、发展心理学（毕生心理学）、人格心理学、认知心理学、军事心理学等。

通常人们所谈及的心理服务概念与本教材中的心理健康维护比较接近，属于心理学的应用层面或应用心理学范畴。

## 二、心理健康维护

心理健康维护一方面指维护心理健康的技能方法及具体措施等，另一方面指人们在日常生活中，通过调谐人格、调整认知、调节情绪、调适行为，使个体保持一个良好或健康的心理状态。心理健康维护可促成诸多目标，如涵养乐观心态、培养积极情绪、拓宽心理相容性、构建良好人际关系等。宋华淼教授在其著作《军人心理健康维护》中对心理健康维护一词做了专门界定：指帮助他人解决心理困惑和心理问题，使其以健康、轻松的心理面对军事训练及军事生活。在心理健康维护过程中，帮助者与被帮助者的关系是平等的，是帮助、顾问、朋友的关系。江光荣教授在其《大学生心理健康素养》一文中也提及心理健康维护概念并重新界定了心理健康素养（心理健康素养一词最早由安东尼·乔姆和他的同事们于 1997 年提出）。该文对健康教育与健康维护关系的进一步阐述指出，心理健康教育属于通识教育，而心理健康维护一般为专业性服务，包括心理咨询、团体活动、转介、危机干预等，个体可通过接受心理健康教育及学习心理健康维护技能而提升自己的心理健康素养。2017 年国家卫生计生委等 22 个部门印发《关于加强心理健康服务的指导性意见》，该文件提出将"提高公民心理健康素养作为精神文明建设的重要内容"，并且明确了心理健康素养的目标："到 2020 年，全民心理健康意识明显提高""到 2030 年，全民心理健康素养普遍提升"。此外，在苗丹民教授的著作《基层心理工作手册》中，我们也可以领悟出部队心理健康维护工作的内涵和外延。事实上，将心理健康维护与心理健康教育相提并论并不十分妥当，因为心理健康维护概念的外延比心理健康教育、心理筛查、心理咨询以及心理训练等概念更宽泛。简而言之，后者属于心理健康维护的具体形式。

心理健康维护能力构成主要包括心理健康教育、心理测评、心理问题识别、心理咨询或心理访谈、心理行为训练等。具体内容如图 1-1 所示。

图 1-1 心理健康维护框架示意图

注："宣""评""甄""咨""勤""训"分别指心理健康知识宣教、心理测评、心理问题识别及疾病甄别、心理咨询、心理卫勤救援/心理急救，以及心理行为训练。

心理健康教育是关注人的教育，目的是增强人的适应性，促进人的发展和自我实现，提升人的价值、尊严、创造性和积极情感，实现人的终身成长。需要强调的是，学校心理健康教育不是万能的，对心理健康教育的功能、作用不能过高估计。此外，实际工作中的心理援助主要是一种健康教育，不是心理咨询或心理治疗，其特点是时间短、目标明确，旨在帮助当事人尽快恢复正常生活，包括使其心理状态从混乱恢复到有序、从麻木到清醒、从失衡到平衡、从异常到正常、从无力到有力。

心理测评同样是一种常用的心理健康维护技能，实际工作中，主要通过选择适当的心理量表进行。心理测评可以是全员普查，也可以针对个体进行。例如，对重点人群的筛查复检是旨在针对个体的一种测评。

心理问题识别，即心理问题的早期识别与心理障碍（症状）的甄别，指通过观察法、访谈法及测验法等及早发现一般人群中的高危个体（具备不健康人格/极端特质或易感特质者）或可疑人群（具备某种障碍典型疾病征兆者）。这一心理技能颇似古人所说的"上工治未病，中工治欲病，下工治已病"之"欲病"阶段去发现疾病的端倪。

心理咨询或心理访谈（本教材不从学术层面对相近概念如心理疏导、心理辅导等做区分）是心理健康维护中最常用的一种方法技能，很多时候，心理访谈是心理诊断或心理评估中最终定性的关键心理技术手段。

心理行为训练，在有些环境或语境中也简称为心理团训或团体心理训练，是常用的心理健康维护技能方法之一，其受训对象更多为群体或团体。此项技能通常通过创设真实情境或情景，选取经典主题活动，由组训师带领团队组织训练，达成既定训练目的，比如强化意志力、增强适应力、提升抗挫力、练胆强心、培塑强健受训者心理素质品格等。心理训练特别注重训练中受训人员的主动参与、积极体验。

综上所述，心理健康维护概念的外延更广泛。它涵盖了心理健康教育、心理行为训练、心理疏导等多个方面。为厘清概念界限、便于准确应用，实际工作中需做好：（1）应用中，在不致出现混淆的情况下，可以不对这些概念做特别区分。但如果在学术研究层面或涉及课程目标定位时，则需对上述概念间的区别及联系进行界定和辨析，搞清楚它们的交叉重合及异同点不仅十分必要也非常有益。（2）实践中，解决上述问题最简单的方法就是参考现有概念，即在心理健康维护一词中，加入"自我"二字，将此概念明确为心理健康自我维护，以使表达更准确。因为学术研究中，在提及心理健康维护时，更偏向指代维护他人心理健康的工作，即利用专业知识技能和经验为他人的心理健康提供服务。(3)相比心理健康教育、心理测评、心理问题识别、心理行为训练，心理健康维护工作更多聚焦个体，即如何维护个体心理健康，这点与前者不同。

最后特别呼吁，在心理健康维护方面，教育需要承担更多的责任。教育不能只关注育才，其育人功能更为重要。生命教育、价值观培育、思想政治教育也不单单只是心理健康相关课程或思政课程之责任，全社会都应该且必须对教育职能中生命教育的不足或缺失负起责任。习近平总书记在党的二十大报告中强调，"办好人民满意的教育"。唯有各方通力合作，才能从根本上维护好国民及官兵的心理健康、切实有效防范严重乃至恶性心理问题的发生，真正落实好教育的立德树人之功能。

## 第二节 军人心理健康维护内容、特点及原则

### 一、军人心理健康维护一般内容

军人心理健康维护内容可区分为情绪相关问题、认知信念相关问题及困扰、意志行为品性问题，以及极端性格或不健康人格等问题。

其中病理性或精神病性问题，严格意义上讲，已经超出了心理健康维护的范畴，更多属于变态心理学的研究范畴。此外，就军人心理健康维护对象而言，其人群面非常广泛，可以是健康人群，也可以是病人，比如各种神经症、人格障碍等。军人心理健康维护的范围主要界定在以下三个方面。

(一)障碍性问题

障碍性问题，可简单理解为平常所说的病理性问题或心理障碍，如果进行细分，可分为以情绪问题为主导症状、以认知问题为主导症状、以行为不适为主导症状以及以极端人格倾向为主导症状的障碍性问题。障碍性心理问题还包括性心理障碍、自杀等社会身心问题。以情绪不适为主导症状的障碍性问题，例如抑郁症、躁郁双相、焦虑症等；以认知信念（不合理）结合情绪为主导症状的障碍，例如强迫症等（强迫症根源可能源自情绪，比如缺乏安全感）；以行为为主的，例如社交恐惧、多动症等；以不健康人格或极端性格为主要症状的障碍性问题，例如各种常见人格障碍。从严格意义上讲，此类心理健康维护对象的问题本质已属于心理异常范畴。针对障碍性问题，

有医学背景或精神病专业培训的工作人员会更加专业。

（二）适应性相关问题

适应性相关问题，主要指适应不良、适应障碍等问题（不包括个体自身内部冲突失谐所致的适应性问题），表现为个体与环境不能和谐相处、协调一致而导致的心理困扰，包括人际关系、管理环境、训练环境等方面的适应。此类问题主要由军队各级政工和管理人员负责，具有政工、管理、心理学知识，尤其是熟悉社会心理学、熟悉人际沟通理论的人员也可做这项工作。部队生活环境相对艰苦、训练标准高、训练强度大、心理负荷重，这些现实因素对军人适应提出更高要求。开展心理适应性专题服务，可以有效促进当事人快速适应新环境、帮助其提高生活质量和工作效率。

（三）发展性心理问题

发展性心理问题，即个体在成长发展过程中出现的心理问题，此类问题表现为个体自身不能建立正确的自我认知。发展心理学可以作为其主要理论基础。发展性心理问题可追溯到胎儿期、婴幼儿期、儿童期、青少年期等各阶段。儿童期常见心理问题，比如多动症、关键期或敏感期相关问题等；青少年期心理问题聚焦青春期相关的心理问题；青年期到了适婚年龄，会遭遇婚恋困惑、性心理困惑、职业发展规划相关问题等。在个体发展过程中，并非每个人都能对自我心理特征有深刻的理解，对自己有深入的了解，这些都会导致我们不能正视现实及无法正确认识自己。军事生活中高强度的训练任务、集体生活中的人际交往以及个人发展过程中产生的各种挫折和不适应问题等，大多并非心理疾病，而是个体在成长过程中的正常现象，属于发展性心理问题。因此，通过正面心理教育、积极引导，可以促进其健康成长、健全人格的塑造。

## 二、高原边防卫生军士心理维护内容体系建构

高原边防卫生军士作为高原重要的卫勤保障力量，在维护好自身心理健康的同时，还需积极协助高原边防军医或心理医生开展平战时心理卫生服务工作。因此，探索高原边防卫生军士心理维护的内容构建具有重要的现实意义。

（一）高原边防卫生军士心理维护内容沿革

早期，高原边防卫生军士心理维护内容主要参考"军人心理教育训练"课程，在内容设置中，心理行为训练内容占比较大；其他必备的关键心理卫生服务技能，如平时心理问题及障碍的预防、战时心理应激早期识别干预等，相对较少。此外，卫生军

士普遍对常用心理调适方法、心理测验知识、心理健康教育等掌握严重不足，导致他们无法协助心理医生及军医有效开展基本的心理筛查工作。

之后，在原有"军人心理教育训练"课程基础上，增设"军人心理健康维护"课程，不仅拓展了高原卫生军士心理卫生服务技能，也让心理课程内容趋于完备。

目前，针对高原边防卫生军士能力素质要求，其心理健康维护内容再次被整合、进一步优化，不断的调整和优化使得为战育人的导向愈发鲜明。

（二）高原边防卫生军士能力要求分析

就高原边防卫生军士而言，其心理卫生服务能力要求可归结为三个维度：（1）常用技能及要求。常用技能包括五个方面，即易学易用的心理评估方法、快捷实用的心理咨询技能（战地短程心理咨询技术，如支持性技术、合理情绪疗法等）、常用有效的心理测验技术（SCL-90，艾森克人格问卷等）、高效管用的情绪调节技能（如ABC理论、合理宣泄法等），以及高原环境团训及团体辅导技术（适合高原环境及战场环境的团队合作主题项目的组织）。（2）急需的技能及要求。急需掌握的技能主要指心理障碍高危人群早期识别关键技能。及时发现思想波动，并做好高危人群早期识别是一项低投入高回报的工作，做好早发现、早预防，可有效减少干预成本，此项能力也是课程教学计划所规定的受训者基本能力目标之一，即协助专职心理医生或军医开展心理识别及筛查工作（后者主要由专业心理军医承担）。（3）专项技能及要求。专项或特殊情境所需技能主要指战时心理自救互救，尤其是高原环境作战现场心理急救技术。心理自救互救又称为心理自助互助，高原卫生军士特别需要具备战斗应激反应早期识别、自救互救及预防干预技能（如正常化技术、稳定化技术、战场应激恢复技术、支持性技术等）。战斗应激反应极易引发战场失能，造成战斗力下降，导致非战斗减员。上述这些问题值得思考，且亟待解决。

（三）高原边防卫生军士心理维护内容体系重构

最终构建的高原边防卫生军士心理健康维护内容体现在"三心"：①知心。使受训者学习青年官兵心理特点相关知识，以便更好地掌握心理科学知识、心理健康常识，理解被服务官兵心理特点及其变化规律，此功能可被称为"知心"。②强心。加大实际课比重，教学训练中设置了自信心、压力情境（比如临战、待战、近似实战）下心理适应力、意志力及耐挫能力主题训练。这些内容重在增强受训者的心理素质，可谓之"强心"。训练中有意识关注并加强卫生军士交流分享环节质量，以便有针对性地培养卫生军士组训中的心理卫生服务能力。③护心。针对其岗位需求，在必备心理技能（疏导咨询、早期识别、高危筛查）的基础上，内容体系中突出战场心理自救互救技能训练。

此外，教学中专门强化心理健康筛查及早期识别，旨在教授卫生军士心理筛查具体实施及识别方法。高原边防卫生军士心理维护内容体系最终涵盖青年士兵心理问题特点及心理问题识别、心理行为训练、心理疏导、心理危机干预与自杀防控、战时及非战争军事行动中的心理调适五大模块，这五大模块分别对应以下五种具体技能或技术：①能够从心理过程及个性心理两个维度去检视青年士兵心理问题，能够初步识别心理异常，能够初步判断一般心理问题及严重心理问题，能协助军医或心理医生开展心理测验等工作；②具备独立开展军营常见心理行为训练主题（人际沟通、自信心、团队信任协作、战场心理适应等）及心理行为训练组训的技能；③能初步运用沟通技巧为官兵进行心理疏导；④能够识别自杀高危人群，协助军医及心理医生进行心理危机干预处置；⑤具备战时心理调控技能，尤其是战时心理自助互助技能（正常化技术、战场应激恢复技术等）及战场心理救治技能（放松技术、稳定化技术等）。

### 三、军人心理健康维护特点及原则

（一）军人心理健康维护特点

军人或军营具有不同于地方人群的诸多特点，比如快节奏的生活模式、高强度的训练和作业、频繁的突发任务转换、艰苦的工作环境、严格的管理模式、集体或群居的生活环境、远离亲人等。这些特点使得军人心理健康问题不同于普通人群，因此使军人心理健康维护体现出不同的特点，如下所示。

第一，军队心理健康维护工作主要由部队管理人员和心理咨询人员承担。前者包括连指导员、营教导员及政治工作部的某些职能机构，后者包括心理学专业的从业者，或经过心理学专业的系统培训、获得相关资质证书者。

第二，心理健康维护具有双向性特点。心理健康维护一般由受困当事人和心理服务工作者两部分构成，心理工作者在帮助当事人解决困惑、促其成长的同时，自己也从中受益、获得成长。此外，这里的双向性还包括当事人主动寻求心理帮助和被动接受心理帮助这一层含义。在咨询过程中，咨询师起着主导作用，当事人在咨询过程中为主体，双方共同配合又相互影响。心理健康维护效果很大程度上取决于咨询关系是否良好以及当事人求助意愿及求助动机。

第三，在心理健康维护中双方具有平等性。如前所述，心理健康维护显著不同于心理健康教育，工作中双方有商议、探讨的机会，虽然咨询师处于帮助、指导地位，但双方是平等的。当事人自由、无顾虑地表达自己，咨询师则引导当事人了解自己，探究他们的痛苦及心理问题产生的原因，引导来访者思考，帮助来访者正确认识自我，修正来访者不合理的认知。

第四，心理健康维护的内涵更加丰富。这包括处理发展性问题及病理性问题，比如适应性问题、人际困扰问题、发展规划问题、青春期常见问题、性心理困惑和婚恋等问题。

第五，心理健康维护方式可分为个体维护和团体维护。比如，对包含隐私的困扰性心理问题，单个咨询更为适合。针对某些心理问题，进行团体心理健康维护则效果更佳。例如，对于关系问题、人际交往问题，团体咨询的效果显著好于个体咨询，因为团体本身就是一个小型社会和人际交往圈，在关系中参与者得到了情绪调整和行为矫正，这种效果可迁移到日常的社会生活中。

（二）军人心理健康维护原则

做好心理健康维护，要洞悉人性人心，遵循心理学的规律，深刻把握人是不断发展的、心理是不断变化的事实特点。在具体开展工作时，要遵循以下原则。

第一，参与体验与教育点化相结合的原则。在课程教学中，学员应该注重积极参与教学过程，特别是实践课程。要积极主动地扮演咨询师或来访者的角色进行体验。

第二，坚持和风细雨的启发性原则。个体辅导或团体辅导，尤其是个体辅导，要注重引导来访者对自己的心理问题进行探索，对不合理的认知进行修正。

第三，相互信任的保密原则。部队心理辅导虽有其特殊性，但应尽量遵守保密原则（某些特殊情况除外，如面对自杀边缘或自杀高危人群）。保密与信任在确保咨询质效和来访者畅通的沟通方面起着重要作用，信任是保密的基础，是确保咨询效果的支柱，保密则是对信任的保护。咨询应该尊重来访者的隐私，并保护信息的私密性，切忌将心理健康维护对象所谈及的内容作为茶余饭后的谈资到处讲。在保密方面可能会遇到许多问题，比如：①比如与主管协商是否会违反保密规定；②如何记录信息；③来访者身份信息的保密；④是否要告知来访者保密范围；等等。

此外，保密是一个伦理概念，被界定为道德责任和职业义务，要求在与来访者的私人互动中所获信息不会被泄露给其他人,只有在特殊情况或法律授权的情况下,例如当来访者可能会自杀或伤及他人时。

第四,实践验证原则。任何一种理论方法是否适用于现实条件,都需要通过在实际应用中加以验证。

第五,相互平等的交友原则。双方平等是很重要的,相互之间要交朋友,使当事人在咨询过程中感受到亲切、自由、毫无顾忌,从而放下心理负担。军人心理健康维护过程就像朋友间沟通谈心、朋友间相互提建议。最好在访谈中充分运用共情技术,以保证咨询工作开端良好,最终达到较好的目标。

## 第三节 心理健康维护一般技能概述

军人心理健康维护更多指技能方法层面,即偏向方法论。其理论基础更多参照普通心理学、医学心理学、临床心理学、积极心理学、发展心理学等诸多课程体系,也可从上述体系中找到心理健康维护技能方法所依据的心理学原理、疾病发生的深层机制等。有效的心理健康维护通常是多维度的,是多种心理技能联用、多管齐下、综合施策,以便最大限度维护官兵心理健康。本教材中总结提炼出心理健康维护"六结合"模式,具体的做法及经验被《解放军健康》杂志报道。"六结合"创新理念包括:①筛查模式探新:坚持心理测评与心理建档相结合;②测验模式探新:坚持症状测量与人格特质测量相结合;③施测模式探新:坚持传统测量技术与现代测量技术相结合;④咨询模式探新:坚持主动咨询与传统被动咨询相结合;⑤防护模式探新:坚持教育"知心"与训练"强心"相结合;⑥测题模式探新:坚持人格测验优势过程与理想点过程题目相结合。上述"六结合"模式涵盖了前述诸多心理健康维护技能方法,以下概要介绍心理健康维护常见五大技能方法。

### 一、心理健康教育技能

心理健康教育,即心理健康宣教或心理教育,是部队心理工作的首要任务,属于部队健康教育范畴,心理健康教育强调"知、信、行",即人们是否知晓、掌握了基本的心理科学知识、心理健康常识,人们对心理知识、健康行为习惯的态度如何以及人们是否能够真正践行那些科学的、健康的生活方式及处世方式等。心理教育在心理健康及心理卫生知识的宣教、传播，以及健康促进方面承担主要功能，尤其要承担"知心"之责。这里的知心包括两层意思：其一，通过心理健康教育要让官兵知晓心理学知识；其二，通过心理健康教育，要让官兵能够科学认识、理解自身及他人心理活动的发生、发展规律，从而降低军事训练及军事任务中，尤其是对抗性训练中心理问题发生的概率，提升心理健康水平及心理素质。

### 二、心理健康筛查技能

心理健康筛查或心理检测主要指利用心理测验（心理量表或心理问卷）对受测者及其某种心理品质，如情绪、人格特质、能力等进行评定或测量，以辅助诊断或心理评估。心理健康筛查或心理检测主要指普筛（即全员筛查），也有针对特定人员动态的心理检测，后者主要是辅助诊断。

### 三、心理问题早期识别技能

心理问题识别，即心理问题的早期识别和早期发现，这种心理健康维护技能侧重于心理疾患的早期表现，包括心理、躯体、意志、行为等维度。主要是通过观察法去发现个体是否表现出某种异常，如睡眠、食欲、情绪、脾性、行为、言语、认知等方面是否发生明显改变，以此来识别潜在的可疑个体。以自杀为例，多数自杀者在结束生命前都会出现异常表现，比如言语中谈及死亡、行为习惯比较反常，这些症状为及早发现心理问题提供了重要线索。

### 四、心理疏导与心理咨询技能

广义上讲，心理疏导、心理访谈、心理咨询等概念几乎同义（心理咨询偏学术，心理辅导、心理疏导为口头用语），可将它们看成同一概念，隶属于咨询心理学范畴。心理疏导是一种岗位技能而非一种职业，需要具备相应的理论基础，且其专业性较强。心理疏导的应用范围非常广泛，包括但不限于疏泄不良情绪、处理成长烦恼困扰、婚恋问题、亲子关系问题、压力问题、人际关系问题、适应不良、职业发展困惑、心理创伤等。

### 五、心理行为训练技能

心理行为训练，有时亦简称为心理训练或团训，这里的训练技能更多指组训组织技能，它是在人为创造的某种环境中，使用一定的刺激手段有意识、有目的地对人的生理和心理施加影响,继而提高心理适应力、应对能力、意志力,增进身心健康和工作效能。心理行为训练概念的另一表述为,依据心理学基本原理,按照一定方法步骤,创设特定环境和情境(情景设置,提升训练逼真性),引发参训者心理体验,引导其完成一系列行为活动,改变其原有不合理认知,培养心理品质和提高心理素质,达到适应军事作业的要求。心理行为训练是基层部队强化官兵心理素质的重要举措,为了强化官兵意志力,练胆强心可通过高空项目达成。

心理行为训练一词最早出现在二战期间的英国,当时大西洋商务船队屡遭德国潜艇袭击,许多缺乏经验的年轻海员葬身海底,人们从幸存下来的船员中发现,生还者并不一定都是体能最好的人,但是求生意志最顽强的一群人。针对这种情况,德国人库尔特汉恩和英国人劳伦斯豪尔特在陆地上建立了一所海上训练学校,该学校校训就是"There is more in you than you think."(你拥有的超乎你的想象)。学校的训练目的是训练年轻海员海上生存技能和触礁后生存技巧,使他们的身体,特别是意志力得到锻炼。简言之,心理行为训练最初就是磨炼人的意志的一种训练方式,通过挑战自我极限,让受训者经过一段时间的培训后,激发其潜能、超越自己,做到过去无法做到的事情。

信念是一个人内心强大的基础。内心强大的人,能够在生活中慢慢建立起自己内在的信念,磨难越多,内心越强大,俗语说"苦练72变,笑对81难",强调了磨难和磨炼的重要性。系统的心理行为训练可以培养个人强健的心理品质,包括心理稳定性、意志力、适应力、耐挫抗压力及复原力(逆商)、自信心、团队凝聚力、合作互助精神等,最终达到练胆强心、提升个体综合心理品质的目的。《美国陆军野战手册》指出在训练有素、凝聚力强的部队中,受伤士兵中战斗应激反应的发生率不到十分之一。研究表明,复杂困难的训练场景可以增强96%的军人的心理适应性,减少消极反应。

## 附:某部心理维护工作实施方案示例

针对新兵思想心理受环境变化(高独处、高集中、高效率、高纯洁、高转换、高强度……节奏紧张、相对单调、严管、封闭、缺乏私密空间等)影响较大的实际,通过传授心理健康知识、分析新兵常见心理问题(人际适应欠佳、训练成绩较差等)、教授受训人员自我心理调适方法(心理问题的产生很多时候是由于缺乏心理调节技巧)

和疏导技能，帮助新兵尽快适应（内部认知层，压力不可避免，积极态度和正常心态，接受现实很重要；外界关系层，更多社会支持助力；明白身心相互影响、不可分割，从身体层面调整开始，比如充分睡眠、适当锻炼、多走出去等）训练管理、融入集体生活。其中心理专题讲座可参考主题——《积极适应，主动发展——新兵心理健康调适》。下面是开展心理服务的具体做法。

一、心理测验（心理筛查）

1.测试量表组合（共计5个问卷90道题）

（1）心理层面：包括症状类和人格类。症状类包括：①贝克抑郁自评量表（Beck Depression Inventory，BDI）（简版）13题，计分方式4级（0，1，2，3），结果解释：0—4分，基本上无症状；5—7分轻度；8—15分，中度；16分及以上，严重。②依赖型人格量表（Dependent Personality Questionnaire，DPQ）（自我批评维度）10题，计分方式7级（强烈反对1分，比较反对2分，轻微反对3分，既不反对也不同意4分，稍微同意5分，比较同意6分，完全同意7分），高校大学生常模36.47±9.48分（正态分布临界值可以55分为参考）。

人格类包括：①艾森克人格问卷（Eysenck Personality Questionnaire，EPQ）（神经质维度24题），计分方式0，1二级计分制，结果解释略；②积极心理资本问卷（Positive Psycap Questionnaire，PPQ）心理资本问卷26题，5级计分制，即很不符合1分，不太符合2分，不能确定3分，有点符合4分，非常符合5分。

（2）社会支持层面：青少年社会支持量表（Adolescent Social Support Scale，ASSS）青少年社会支持量表17题，5级计分制，即符合5分，有点符合4分，不确定3分，有点不符合2分，不符合1分。

2.施测方式及策略

（1）问卷星。

（2）题目编排及施测先心理类测验，后社会支持类测验。其中，心理层面，按照先症状后人格顺序编入。

3.数据分析。

二、心理健康教育（专题讲座）

1.专题内容参考

比如，针对新兵，"尽快适应新环境，迈好军旅第一步"，"掌握心理适应规律，

# 第二章 军人心理健康相关问题

> **教学目标及要求**
>
> 知识：了解心理健康的标准、心理异常、心理不健康、神经症、人格障碍、精神疾病等概念，熟悉军营平战时常见心理问题，掌握心理及精神问题的识别要点。
>
> 能力：能区分一般心理问题、严重心理问题及神经症性心理问题。
>
> 素质：形成维护军人心理健康就是维护战斗力（战时），就是维护部队安全稳定与发展（平时）的理念。

## 第一节 心理健康与不健康界定

关于心理健康的定义有很多，第三届国际心理卫生大会认为，心理健康是在身体、智能以及情感上与他人的心理健康不相矛盾的范围内，将个人心境发展成最佳状态。有学者提出心理健康是指一种持续的、积极发展的心理状况，在这种状况下，主体能做出良好的适应，能充分发挥身心潜能。还有人认为心理健康指有安全感、归属感、价值感等。不过，目前较为普遍的观点认为，心理健康是能够充分发挥个人的最大潜能，能妥善处理和适应人与人之间、人与社会环境之间的关系。具体说心理健康有两层含义：一是心理功能正常，没有心理疾病；二是能积极调节自己的心理状态，顺应环境，能有效地、富有建设性地完善个人生活，并具有积极发展的心理状态。

从本质上讲，人的心理状态是一个动态变化的过程，心理健康与心理不健康不是泾渭分明、截然分开的。著名军事心理学家苗丹民教授曾说："我们生活中大多数人，既达不到绝对的、理想的心理健康，也并不是精神疾病的患者，而是有'心理问题'的正常人，这群人的比例可能高达90%以上。"

## 一、心理健康

现代全维健康的理念告诉我们，躯体健康是心理健康的基础和前提，心理健康是躯体健康的保证和动力。一个人只有全维健康，才能维持身心的平衡，才能更好地适应社会生活，才能更有效地为社会和人类做出贡献。图 2-1 是美国军队全维健康（Total Force Fitness，TFF）理念示意图。

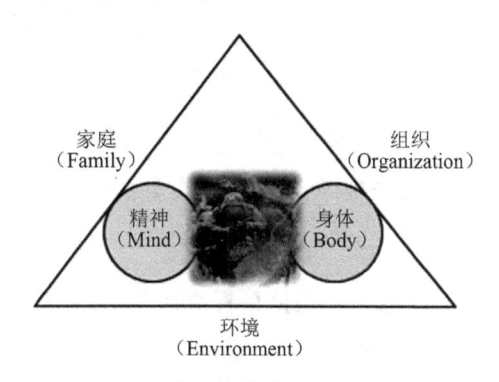

**图 2-1　美军全维健康理念示意图**

此外，2023 年 5 月教育部等十七部门印发《全面加强和改进新时代学生心理健康工作专项行动计划（2023—2025 年）》，其中主要任务板块提出了"五育并举"促进心理健康的理念，"五育并举"，即以德育心、以智慧心、以体强心、以美润心、以劳健心。此举将传统五育中的德、智、体、美、劳与心理健康促进高度关联起来，为心理健康维护促进提供了全新的视角。人所共知，心理健康涵盖心智功能，包括知、情、意、人格等多方面的良好状态。目前心理健康标准有多种版本，以下介绍其中最常见的心理健康标准以及军人群体的心理健康标准。

### （一）心理健康的标准

心理健康通常指身体、智力、情绪十分协调，能积极适应环境，人际关系融洽，有幸福感，在职业工作中能充分发挥自己的能力。

**1. 智力发展正常**

智力是一个人观察力、注意力、记忆力、想象力和思维能力等能力的综合。智力正常是一个人学习、生活、工作最基本的心理条件，也是一个人适应周围环境、实现自我发展的心理保证，因此，智力正常是一个人心理健康的首要标准。

**2. 情绪积极稳定**

情绪是人们对客观事物是否符合其需要所产生的态度体验，这一条是心理健康的主要标志。心理健康的人的积极情绪多于消极情绪，总体上能够保持乐观、积极、向上的心态。当然，每个人在生活、学习及工作中都难免遇到困难和挫折，心理健康与不健康的主要区别，不在于是否产生了消极情绪，而在于这种消极情绪持续时间的长短，以及是否可以从消极情绪中自行脱离出来。例如，某个战士与其战友闹矛盾了，或者是考试没发挥好，长期处于郁闷、悲伤、失望等消极情绪中，不善于自我调节，那么他就不能算一个完全的心理健康的人。此外，情绪反应适度也是一项标准，比如，你在公共汽车上被别人踩了一脚，你可能心里会不痛快，但如果你极度愤怒，暴跳如雷，那么你的情绪反应就是不适度的，你的心理也就不能说是完全健康的。总之，我们一定要善于调节自己的情绪，使自己保持一个良好的状态。

**3. 意志品质健全**

意志是指人们自觉确定目标，并根据目标克服各种困难，实现预定目标的心理过程。意志品质健全包括自觉性、果断性、顽强性、自制力等方面。

（1）自觉性。自觉性是指有自主意识，善于按照自己的想法独立确定目标，选择适当的方法并付诸行动实现它。简单地说，就是主动，不用别人督促。

（2）果断性。果断性是指在复杂的情况中能够迅速有效地采取决定，及时勇敢地投入行动，而不是优柔寡断，抑或草率鲁莽。

（3）顽强性。顽强性有两方面含义：一方面，表现为意志坚定，在任何时候任何条件下都不动摇，执着地追求目标；另一方面，表现为顽强的毅力，为了目标，不怕困难，坚持到底。

（4）自制力。自制力又称为意志力或意志的自制性，常和任性相对，任性通常指不管对达到目的是否有帮助，只凭兴趣想干什么就干什么；而意志力则是指管理和控制自己情绪及行为的能力，一般表现为两个方面。一方面，能抵制与实现目标不一致的思想、情绪、外界的诱惑等；另一方面，为了实现目标能够忍受各种痛苦和磨难。

**4. 自我意识正确**

自我意识是个人对自己的身体、心理、行为以及自己与他人，自己与社会关系的一种认识。自我意识正确，就是指能够正确地认识自己，全面客观地评价自己，了解自己，接受自己，对自己的生活目标和理想也能设立得切合实际。也就是说，能够使理想的我和现实的我统一起来，基本上对自己是满意的，同时能够不断地提高自己，即使对自己无法补救的缺陷，也能泰然处之，而那些心理不健康的人要么经常和自己过不去，对自己总是持否定的态度；要么对自己的评价过高，自我感觉过于良好，不切实际。

**5. 人格和谐完整**

人格也被称为个性，是指一个人区别于另一个人的独特的心理特性，包括气质、性格、需要、动机、兴趣、理想、信念、世界观等诸多因素。心理健康的人，其人格能够从精神面貌中完整、协调、和谐地表现出来，思考方式也是适中且合理的；待人接物能采取恰当、灵活的态度；不会因外界的刺激产生偏激的情绪和行为反应，能够与社会的步调合拍，也能与集体融为一体；等等。

**6. 人际关系和谐**

和谐的人际关系既是心理健康的一个重要标志，也是提高人们心理健康水平的一个重要途径，还是个体心理健康的奋斗目标。和谐的人际关系主要表现在：乐于与人交往；与人交往的过程中表现得不卑不亢，保持自己的个性；能够客观地评价别人，吸收别人的长处，弥补自己的不足，严于律己，宽以待人；与人交往的过程中能以真诚、尊重、信任、友爱、宽容、理解的态度与人友好相处，能够接受和给予爱及友谊；另外，与集体能够保持协调的关系，能与他人同心协力，合作共事，这些都是人际关系和谐的重要表现。

**7. 适应能力良好**

人活在世界上，就要有一种积极的适应机制，当外界环境发生变化的时候，我们就要做出行为上的改变，以与外界环境相协调。如果遇到短期内无法改变的情况，那么就需要积极地适应这个环境，保持平衡的心态，并在适应中寻求自身的发展。适应主要指以下三方面。

（1）社会适应指能够与集体保持一种良好的关系，能够与集体步调一致，当个人的需要和愿望与社会的要求、集体的利益发生冲突时，能够迅速地自我调节，达到与社会协调一致。

（2）学习适应，主要指学会学习，掌握科学的学习方法和策略，能够优化自己的学习过程，调控自己的学习状态，不断地开发自身的潜能。

（3）生活适应是指能够调控解决生活中遇到的各种问题，掌握排解心理困扰、减轻心理压力的方法。

（二）军人心理健康的标准

参考心理健康的定义及一般性指标，根据军队使命要求和军事职业特点，军人心理健康的标准可以概括为以下八个方面。

（1）认同军人的身份。对穿上军装入伍有情感认同，对站岗执勤戍边卫国有价值认同，对不怕牺牲敢打胜仗有职业认同。

（2）智力水平正常。智力正常是一个人生活、学习、工作最基本的条件。根据韦氏智力量表，中等智力水平的人智商在90~110之间。打赢信息化战争，要求军人至少要在这个水平上，才能有效完成军事任务。

（3）情绪积极稳定。心理健康的军人，在工作生活中，应该始终保持愉快、乐观、开朗的阳光心态。虽然有时也会出现悲伤、愤怒等消极情绪，但一般持续时间不长，并能自我调节，在短时间内就能恢复到正常状态。

（4）意志品质必须过硬。心理健康的军人，在学习、训练、执勤、战备和生活中不畏困难和挫折，勇往直前，持之以恒；需要做出决定时，能毫不犹豫，当机立断，并且为了完成任务能够控制一时的感情冲动，约束自己的言行。

（5）人格健全完善。人格健全的军人，其性格、气质、能力、理想、信念、人生观等各方面协调发展，对人生抱有积极的态度，对社会有着很高的认同，对集体活动有强烈的参与感，时刻展现出良好的军人形象和精神风貌。

（6）自我认知准确心理健康的军人，既能了解自己又能接受自己，对自身能力、性格方面的优缺点能作出恰当的评价，对自身期望要求、生活目标有比较清晰的定位。

（7）人际关系良好。心理健康的军人具有良好的人际关系，乐于与人交往，能够信任战友、团结同志，尊重领导、听从指挥，密切协同、合作共事。特别是在部队大家庭中，要想形成无坚不摧的钢铁集体，更需要以一种纯洁纯正、真情真诚、互帮互助的交往方式，保持亲密无间的融洽关系。

（8）适应军营生活。军人经常面临角色变换和任务转换，面对陌生地域和复杂环境考验，必须具备良好的适应能力。心理健康的军人在环境变化时，能够积极调整心态，主动适应改变，保持良好心情。

## 二、心理不健康

心理不健康，其内涵是指心理活动处于动态失衡的心理过程。同时，这种状态对个体的生存发展和生活质量起着负面作用。如果个体的心理状态超越上述心理健康所界定的标准，则可以认为他处于不健康状态。通常，根据不健康的严重程度可以将其分为一般心理问题、严重心理问题、神经症性心理问题（神经症前驱期）三类。

其中，神经症性心理问题，即"可疑神经症"。这类心理不健康状态，已表现出神经衰弱或神经症的早期症状，也可以说是神经衰弱或神经症的早期阶段。它与神经症的区别在于持续时间，即症状不满三个月。若超过三个月，将被评估为神经症。

（一）一般心理问题

即平常人们常说的心理失调，其特点包括：①直接由现实生活、工作压力等因素引发的内心冲突。当事人因此体验到不良情绪（如厌烦、后悔、懊丧、自责等）；②刺激事件具有现实意义，且带有明显的道德色彩。③求助者的情绪体验持续时间未超过两个月，或不良情绪间断地持续两个月仍不能自行化解；④不良情绪反应在理智控制下不失常态，基本维持正常生活、社交，但效率下降，没有对社会功能造成影响。⑤情绪反映的内容对象没有泛化。

基于上述特点描述，一般心理问题判断可简单归纳为原因、时间及程度三个方面，其中程度具体细化为以下三方面。

（1）可控：不良情绪反应仍在相当程度的理智控制下，始终能保持行为不失常。

（2）社会功能：基本维持正常生活、学习、社会交往和工作，但是效率有所下降。

（3）未泛化：有一位来访者，上个月失恋了，两个星期以来，失眠、食欲不佳，心情不好时难以集中注意力，工作效率下降，本来很容易的事情经常做错，要经过领导批评后才能发现问题。朋友叫他出去吃饭，他在聚会上也都闷闷不乐，有时候还会魂不守舍。该案例的情况属于一般心理问题，问题的性质很简单，因为失恋引起，并未泛化到其他方面，且时间较短，社会功能较为正常，但就是觉得闷闷不乐，受到了轻微影响。

（二）严重心理问题

特指严重的心理失常状态，其特点包括：①引起严重心理问题的原因较为强烈，对个体威胁较大，在不同刺激作用下，会觉得特别痛苦。如焦虑、悲伤、失落等体验；②从产生痛苦的情绪开始，痛苦情绪持续两个月或以上，半年以下；③生活受到一定程度的影响，单纯依靠"聊天""倾诉"等非专业的方式进行缓解都无法摆脱，生活、工作、社会功能受到严重影响；④痛苦情绪不仅由最初的事件因素引起，相关联的刺激也可以引起痛苦，出现泛化。

基于上述描述，严重心理问题判断也简单归纳为原因、时间及程度三个方面，其中程度再细化为以下三方面。

（1）不可控：多数情况下，会短暂地失去理性控制；单纯地依靠自然发展或非专业性的干预难以解脱。

（2）社会功能：对生活、工作、社会交往都有一定程度的影响。

（3）泛化：痛苦情绪不但能被最初的刺激引起，而且与最初刺激相类似、相关联的刺激，也可以引起此类痛苦。

［案例］某个机关的领导，工作很优秀，也很能干，经常受到同事们的肯定。但是最近单位给他安排了扶贫的任务，事情比较繁杂。一年多下来，任务不仅没有完成，反而影响了其他工作的进度。一想到这，他内心就很难受，时常觉得胸闷、难受，吃不下饭，天天失眠，期间去看过医生，但是也没有任何效果。回到家后，看到妻子在家里做事拖沓，还在网上乱买东西，他就觉得不舒服。为此，他和妻子大吵大闹，妻子一怒之下回到娘家，暂时分居，并把孩子也带回去了。同事见他心情低落，叫他出来玩，看电影、K歌之类的都不愿意去，整天把自己关在屋子里面发呆，喝闷酒，持续了三个多月。上述案例是典型的严重心理问题。

## 第二节　正常心理与异常心理的甄别

人的心理活动是非常复杂的，并不像躯体生理活动如体温、脉搏、血压、肝功能等那样直观，所以判别心理活动的正常和异常相当困难。首先，心理活动的正常和异常之间的差别是相对的，无法用一条明确的界限来区分。其次，心理正常和异常通常是针对有无疾病而言，属于精神科大夫的工作范畴。最后强调一点，心理异常表现受到许多因素的影响，包括现实情境、大脑神经活动过程、主观经验、当时的心理状态以及不同的社会文化背景等。

在心理正常与心理异常这组概念之外，人们还时常提及另外一组概念——心理健康与心理不健康，后者属于正常心理范畴。这两组概念及其相关概念之间的相互关系，见图2-2。

```
      正常心理              │              异常心理
◄─────────────────────────┼─────────────────────────►
 心理健康    心理不健康     │  心理障碍       重性心理疾病
           包括：一般心理问题│ 包括：神经症   包括：精神分裂症
                严重心理问题│      癔症           情感障碍
                神经症早期  │      人格障碍       偏执型精神障碍
                           │      各种行为障碍   器质性精神障碍
                           │      等             等
```

图 2-2 正常心理与异常心理区分

实际工作中，还经常会接触到几个与异常心理相关的概念，比如精神障碍，此概念更多是从精神医学角度研究异常心理；变态心理，它则倾向于从医学心理学角度研究各种异常心理和异常行为；心理障碍，则偏向从心理学、社会学和生物学角度来全面研究偏离正常的心理活动和行为异常。以下是从几个不同分类的视角对心理正常和心理异常进行阐述。

## 一、心理正常与异常的标准

### （一）标准化的区分

目前，在心理学中对正常与异常心理的标准化判别，有以下四种视角及分类方法。

**1. 统计学标准**

判断一个人的心理是否正常，可将其心理活动与大多数人进行横向比较以作评判。正常的、健康的心理活动总是和大多数人的心理活动相一致的。正常人的心理特征的人数分布多为常态分布，位居中间部分的大多数人为正常，居两端者为异常，即以个体的心理特征是否偏离平均值为标准。多数心理评估工具就是基于统计学标准（见图 2-3），对受评者做出是否异常的推论。

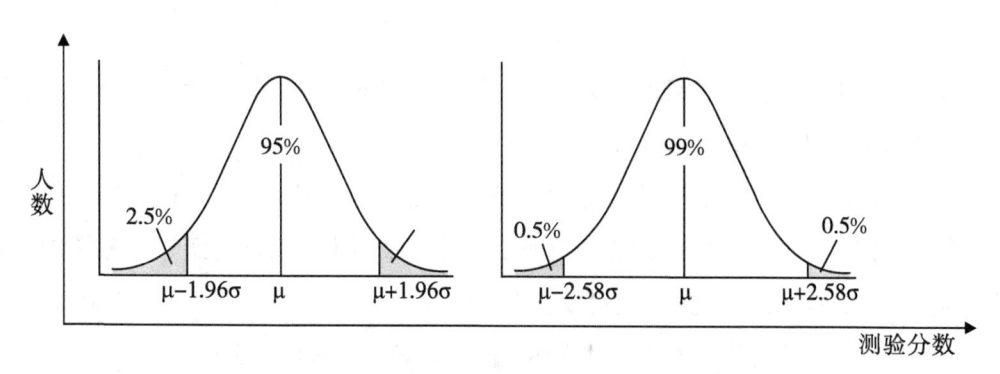

图 2-3 心理正常异常统计学示意图

**2. 社会适应标准**

社会适应性正常的表现包括：与其他人能够相互沟通、交往；能理解别人，别人也能理解他；能为他人和集体所容纳，也能正确处理人际关系；等等。如果一个人的价值观念体系、伦理道德标准以及外在行为表现与社会环境的客观要求格格不入，甚至相互抵触，那么就应该考虑其心理（行为）是否属于异常。考虑到人的社会适应性及其评价指标往往受到不同社会文化背景和历史条件的影响，因此，这样的判别指标也不是绝对的。

**3. 内省经验标准**

人的心理活动的各个方面，如认识活动、情感活动和意志行为等都应该是统一、完整和协调的。如果不能协调一致，遇到本来应该高兴的事情，却产生悲伤、忧愁的情绪体验，行为表现沮丧而消沉；或者相反，遇到悲惨伤心的事情时，他却体验着愉快振奋的情绪，表现出兴高采烈的行为。这样，可以凭个人经验判断其心理活动是否正常。但是，这一指标因人而异，主观性很大。

**4. 医学的标准**

医学的标准是以客观检查结果为标准。如果一个人的心理或行为有异常，就要找到其病理解剖或病理生理变化的依据。这一标准更受到广大临床医师的青睐。

（1）生理和组织的检查指标：大脑是心理的器官，大脑的生理功能和组织结构有损害必然会造成心理活动的异常。

（2）心理实验和心理测验的检查指标：各种心理测验工具或实验仪器能提供客观的数据。

（二）非标准化区分

非标准化区分，即基于经验及常识对心理是否异常做判断，通常关注以下四个方面。

（1）具有离奇怪异的思想和言谈行为。比如身边的战友突然在众人面前很严肃地讲，自己昨天检阅了部队等。

（2）过度的情绪体验和表达。适度的负性情绪不仅是正常的，也是必要的；但当一个人到了密闭空间，如电梯轿厢、机舱，突然呼吸困难、大汗淋漓、面色惨白，如同死神降临，则其情绪反应属于过度反应。

（3）自身的社会功能受损。如过度怀疑而致人际关系紧张、回避、退缩。

（4）影响周围人的正常生活。如一个人最近突然觉得别人讨厌自己，甚至还骂自己，于是反复多次找对方理论、吵架，甚至跟踪对方，写信骚扰对方。

（三）心理学的区分

心理学标准即人们常提及的心理正常异常或"病与非病"三原则，此标准应用最为广泛，也比较概括。

**1. 主客观世界的统一性**

心理是客观现实的反映，所以任何正常的心理活动或行为，必须在形式和内容上与客观环境保持一致性。无论是谁，也无论是在怎样的社会历史条件和文化背景中，如果一个人说他看到或听到了什么，他自称看到并听到了别人在议论他，说他的坏话，并坚信有人在伤害他、攻击他、诽谤他，让他感到非常愤怒，痛不欲生……而客观世界中，当时并不存在引起他这种知觉的刺激物，那么，这个人的精神活动异常，产生了幻觉。另外，一个人的思维内容脱离现实，或思维逻辑背离客观事物的规定性，他就会产生妄想，他的主观世界与客观世界是不统一的，多见于精神分裂症。这些都是观察和评价个体的精神与行为的关键，被称为统一性（或同一性）标准。人的精神或行为只要与外界环境失去同一性，就必然不能被人理解。

在临床上，精神科常将有无"自知力"作为判断精神病的重要指标。所谓无"自知力"或"自知力不完整"，是指患者对自身状态的反应错误，或者说是"自我认知"和"自我现实"的统一性丧失。此外，"现实检验能力"也是鉴别心理正常与异常的重要指标。因为若要以客观现实来检验自己的感知和观念，就必须以认知与客观现实的一致作为前提。此外，自知力恢复程度也是评判临床治疗效果的重要标准。

**2. 精神活动的内在协调一致性**

知、情、意、行为协调一致是人类精神活动的整体性表现，一个人的心理过程一致表现在内心体验及行为与环境的一致，如该笑的场合就笑，该哭的场合就哭，儿子结婚办喜事喜气洋洋，已故亲人办丧事痛哭流涕等；又如当一个人遇到一件令人愉快的事，会有欢快地向别人述说自己的内心体验、手舞足蹈等愉悦行为。这种协调一致性或统一性，保证了个体在反映客观世界过程中的准确性和有效性，也就是情感与所处的环境协调一致。而该哭的时候不哭，该笑的时候不笑，或对悲伤的事产生愉悦的情绪和行为，对愉快的事作出悲伤的反应，则表明其心理过程失去了协调一致性，就是异常状态。尽管某些轻度心理（精神）疾病患者，如强迫性神经症，可能会表现出认知与意志行为不协调，但这种不一致性更多地表现在重度心理（精神）疾病患者身上。

这里，精神活动内在协调一致性还可以从其他视角得到拓展，例如心理过程与个性心理特征的协调一致,意识与潜意识的内在协调一致性;等等。人的许多行为可能会受潜意识影响,例如本能、情绪、价值观、行为模式、信念等。这些影响更多地发生在潜意识层面。

**3. 人格的相对稳定性**

人格是各种心理特性的总和,是一个人稳定的态度和习惯化的行为模式,影响一个人的思想、情感、行为,使其区别于他人。江山易改,本性难移,这说明了人格的相对稳定性。若一个人没有受到明显的外界因素影响而出现性格的反常,如平素开朗外向,突然沉默寡言,孤僻不接触人,我们则认为他性格的稳定性被破坏了。又譬如一个非常勤劳、喜爱干净的人,突然变得懒散,不注意个人卫生。如果在具体的生活环境中,找不到足以促使其发生改变的原因,就可以怀疑其精神活动已经偏离了正常轨道。

以上病与非病三原则可以这样理解:主客观世界的统一原则回答的是产生心理活动的物质基础——大脑的功能是否是正常的,能否产生正常的心理过程。一方面表现为直接对客观事物正确有效认知的人类生物性,另一方面表现为人际环境适应良好的社会性;在大脑功能正常的基础上,心理活动的内在协调性原则回答的是正常的心理过程之间是否协调一致;第三个原则着重回答在内在协调的正常心理过程的基础上,经过长期社会化过程发展和形成的人格具有相对稳定性的特点。

目前,就精神疾病的诊断标准而言,主要依据世界卫生组织颁布的《国际疾病分类标准第十版》(ICD-10)中的《精神和行为障碍诊断标准》、美国精神病学会颁布的《精神疾病诊断与统计手册第五版》(DSM-V)和我国中华医学会精神科分会组织出版的《中国精神障碍分类与诊断标准第三版》(CCMD-3)。但由于文化差异和国内学者对心理障碍分类的理解存在争议,在临床实践中,以上三个标准均被使用。相比较而言,在国内 ICD-10 受到的认可程度较高。

最后,需补充一点,即文化相对论视角对心理正常异常的区分。文化相对论的学者更支持此观点,他们认为,人的心理或行为的异常与否,不存在普适性的标准或规则,行为的正常与否与社会常模有关。因此,对异常心理的判断,需要从社会文化、社会常模及社会适应情况等方面考虑。

## 二、心理问题和心理疾病的识别处置要点

(一)心理及精神疾病的识别要点

快速识别心理问题要点如下:第一,是否出现了幻觉(如幻听、幻视等)或妄想;

第二，自我认知是否出现问题，能否或是否愿意接受心理或精神治疗，即自知力是完好还是缺损。重度精神疾病患者一般不能理解和认识自身的现状，不承认自己有病。我军征兵制度，从源头上最大限度地将重性精神疾病患者挡在军营之外，因此士兵中恶性精神疾病并不多见；第三，情感与认知是否倒错混乱，知、情、意是否统一，社会功能（人际、学习、职业、生活功能等）是否受到严重损害（即行为情绪是否严重脱离理智控制）。

此外，可以从以下两个方面识别当事人的"病情"：第一方面，即核心症状结合多种有效因素（如家族史、疾病史等）的考量，这里也包括当事人主观痛苦（该症状是否引起临床意义的痛苦）程度及其客观功能受损严重性（比如人际、职业、学习、生活功能受损情况）；第二方面，即排除标准，指排除器质性病变基础的考量，这里特别要强调的是，在识别过程中要将高共病性问题及漏诊问题考虑在内。此处尤其要强调的是，识别诊断时遵循症状优先原则，即只有当个体症状符合全部诊断标准时，才会考虑将严重程度和病程标准纳入来描述个体目前的临床表现，这一点很重要。症状是指主导症状或核心（典型）症状。如果患有强迫症，则需要判断其是否表现出明显的强迫思维或强迫行为。如果出现焦虑症，需要判断当事人是否有焦虑的情绪体验及坐立不安等躯体表现。

此外，针对心理问题，这里增加常形和变形的概念。心理冲突有常形和变形之分，常形冲突是大家能理解，现实中也存在的，冲突的一方和另外一方有明显的道德区别。变形冲突与现实处境没有什么关系，也不带什么明显的道德色彩。神经症性心理问题者其内心冲突是变形的，当然，所有神经症者其内心冲突均是变形的。表2-1是对不同心理问题（非心理疾病）的区别和鉴别。

**表2-1 心理不健康三种常见类型特征比较**

| 分类 | 激发因素 | 持续时间 | 情绪反应 | 社会功能 | 是否泛化 |
| --- | --- | --- | --- | --- | --- |
| 一般心理问题 | 普通现实事件 | 1~2个月 | 理智控制 | 社会功能正常，但效率下降 | 否 |
| 严重心理问题 | 强烈现实因素（常形） | 2月~半年 | 可能短暂失去理智 | 社会功能受到一定影响 | 是 |
| 可疑神经症 | 变形内心冲突 | 常不足3月 | 失控，常人难以忍受 | 学习/工作/人际较大受损 | 是 |

## （二）心理与精神问题处置要点

心理疾病又称精神病性精神障碍，由于患者心理活动的完整性、协调性和统一性被破坏，产生幻觉和错觉。患者的行为会严重影响日常生活、学习和社交，同时人格也会发生显著的变化。此外，患者通常缺乏识别自身疾病的能力。通常需要服用药物，甚至需要住院进行规范治疗。建议前往精神疾病科进行相应的治疗。而心理问题一般无须服用药物，通过调整即可缓解。

有心理问题，特别是有严重心理问题的患者往往情绪波动大，最初的反应是强烈的，如强烈的非理性行为和愤怒时的冲动性破坏，而且多数反应是违反逻辑思维的。此时，一般需稳定当事人情绪，化解潜在的暴力倾向，对有严重危害公共安全或他人安全的精神疾病患者，还可求助公安民警介入协助处理；此外，对被制服的精神患者，依法报请所属区县公安机关批准，送至指定康复医院进行收治。对异常心理行为持续时间长，心理负担难以克服者也要先设法稳定其情绪，此类患者因长期受到精神折磨，有时会伴有躯体化症状或人格问题，如心理生理障碍、退缩和攻击。此时，通过克服和调整后，一般即可恢复。

综上，处置要点可简述为：（1）心理问题以心理疏导，个体访谈为主，对一般心理问题，还可采用团体辅导的方式；（2）心理疾病的处置，仅靠心理咨询一般很难解决问题。通常需要专科医院或临床心理医生介入、综合施治，包括药物治疗、物理治疗及心理治疗等多种形式。

# 第三节　军人常见精神心理问题

## 一、军人平时常见精神心理问题

（一）神经症

神经症是一种精神障碍，主要表现为持久的心理冲突，病人觉察或体验到这种冲突并因之深感痛苦，且妨碍了心理功能或社会功能，但没有任何可证实的器质性病理基础。例如恐惧症、焦虑症、抑郁症、强迫症、神经衰弱和躯体形式障碍等。

诊断神经症，临床主要参考以下四个方面：

（1）症状标准：恐怖症状、焦虑症状、强迫症状、惊恐发作、神经衰弱症状。

（2）严重标准：主观上无法摆脱的精神、情绪、内心痛苦；客观上社会功能受损，无法正常生活、学习和工作。

（3）病程标准：符合症状标准至少 3 个月，惊恐障碍 1 个月。

（4）排除标准：排除器质性精神障碍、精神活性物质障碍、严重精神障碍。

下面简述几类常见的神经症。

**1. 焦虑症**

在 DSM-5 中，焦虑障碍包括很多种，比如分离焦虑障碍、选择性缄默症、特定恐怖症（又细分为动物型、自然环境型、血液-注射-损伤型、情境型、其他型）、社交焦虑障碍（社交恐惧症）、惊恐障碍、广场恐怖症、广泛性焦虑障碍、物质/药物所致的焦虑障碍、其他躯体疾病所致焦虑障碍等。这里以广泛性焦虑障碍为例进行介绍。

广泛性焦虑障碍，其基本特征是泛化且持续的焦虑，不局限于甚至不是主要见于任何特定的外部环境（即"自由浮动"）。如同其他焦虑障碍，占优势的症状高度变异，但以下主诉常见：总感到神经紧张、发抖、肌肉紧张、出汗、头重脚轻、心悸、头晕、上腹不适。病人常诉及自己或亲人很快会有疾病或灾祸降临。这一障碍在女性中更为常见，并且常常与应激有关。病程不稳定，但趋于波动并发展成为慢性疾病。

诊断要点：一次发作中，患者必须在至少数周（通常为数月）内的大多数时间存在焦虑的原发症状，这些症状通常应包含以下要素。

（1）恐慌（为将来的不幸而烦恼，感到"忐忑不安"，注意困难等）。

（2）运动性紧张（坐卧不宁，紧张性头痛，颤抖，无法放松）。

（3）植物神经活动亢进（头重脚轻，出汗，心动过速或呼吸急促，上腹不适，头晕，口干等）。

儿童突出的表现一般为经常需要抚慰和一再出现躯体主诉。

鉴别诊断：出现短暂的（一次几天）其他症状，特别是抑郁，并不排斥广泛性焦虑作为主要诊断，但患者不得完全符合抑郁障碍、恐怖性焦虑障碍、惊恐障碍、强迫障碍的标准。

**2. 强迫症**

强迫症在 DSM-5 中被归入"强迫及相关障碍"（疾病谱系），其特征是存在强迫行为或/和强迫思维，"强迫思维指反复的和持续的想法、冲动、表象，通常表现为侵入性的（intrusive），不需要的（unnecessary）和不想要的（unwanted）。而强迫行为包括重复的行为或精神活动（比如，内省、回忆、反思等），个体常会体验到受驱使而对强迫症思维作出反应，或必须非常机械地遵守规则。显然，这里的强迫行为包括重复的行为和精神心理活动，还包括机械地遵守规则仪式动作等"。例如要求绝对精确、要求对称等等。强迫症的全称为强迫性神经官能症，属于神经症范畴（神经症是早期称谓，该概念现在逐渐被淡化），是一种比较严重的心理障碍，被世界卫生组织认定为十大致残性疾病。该病以其反复出现的难以控制的强迫思维或（和）行为常给患者本人造成极大痛苦（即强迫与反强迫造成的痛苦），并多方位地损伤其社会功能和日常生活功能，同时也给其家人带来极大伤害。

强迫症的临床表现有一定复杂性，不同的患者具体表现存在差异，具体表现在认知、情绪、行为、人格等各个方面。高异质性、高共病性是该病最显著的特点。相比抑郁症、焦虑症等，强迫症患者主动就医非常少见，这些状况使得强迫症的社区区别、临床诊断和治疗预后充满了挑战。

强迫症常见症状，如强迫思维或（和）强迫行为是强迫症常见症状，强迫思维又称强迫观念，一般包括如下诸多表现形式，下述内容参见《强迫症的森田疗法》一书。

（1）强迫性怀疑，主要指患者在那些已完成的事情上放不下心。他们要反复检查，确认无误后才能放心。这种怀疑是过度的、病理性的，同时个体常伴有明显的焦虑。

（2）强迫性回忆，主要指对往事、经历等反复回忆，明毫无意义，但总反复纠缠，不能摆脱，个体对此感到厌烦至极。

（3）强迫联想，主要指患者目睹耳闻或想到某一事物时，就无法控制地联想到一些不好的情景画面，如见到有人抽烟就会想到火灾等。

（4）强迫意向，指比如从桥上往下看会产生跳下去的冲动，看到车过来，有时会有迎面冲过去的冲动。

除上面所述形式外，还有强迫性穷思竭虑、强迫性对立思维。此外，强迫情绪/强迫恐惧/强迫伤害主题在某些强迫症个体身上有所体现。这类担心情绪是由强迫观念制造出来的，非现实的，有主观想象的危险。患者对某些事物感到担心或厌恶，如担心伤害别人或自己，担心自己受到毒物污染或细菌侵袭，此即DSM-5所描述的对污染的担心。此外，迷信宿命论也被认为是强迫症的一种特殊症状。

现有文献对强迫症核心症状表述不一，有文献认为强迫症的核心是自我失协及内外冲突。苛求人格可能是产生自我不和谐的一个原因，个体为维持自我概念而采取了以强迫症状为表现的防御反应。有文献指出，强迫核对和强迫检查行为是强迫症的核心症状。有文献认为强迫观念才是强迫症的核心症状，而强迫行为是为减轻或消除强迫观念造成的焦虑而进行的某种中和行为。还有文献指出对闯入性思维的负性评价是强迫症的核心症状，国外文献总结强迫症的三大核心症状分别为强迫检查，强迫洗涤和仪式性行为。

强迫症状研究新进展包括：（1）"不对劲的感觉"（not just right experiences，NJREs）。它是一种强迫症状，具体指一种不舒服的感觉，总觉得哪里不对劲。例如"穿上衣服后，我会觉得衣服的某部分（标签、衣角、裤腿等）不太对劲"，或者"把书放回书架时我总觉得这本书看上去与其他的书不大一样"等。（2）"知道感"缺陷（deficit in "feeling of knowing"），它属于强迫症症状范畴。具体而言，这是一个人对当下记忆力的判断（不确定自己是否知道，但当下突然回忆不起来）。生活中常有这样的现象，即有些事好像就在嘴边，但一下子回忆不起来。

要准确诊断强迫症，必须在连续两周中的大多数日子里存在强迫症状或强迫动作，或者两者并存。这些症状会引起痛苦或妨碍活动。概括起来，强迫症状具备以下特点。

（1）必须被视为是患者自己的思维或冲动。

（2）必须至少有一种思想或动作仍在被患者徒劳地加以抵制，即使患者不再对其他症状加以抵制。

（3）实施动作的想法本身应该是令人不愉快的（单纯为缓解紧张或焦虑不视为这种意义上的愉快）。

（4）想法、表象、或冲动必须是令人不快的一再出现。

鉴别诊断：由于抑郁障碍与强迫障碍经常同时存在，两者的鉴别较为困难。对于急性发作的精神障碍，应优先考虑首先出现的症状；如果两种症状都存在且都不占优势，一般将抑郁视为原发症状。对于慢性障碍，单独存在的那组症状中出现最频繁的应该优先考虑诊断。虽然强迫思维与强迫动作经常并存，但在某些个体中辨认出究竟哪一种症状占优势是有用的，因为二者对不同的治疗方法反应不同。

**3. 抑郁症**

《精神疾病诊断与统计手册》（*The Diagnostic and Statistical Manual of Mental Disorders*，DSM）第二版对抑郁发作的描述是"抑郁发作以严重的情感抑郁和精神运动迟滞为特征"，被归到神经官能症当中；第三版中对抑郁症制定的诊断标准由严变宽，第二版中所描述的抑郁症两个特征都已不存在于这一版的定义中，并且创造了隐匿性抑郁和恶劣心境障碍；第四版于1994年出版，将精神病学的诊断系统化为5个轴，共包括了297种病症，将抑郁症归入了临床疾患；2013年出版的DSM-5明确提出了"抑郁障碍"这个概念。因为人们意识到精神障碍并不总能完全被某个单一的障碍所界定，它可能反映了一组更大的障碍所具有的共同虚弱性基础，故DSM-5中对所包含的障碍进行了结构式重组，最大的变化就是把双相及相关障碍从中分开。与DSM-4相比，DSM-5抑郁障碍的外延变得更加广泛。根据DSM-5定义，抑郁障碍包括破坏性心境失调、重性抑郁障碍（包括抑郁发作）、持续抑郁障碍（恶劣心境）、经前期焦躁症、物质/药品引发的抑郁障碍、其他躯体情况所致抑郁障碍、其他特定的抑郁障碍、未特定的抑郁障碍。它们的共同特点是存在悲伤、空虚或急躁情绪，并伴有显著的影响患者社会功能、躯体和认知的改变，影响到个体功能。它们的差异在于问题发生的时间、持续的时间、次数或假设的病因。

如上，DSM-5中，抑郁障碍大类中囊括多种疾病。在国内，抑郁症过去更多被归为心境障碍大类，其典型症状被称为"三低"，即持续情绪低落，思维迟缓，言语动作及意志行为抑制，这三低也反映出抑郁症患者动机和能量会很低、行动启动很难、活动减少，故此，要改善他们的状态，需要按照计划而非情绪来安排活动。为便于早期识别，人们还总结出"三无""三自"和"六无"观念，分别即"无意义，无望，无助""自罪，自责，自杀"和"无兴趣、无动力、无希望、无助感、无用感、无意义"（见图2-4）。有文献认为自杀的两个显著特点是思维反刍（反刍思维也被认为是抑郁和焦虑的诱发因素）和社交隔绝。此外，抑郁症个体的兴趣爱好下降，自我评价低，伴有失眠早醒，食欲减退，性欲下降等躯体表现；亦有研究者发现，抑郁症来自问题解决技能及其行为缺乏，这些问题导致日常行为存在困难，进而使人产生无助感。严重的抑郁症患者会出现反复想死的念头或者自伤、自弃行为，绝望感模型可解释之，该理论认为抑郁最重要的诱发因素是绝望，个体会认为前途一片黑暗，无论什么也改变不了这种状况。核心信念（个体成长过程中，与重要他人如父母等互动中，以及与同学等社会比较中，形成的关于自我、他人和世界的概况性、一般性认识）理论认为，抑郁症患者在童年期形成了一种负性核心信念——"我是无能的、不可爱的或无价值的。"这三点分别对应于"关于能力、与他人关系以及个人价值或意义三方面的信念。

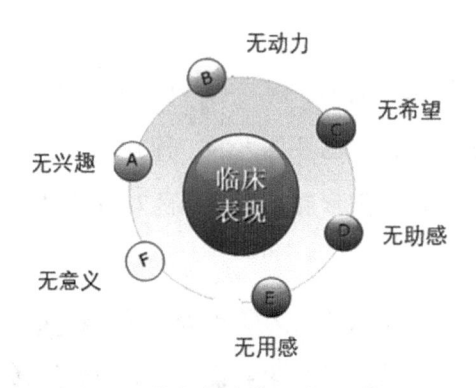

图 2-4 抑郁临床表现"六无"图示

本书仅以抑郁发作为例做介绍，以下描述了轻度、中度和重度三种不同形式的抑郁发作。在各种形式的典型发作中，病人通常表现出心境低落、兴趣和愉快感丧失，导致劳累感增加和活动减少、精力降低，还有稍做事情即明显觉得倦怠。其他常见症状前文已述，如：集中注意和注意的能力降低；自我评价和自信降低；自罪观念和无价值感（即使在轻度发作中也有）；悲观绝望；睡眠障碍；食欲下降。

低落的心境几乎每天一样，且一般不随环境而改变，但在一天内可显示出特征性的昼夜差异。与躁狂症一样，临床表现可有明显的个体差异；青少年病人中，非典型的表现尤为常见。此外，心境改变也会导致易激惹、过度饮酒。对于三种不同严重程度抑郁的诊断均要求至少持续两周，但如果症状格外严重或起病急骤，时间标准适当缩短也是有道理的。

以上某些症状可以被提出来构成被广泛认为具有特殊临床意义的特征性表现。这些"躯体"症状最典型的例子是：对通常能享受乐趣的活动丧失兴趣和愉快感；对通常令人愉快的环境缺乏情感反应；早上较平时早醒 2 小时或更多；早晨抑郁加重；客观证据表明肯定有精神运动性抑制或兴奋（为他人提及或报告）；食欲明显下降；体重降低（通常定义为过去 1 个月里体重下降 5% 或更多）；性欲明显降低。只有当存在 4 条上述症状时，才被视为有躯体综合征。

轻度、中度、重度抑郁之间的区分有赖于复杂的临床判断，包括症状的数量、类型以及严重程度。日常工作和社交活动的表现通常是帮助我们了解严重程度的有用指标；但是，个人的、社会的、文化的影响使症状的严重程度与社会功能之间并不呈现平行关系。这种影响既常见也很强烈，因而将社会功能表现纳入严重程度的基本标准并非明智之举。

## （二）人格障碍

人格障碍包括各种有临床意义的状况与行为模式。它们是持续性的，是个人特征性的生活风格的表现，也是对待自己及他人的一种方式。这些行为状况及模式有的在个体发育的早期阶段，作为体质因素和社会经历的双重结果出现，而其他一些则在生活后期出现。

人格障碍多由根深蒂固和持久的行为模式所组成，表现为对广泛的人际和社会环境产生固定的反应。它们与在特定的文化背景中一般个人的感知、思维、情感，特别是待人方式上有极为突出或明显的偏离。这些行为模式相对稳定，对行为及心理功能的多个重要环节都有影响。

人格障碍与人格改变在二者出现的时间及方式上有所不同，人格障碍是发育过程中的状况，在儿童期或青春期出现，延续到成年。尽管它可以先发或与其他障碍并存，但并不是继发于其他精神障碍或脑部疾病。相反，人格改变是获得性的，通常出现在成年期，在严重或持续的应激，极度的环境剥夺，严重的精神科障碍、脑部疾病或损伤之后发生。

根据人格障碍所表现出的最常见、最突出的特点，可以进行进一步分类。由此所描述的亚型是人们普遍认为的人格偏离的主要形式。在诊断人格障碍时，医师应该考虑到人格功能的所有方面。尽管诊断依据简单，但只有当人格的偏向或特征已达到严重界限时，才能作出诊断。在诊断时应根据尽可能多的资料来源进行评定。尽管有时可以通过与患者的一次面谈即可对人格状况进行评价，但通常需要至少一次以上面谈，而且还应从知情者处采集病史资料。

人格障碍是个体性格学体质与行为倾向上的严重紊乱，通常涉及人格的几个侧面，总是伴有个人与社会间显著的割裂。人格障碍通常在儿童后期或青春期出现，持续到成年并逐渐显著。以下是适用于所有人格障碍的一般性诊断要点，且在每一亚型中都有补充描述。诊断时要考虑不是由广泛性大脑损伤或病变以及其他精神科障碍所直接引起的状况，符合下述标准。

（1）明显不协调的态度和行为，通常涉及几方面的功能，如情感、唤起、冲动控制、知觉与思维方式以及与他人交往的方式。

（2）这一异常行为模式是持久且固定的，并不局限于精神疾患的发作期。

（3）异常行为模式是泛化的，与个人及社会的多种场合不相适应。

（4）上述表现均于童年或青春期出现，延续至成年。

（5）这一障碍会给个人带来相当大的苦恼，但仅在病程后期较为明显。

（6）这一障碍通常会伴随着严重的职业和社交问题，但并非绝对如此。

在不同的文化中，需要建立一套独特的标准以适应其社会规模、规则与义务。对于下列大多数亚型，通常要求存在至少三条临床描述的特点或行为的确切证据，才能被诊断。

军营中常见人格障碍包括以下四类。

（1）偏执型人格障碍。

偏执型人格障碍在部队比较多见，有偏执型人格基础或倾向的官兵，个体人际关系一般，常常有强迫怀疑，即疑心重的特点，思维偏狭，有时会有冲动行为。偏执型人格障碍伴精神病性症状者在军营中也时常可见。这种人格障碍的特征如下。

①对挫折与拒绝过分敏感。

②容易长久地记仇，即不肯原谅侮辱、伤害或轻视（做到原谅非常重要，萧伯纳曾讲："弱者选择复仇，强者选择原谅，智者选择忽略"）。

③猜疑，以及歪曲体验的一种普遍倾向，即把他人无意的或友好的行为误解为敌意或轻蔑。

④与现实环境不相称的好斗及顽固地维护个人的权利。

⑤极易猜疑，毫无根据地怀疑配偶的忠诚。

⑥将自己看得过分重要的倾向，表现为持续的自我援引态度。

⑦将病人直接有关的事件以及世间的形形色色都解释为"阴谋"的无根据的先占观念。

此外，包含夸大性偏执，狂信型（fanatic personality disorder）主要表现为固执、敏感、多疑、心胸狭窄、好嫉妒、好诉讼性及敏感性偏执型人格障碍，不含妄想性障碍和精神分裂症。

（2）情绪不稳型人格障碍。

此类人格障碍有一个突出的倾向，即行为冲动，不计后果，并伴有情感不稳定。事先制定计划的能力很差，强烈的愤怒爆发常导致暴力或"行为爆炸"；当冲动行为被人批评或阻止时，极易诱发上述表现。这类人格障碍有两个特定的亚型，二者都以冲动性和缺乏自我控制为突出表现。

（3）强迫型人格障碍。

这种人格障碍的特征为：

①过分疑虑及谨慎。

②对细节、规则、条目、秩序、组织或表格过分关注。

③完美主义，以至于影响了工作的完成。

④道德感过强，谨小慎微，过分看重工作成效而不顾乐趣和人际关系。

⑤过分迂腐，拘泥于社会习俗。

⑥刻板和固执。

⑦病人不合情理地坚持他人必须严格按照自己的方式行事，或即使允许他人行事也极不情愿。

⑧有强加的、令人讨厌的思想或冲动闯入。包含强迫行为和强迫观念型人格障碍、强迫观念—强迫行为型人格障碍，不含强迫观念—强迫行为障碍。

（4）焦虑（回避）型人格障碍。

这种人格障碍的特征为：

①持续和泛化的紧张感与忧虑。

②相信自己在社交上笨拙，没有吸引力或不如别人。

③在社交场合总过分担心会被人指责或拒绝。

④除非肯定受人欢迎，否则不肯与他人打交道。

⑤出于维护躯体安全感的需要，在生活风格上有许多限制。

⑥由于担心被批评、指责或拒绝，回避那些与人密切交往的社交或职业活动。

其他特征包括对拒绝与批评过分敏感，路见不平、绕道而行。

（三）精神疾病

国家很早就关注新兵入伍环节的心理筛查，从2006年开始对此问题展开系统研究，制定了《中国军人医学与心理选拔系统及其标准》，将患严重性恶性的精神疾病，如精神分裂症及反社会人格障碍等高危人群挡在军营之外。因此，军队这两类精神疾病患者相对较少。精神疾病在DSM-5中被统称为精神分裂症谱系及其他精神病性障碍，包括妄想障碍、短暂精神病性障碍、精神分裂症样障碍、精神分裂症等诸多疾病。这类疾病的典型特点包括妄想、幻觉、思维（言语）紊乱、运动行为明显紊乱或异常等。

目前，精神分裂症虽然不是部队官兵最常见的心理障碍，但它是影响部队军事训练、安全管理以及个体心理与社会功能最严重的心理障碍。

如前所述，精神分裂症的特点包括基本性和特征性思维和知觉歪曲、情感不恰当或迟钝。通常意识清晰、智力完好，但在患疾病过程中可能出现某些认知损害。精神分裂症影响到使正常人保持个体性、唯一性和自我导向体验的最基本功能。病人常感到他们最深层的思维、情感和行为被他人所洞悉或共享，从而产生解释性妄想，认为自然或超自然的力量以奇怪的方式在影响自己的思维和行为。病人视自己为所发生一切事件的核心。幻觉特别是听幻觉非常常见，有时病人甚至能够听到有人评价他们的行为和思维。知觉障碍常为其他形式：颜色或声音过分鲜明或改变了性质，平常事物的无关特性显得比整个客体或处境还重要。疾病早期还常出现困惑感，往往使病人相信日常处境具有专门针对自己的特殊意义，通常为凶险的意义。在典型的精神分裂症性思维障碍中，某一整体概念的外围和无关特性被放在了首要位置（它们在正常导向的精神活动中受到抑制），用于替代那些与处境相关的和恰当的特性。因此，思维变得模糊、省略及隐晦，其言语表达令人难以理解。思潮断裂和无关的插入语频繁出现，思想似乎被某些外部力量剥离。病人的心境表现出肤浅、反复无常或不协调的特点，其矛盾意向和意志障碍可能表现为惰性、违拗或木僵，还可能存在紧张症。起病可为急性，伴严重的行为紊乱；亦可为潜隐性；伴逐渐发展的古怪观念和行为。本症的病程同样有很大的变化，慢性或衰退也有发生。部分病例的转归是痊愈或近乎痊愈，但在不同文化和人群中其比例可能不同。男女两性的患病率大致相等，但女性起病较晚。

## 二、军人战时常见精神心理问题

当今，高技术局部战争的复杂性、残酷性、立体性，对参战官兵的身心，尤其是认知思维、情绪调控等心理素质和技能提出了更高的要求。战时各种心理问题，尤其是急性应激反应、战争焦虑症等发生率远高于平时。

有关资料表明，自第一次世界大战以来，因心理障碍和心理疾病造成的非战斗减员正呈日益增多的趋势。二战期间的精神性减员发生率比一战期间增加了3~4倍；1973年中东战争中，以色列军队因战斗应激反应减员占战斗减员的30%；20世纪90年代的海湾战争中美军阵亡389人、伤467人，而患战斗精神病的竟达541人，占全部减员的63.3%。战时精神性疾病发病率与战争的激烈程度有关，在中等强度战斗中，精神性伤员占伤员总数的10%~39%，战斗最激烈时可高达86%。战时精神疾病包括应激反应、战争神经症、脑外伤后精神障碍以及酗酒、药瘾、吸毒等中毒性神经障碍。其中，战争应激反应可能发展为"战争创伤后应激失调"，美军于朝、越战争后遗留这类病人30万~50万人，他们丧失工作甚至生活能力，成为家庭和社会的沉重负担。

因此，了解战时军人常见的心理障碍及诊断，有利于在战时尽快识别心理功能异常的官兵，为及时实施必要的心理干预，维护战时参战人员的心理健康，提高作战部队战斗力，具有重要的作用。

（一）急性战斗应激反应

参战人员在参加战斗后数小时内发生的失能性心理反应称为"急性战斗反应"或"战斗休克"（combat shock）。急性战斗反应的特点是：突然发生、生理性过度唤醒、持续时间短（一般数分钟到数小时）。极可能发生威胁生命的失控行为，容易恢复。

**1. 激发因素**

急性战斗应激反应的激发因素可以分为以下三类。

（1）环境因素，疲劳、饥饿、寒冷、过热、缺乏或缺失睡眠、长时间激烈战斗、迷失方向和一些突发意外事件等。

（2）人际因素，如部队缺乏凝聚力和集体精神，军事指挥员缺乏威信，指挥混乱，处于预备状态或执行支援任务与前线任务等。预备部队和支援部队的成员是急性战斗反应的主要激发因素。高昂的士气和部队凝聚力可以预防急性战斗应激反应的发生。

（3）个人因素调查表明，年龄在25~35岁之间的人比年龄在15~25岁之间的人更容易发生战斗反应。此外，缺乏战斗经验，缺乏投入战斗的思想准备以及第一次看到死亡等因素都可能导致个体发生急性战斗应激反应。

**2. 临床诊断症状表现**

急性战斗应激反应的一个早期征象是明显不愿意离开安全的环境。部队转移阵地时，发生急性战斗应激反应的个体往往是最后一个离开安全地点的，而且常常回头看。他时不时要反复检查自己的装备，以缓解焦虑。此外，不能理解下达的命令以及难以执行简单基本的任务。

急性战斗应激反应的症状表现个体差异较大，既包括躯体生理方面，也涉及情绪、行为等心理方面。

（1）急性战斗应激反应的躯体生理表现主要是交感神经系统的活动，交感神经系统激活的典型外在表现是双目圆睁和快而浅的呼吸。血或尿中的肾上腺素和去甲肾上腺素明显而持久地增高，同时皮质醇也会增多。植物神经症状有多汗、战栗，伴有肌肉紧张，还伴有食欲不振、头痛、过度疲劳感、对噪声敏感、过度兴奋导致的睡眠障碍。有时出现癔症性痉挛和运动障碍（轻瘫或瘫痪），言语障碍，腱反射减弱或消失，身体各个部分感到疼痛或感觉异常。同时，常伴有不同生理功能障碍，如心绞痛、期前收缩、胃肠蠕动和分泌功能障碍、尿频、性欲减退或旺盛。此外，还可能出现明显的身心症状，例如上腹部不适、呼吸困难、腹泻、恶心、呕吐等。

（2）情绪、行为表现的主要症状包括焦虑、情感抑郁、恐惧、精神错乱和记忆、注意力集中、言语交谈等认知行为障碍。

在急性战斗应激状态下，有些人可能会表现出过度烦躁、强烈战栗和攻击性行为。如在冲锋时毫不掩护自己或者相反躲在掩体内而不照顾同伴。最严重时，可能会出现过多的无目的的动作（类似抽搐或癫痫发作的动作）。相反，过度唤醒也可能导致运动功能"冻结"，出现类似瘫痪的状态，也有发生哭泣、逃跑倾向和不完全欣快等婴儿行为的情况。还有一些人，可能表现出情绪压抑，在执行命令时优柔寡断，对周围事物漠不关心，有怪诞的想法，与外界隔绝、孤独、固执、无故发怒。

（二）战争癔症

战争癔症是指在战时特殊环境和艰苦条件下，由于处境和心理因素引起的以情绪反应为主的症状，表现为转换症状和分离症状。起病急剧，病程短促，预后良好，治愈率高达80%~97%，但容易复发。

战争癔症在战争神经症中发病率最高，约为45%~55%，且明显影响战斗力。直接与战伤有关的比例为40%~60%，常在战争后期或战争结束后增多。

**1. 致病因素**

癔症的致病因素与其他精神障碍的致病因素多有不同。

（1）心理、环境因素：颅脑损伤或战争环境中炮火的爆音或气浪震荡后所引起的心理应激；在躯体性疾病的基础上引起心理改变；既往有过癔症性发作，并具有癔症性格特征；长期住院者，且受到过分医疗和生活照顾而产生心理变化。

（2）生物学因素：病前性格特征与发病有密切关系。它具有高度暗示性、高度情感性、高度显示性和丰富幻想性。易受环境和自身的影响而产生相应的联想和情感反应。情感不稳定，对人对事以感情用事，易于趋向极端；好以自我为中心，夸大症状，祈求他人同情；常以幻想代替现实，猜疑心强和过于敏感；既往史中常有癔症发作；遗传因素与本病也有一定关系，如近亲中患癔症者较多。

据国内在抗美援朝志愿军回国的士兵中对本病致病因素的调查，由于战伤引起的占40%，其中气浪震荡占76%；由于紧张、兴奋和惊慌、恐惧等情绪因素占26%；因胃肠功能引起的为22%；其他因素不明的为12%。

**2. 临床诊断症状特点**

战争癔症的症状以转换症状（躯体症状）为主，分离症状（精神症状）极少。因此本文只介绍转换症状。

（1）运动障碍。①癔症性痉挛发作：最为多见，约占战争癔症40%~90%。直接由颅脑损伤引起的占41.2%，其中气浪震荡后所致的占76.2%；由胃肠障碍引起的占21.6%；其他因素占到11.7%；完全属于心理因素的占25.5%。癔症性痉挛发作发病急剧，常常缓慢倒下，四肢出现不规律的抽搐或伸展屈曲，辗转、翻动，角弓反张，两手抓胸打头，两眼紧闭，自语呻吟或喊叫，意识呈朦胧状态。发作历时数十分钟至数小时，发作时瞳孔光反应正常，无咬舌和大、小便失禁。发作后多不能入睡。病后可概括回忆当时的经历。与癫痫大发作不同，后者意识完全丧失，突然跌倒，四肢先强直后阵挛抽搐，一般持续数十秒，发作中瞳孔散大，对光反射消失，可有病理反射、咬舌、遗尿和外伤，面色紫绀，发作后多能深睡，事后不能回忆。②癔症性瘫痪：约占战争癔症的8%~10%。以截瘫为主，偏瘫、单瘫较少。瘫肢的肌张力时高时低，挪动时常有抵抗，当转换病人注意力时，可自行活动。感觉障碍常常多变，腱反射一般较为亢进，不出现病理性反射，腹壁和提睾反射均正常，且无面瘫、舌瘫，无膀胱障碍。③癔症性挛缩：常发生在四肢，特别是手部创伤后突然出现，在分散注意情况下可以伸展，注意集中时会再现，骨骼和软组织的植物神经性营养障碍不明显。品质性挛缩：有固定不变的形状，分散注意情况下挛缩不变，且伴有植物神经性营养障碍。④癔症性震颤：约占战争癔症的2.5%。可以出现在一侧、双侧肢体或全身。震颤幅度粗大，不规律，时快时慢，紧张、兴奋时震颤更为频繁。⑤癔症性不言症（失音或缄默症）：约占战争癔症的4%~38%，占外伤性癔症的15%。病人坚持缄默不发言，但有正常的笔谈能力，与人接触常以文字和手势代替言语。器质性失语症（运动性失语）则有说话的愿望，能发音，即有残余言语能力，但书写能力存在不同程度的障碍，无法以手势代替言语。

（2）感觉障碍。①癔症性感觉减弱或消失：常出现偏身型、半身型、手套型、袜子型、帽子型或零乱型等，以偏身型多见。部位多变、范围多变、程度多变。感觉减弱或消失通常在客观检查中被发现，与神经解剖分布不符。②癔症性感觉过敏：常见有头痛、胃痛或肢体、躯干、全身痛感等。③癔症性感觉异常：如癔症球，感到咽喉部似有球形阻塞感或上下游走感。又如蚁行感，感到躯体或四肢、面部似有蚂蚁、昆虫爬动之感。④癔症性耳聋：占战争癔症的2%~6%。多突发两侧绝对性耳聋，但听反射存在，无前庭性神经功能障碍，与人交谈时病人常无聆听表现，也不注视对方。还可以进行听反射检查（耳蜗—眼睑反射和耳蜗—瞳孔检查）、言语笔记检查和情绪反应检查。神经性耳聋则多为一侧，偶有两侧，其听力多有减弱，即使有两侧性耳聋其程度也不同，常伴有前庭神经障碍，听反射减弱或消失。⑤癔症性聋哑：约占战争癔症的30%~40%，常与癔症性耳聋和癔症性不言症合并存在。多见于脑气浪伤早期，约占战争癔症聋哑病因的50%，常与器质性耳聋合并存在。通常伴有癔症性痉挛发作、不完全瘫痪、震颤、假性痴呆或短暂的精神障碍等症状。这些症状消退后，耳聋、不言的症状仍可能长期持续存在，也可能进一步发展，并可能伴有腱反射亢进、浅反射左右不对称、指端紫绀、多汗和微热等植物神经障碍，情感迟钝，患者缺乏治疗要求。⑥癔症性失明和视野改变：战时少见。约占战争癔症发病率的1%~2%。多突发双目失明，但瞳孔大小正常，对光反射和视反射存在，眼底无异常。癔症性视野缩小为管状视野，或呈规则性向心性缩小，而器质性视野缩小可为不规则性向心性缩小或表现为偏盲、象限盲点等。

（3）植物神经功能障碍。①癔症性呕吐：战后多见，约占战争癔症的3%~5%，常因心理因素逐渐发生。多表现为顽固性呕吐，呕吐前无恶心，呕吐物为食物，虽长期频繁呕吐，但营养状态较为正常，无脱水、消瘦和反酸等症状，胃肠透视无异常发现。胃肠性呕吐则常有食欲不佳，消化不良，呕吐前多有恶心或吐酸、嗳气等，胃液分析和胃肠透视常有异常改变。脑性呕吐通常伴有神经系统症状和体征。②癔症性呃逆：战时少见，约占战争癔症0.5%~1%，常在惊恐等因素下突发。症状顽固，频繁而声大，有人注视时更为频繁剧烈，无人注意时可自行减少或停止。③癔症性过度换气：与呃逆相似，约占战争癔症发病率的1%~2%。多在紧张、气愤、激动时发生。发作频繁且强烈，而无缺氧征象。可能出现呼吸性碱中毒，继而发生手足搐搦。④癔症性发热：

战后可见，持续 39 ℃~40 ℃，高热，但脉搏正常。无消瘦、脱水、营养缺乏和慢性病等征象。有关实验室检查也无异常发现。

战时其他神经症还包括战争神经衰弱，国外报道战争神经衰弱占比战争神经症的 10%~29.3%，国内为 20.3%。致病因素主要为战时精神高度紧张、不眠不休连续作战等长期持续性兴奋引起的心理压力等；此外，战争焦虑症、战争疑病症、战争强迫症在战时亦时有发生。

除战争神经症外，战争反应性精神病（war reactive psychosis），也称为三天的精神分裂症。在战争中突发的强烈急剧的精神因素作用（如空袭、炮击、导弹袭击等），引起高级神经活动失调，而急剧发病。一般数分钟或几小时内迅速发病，经过适当治疗数小时或 1 周内可以恢复。临床表现与精神因素密切相关，反映病人对精神创伤的情感体验。该病具有起病急、病程短、预后好的特点。第二次世界大战中苏、德、日军发病率约占整个战时精神疾病的 20%~25%。

最后要提及的一类战时疾病是战伤所致心理问题，包括颅脑创伤性精神/心理障碍，烧伤所致的心理反应及精神障碍，以及伤残后心理反应 3 种常见情形。颅脑创伤性精神心理障碍占战时精神病的 10%~15%，比平时明显增多。烧伤后约有 30% 的伤员发生严重的精神障碍。其主要临床表现是：①嗜睡；②谵妄；③呈假性痴呆状态或童样痴呆（child like dementia）状态；④幻觉；⑤妄想状态。战伤所致的残疾者占较高比例。器官缺损、器官功能丧失、肢体断离、瘫痪等会使伤员心理上受到巨大创伤，情绪严重失衡。这种体相的改变，还会引起无意识的心理活动。伤残者经常梦见损毁事件或梦见失去的肢体仍然完好存在。在现实生活中，也可能出现肢体存在的幻觉。有的伤残者，由于自卑心理严重，认为别人鄙视自己，因此对别人产生敌意。这种敌意心理的行为表现是：敏感多疑、好争执、好顶撞或"破罐子破摔"。还有的伤残者自认为低人一等，对前途失去信心，得过且过。

## 思考题

1. 请谈一谈你对"我们大多数人都是心理不健康的正常人"的理解。
2. 识别异常心理，需要关注哪些关键点？

# 第二篇
# 心理健康维护常用技术与方法

部队驻地大多艰苦偏远，加之训练强度标准高、军事任务转换快、管理要求严等特点，使得官兵更容易出现各种各样的心理问题。介绍心理健康教育、筛查及咨询治疗等常用心理维护措施对维护官兵身心健康尤为重要，可以提高心理健康维护意识，提升部队整体作战效能，提升组织心理健康水平，增强官兵军事生活及军事环境适应力。本篇分章分别介绍了心理健康维护常用技能方法。第三章对心理健康教育进行了简述，内容包括心理健康教育目的、主要形式及其内容等。该章最后通过实例展示了心理教育的具体实施过程；第四章对心理筛查与心理测评进行详尽叙述，此章内容丰富、概念众多，涉及心理测量、心理测验、心理筛查，以及量表信效度等概念阐释，按智力测验、能力倾向测验到人格测验的顺序进行具体讲解。本章重点是对实际工作中心理评估及心理筛查的展开过程进行实例演示，以方便广大读者在实操中参考其中方法流程，进而可独立开展部队心理筛查工作。第五章为心理咨询与心理治疗，介绍认知行为疗法、行为为主的技术及疗法、精神分析疗法、生物反馈疗法等，目的是掌握合理情绪疗法及至少一种放松技术。此章内容宽泛庞杂，但重点对心理咨询与思想工作的异同做了详细解释，使思想政治工作和心理工作有效地结合起来，以更好地达到心理咨询和思想政治工作教育的目的。

# 第三章 心理健康教育

> **教学目标及要求**
>
> 知识：了解心理健康教育的目的、心理健康教育主要形式、心理健康教育内容、挫折的概念，熟悉维护心理健康的基本措施，掌握情绪调节的常用方法技能。
>
> 能力：初步具备开展小型（比如小范围，0.5小时左右）心理健康教育的技能。
>
> 素质：心理健康教育与立德树人、德育为先等理念相融合、相统一。

## 第一节 心理健康教育概述

### 一、心理健康教育目的

（一）心理卫生及健康知识宣教，提高心理健康维护意识

健康教育及心理健康教育承载着健康知识、健康生活方式及预防等内容的宣教、传播功能。俗话说，健康教育教人防病治病，生命教育教人珍惜生命。心理应激或心理危机干预的初期，心理工作实质上更多也体现为心理健康教育，而不是心理咨询或心理治疗。此时的心理健康教育通常时间短、目标明确，即通过相关心理科学知识的宣教，比如告诉当事人心理危机通常会经历四阶段、应激反应多为一种正常身心反应等，以帮助当事人减轻压力、尽快恢复正常生活，而且，正常化技术就是上述两种情境中常使用的一种技术，该技术本质属于心理健康教育范畴。

（二）提升部队整体作战效能，提升组织心理健康水平

心理健康教育的组织实施更多面向团体或组织，培塑团结合作、官兵友爱的内部关系，营造积极向上的思想氛围，为提高部队凝聚力、向心力、战斗力打下良好基础，

同时也有助于提升部队整体健康水平和作战效能。

（三）增强官兵军事生活及军事环境适应力

通过心理健康教育，使官兵，尤其是新战士、新学员在新环境中，能积极认知环境，快速主动适应部队生活，防止适应不良，甚至适应障碍等其他心理问题的发生，使自己的心理活动与外部环境达到统一。此外，军人在职业生涯中，进退走留、岗位变换、评功评奖等事关个人荣誉的关键时刻，很容易出现心理失衡甚至失控的现象，造成悲剧的发生。心理健康教育可以帮助官兵矫正不良、失衡的认知模式，正确面对和妥善处理可能出现的心理问题。

## 二、心理健康教育主要形式

（一）专家授课

专家授课，一方面可激发官兵对心理健康的关注和兴趣，另一方面也可增强各级领导对官兵心理健康的重视。选择专家，首先应了解其所授课的内容及研究方向，做到知己知彼。其次，要了解专家对部队实际情况的把握程度，否则不但起不到应有作用，反而会导致部队心理问题加重。为了防止此类问题再次发生，可提前向专家汇报部队官兵的心理特点、状态。最后，还应对专家的授课内容提出自己的需求和建议，比如要传递正能量、讲政治、讲科学，与部队实际紧密结合。

（二）专题讲座

根据不同受众、不同时间段、不同目的，可以组织内容丰富、形式多样的心理健康教育讲座。

**1. 常化教育**

常化教育，即常态化的健康教育。2001年原总政治部、原总后勤部联合颁发的《关于重视做好基层部队心理教育与疏导工作的意见》中指出，要把普及心理健康科学知识纳入基层经常性思想教育、科学文化学习和卫生常识课程，并有组织、有计划地进行，逐步形成制度并坚持开展。教育部思想政治工作司2023年工作要点中第四条指出，要进一步加强心理健康教育，全覆盖开展高校新生心理测评。这就要求心理健康教育工作实现常态化和制度化管理。在具体开展常态化教育时，要向官兵渗透普及一般心理常识，人际交往及沟通技巧，培养其处理训练、工作及生活中常见心理问题的能力，学习认识自我、调节情绪、调整认知、协和人际，建立自己的社会支持系统，充分发挥自己的特长和优势。

**2. 专题教育**

专题教育包括以下常见形式。

（1）新兵入伍时教育。参军入伍是人生经历中一次重大转折和选择，身份和环境会发生很大变化，当新鲜感和好奇心褪去，不少人会出现心理上的不适应，比如对严格管理的不适应，集体生活人际关系的不适应，训练强度大标准高的不适应，对远离家人的不适应，等等。

（2）执行任务前教育。军事演习、安保警戒、反恐维稳、抗震救灾等，由于任务的重要性及工作的复杂性，部分官兵可能会出现紧张、焦虑、恐惧、失眠等问题，甚至出现一些应激反应。此时，心理防护工作要紧跟上去。

（3）特殊环境中的教育。特殊地理环境既可指高原区、海岛孤岛、戈壁荒漠、山岳丛林、高寒区等，也可指潜艇、航空等相对封闭、活动空间狭小地方。此外，噪声、有毒有害地域等也属于特殊环境。在特殊环境下，官兵心理可能会受到影响，出现不适。长时间待在此类环境下，容易出现应激反应，包括烦躁、情绪易激惹、情绪压抑等。针对官兵出现的问题，可以开展压力应对和认知调整方面的教育，以进行调适。

（4）危机干预中的教育。如前所述，危机干预或心理急救很多时候不是心理咨询，而是健康教育。尤其在早期，合理化、稳定技术等都属于健康教育范畴。

（5）复转套改前教育。铁打的营盘流水的兵，身为军人大都要面临二次就业或进退留转的选择，复员、退伍、转业以及自主择业时期对军人而言是关键阶段，此时，要开展心理筛查评估，帮助官兵正确认知自我，平顺度过关键阶段。

（6）心理骨干的培训。军队常依托军医大学对各单位心理工作人员、心理骨干开展年度心理健康教育及技能培训，培训内容包括心理现象的发生发展规律、心理科学常识、官兵心理特点、人际沟通技巧、心理危机干预、心理筛查、心理测验以及心理咨询等。此类健康教育对提升心理骨干的业务技能非常有益。

**（三）小组讨论**

通过小组讨论，引导官兵进行深入思考，正确理性看待社会现象，特别是时代热点话题，科学认知人性等问题。

**（四）书籍手册融合信息技术**

阅读书籍能让人开阔视野，提升个人修养。心理科普书籍、心理健康图册画报等都有助于传播心理健康知识，提升官兵心理健康品质。尤其是在信息时代，运用现代传播技术使心理健康教育通过影音、视频等多种形式呈现，极大提升了心理健康教育的质量和效果。

### 三、心理健康教育内容

（一）心理学基础知识

心理学是研究心理现象的发生、发展和活动规律的科学。心理学的基础知识主要包括心理活动的结构、个性心理、心理学的性质以及心理学的基本定义和分支。作为军人，除了了解一般心理学知识外，还需要掌握军事心理学的基础知识。例如，军人心理选拔，特殊环境对军人心理的影响等。

（二）青少年群体心理特点

部队有一大部分青少年群体，青少年更容易出现情绪、行为和认知问题。在情绪方面，情感往往强烈，隐蔽性差，容易引起冲突。在认知方面，思维活跃，但经验不足、易冲动。在行为方面渴望独立但又有所依赖，耐挫力不够；在青少年自杀中，冲动型自杀更为高发。

（三）心理健康及军人心理健康标准

介绍心理健康的概念、心理健康的重要性，阐述心身合一、形神无二，心身相互影响的理论，心理健康的标准。特别是军人心理健康八条标准：认同军人身份、心智正常、情绪积极稳定、意志坚强过硬、人格健全完善、自我认知准确客观、人际关系良好、适应军事生活。

（四）挫折与应对

常言道，不如意事有八九，可与人言无二三。那么如何应对生活中的挫败、逆境，培养乐观情绪，拥有正确的归因模式及强而有力的社会支持系统等显得至关重要，尤其是良好的家庭关系及家庭功能，身边知心的朋友、友善的同事、和谐等人际关系都为快速走出困局提供了坚实支撑。

## 第二节　心理健康教育的组织实施

心理健康教育的组织实施一般包括开展教育前的准备工作及教育的具体设计和实施。

## 一、心理健康教育课前准备

心理健康教育前的准备工作包括"备好对象，定准主题，备足内容"。选题非常重要，可以说选对选准授课主题，就等于完成了任务的一半。这里提供一些部队实用的主题，比如"快速适应新环境，迈好军旅第一步""掌握心理知识，化解适应难题""加强心理训练课，练胆强心保打赢"，"管理关爱情绪，维护身心健康"，"不为挫折遮望眼，百折不挠练强兵""调整失衡认知，矫正不良行为，培塑健全人格""科学舒缓压力，合理宣泄情绪""培养平和心态，塑造健康心理""珍爱生命之树，远离轻生行为""保持良好心态，正确看待走留"。

心理健康教育准备阶段，在对象明确、主题选定后便可进入内容准备阶段。在准备内容时，可查阅相关专业书籍及文献，广泛浏览相关资料。此外，应该理清思路、精心准备课件，特别是在课件中不能出现错误言论、错误观点及不当不实证据等。

## 二、心理健康教育组织实施

（一）方案撰写与实施

心理健康教育实施通常分为三个环节，即导入、实施开展、课堂小结。首先，通过谚语、故事、新近案例或热点问题导入。其次，心理健康教育的实施开展主要是通过讲授法、案例法、情景教学法及角色扮演法等方法手段，将教育内容传达给受众。最后，进行课堂小结。可以通过简练的语言对当次心理健康教育内容进行凝练，以升华认知，这样能降低受众的理解难度。

（二）组织实施要领

（1）简单易懂。即内容要通俗易懂，多用口语、少用专业术语，这样容易吸引听众。

（2）简单易记。可以适当应用一些俗语、歇后语等，提高心理健康教育的趣味性，便于识记。

（3）简便易行。介绍的方法，要易学易用，如腹式呼吸放松法的技术要领，"先自然呼吸，然后深吸慢呼，鼻吸口呼，手搁腹部，感受起伏"。多介绍一些操作简单易行、对实施条件没有太多要求的活动。

（4）易于互动。讲座既是传播健康知识，又是官兵情感交流互动的一个过程，因此，要充分调动听众积极性，台上台下相互联动，恰当运用肢体语言，比如手势、眼神、表情，多与官兵进行目光接触，做到尊重、热情、共情、真诚、积极关注，增强心理健康教育的效果。

### 附：心理专题讲座教案示例

一、课程名称：军人心理健康维护

二、教学目标

（1）知识：了解心理健康概念、官兵常见心理问题及官兵常见心理问题，心理健康维护措施。

（2）能力：具备心理调适，尤其是情绪自我管理技能。

（3）素质：维护心理健康就是维护部队安全稳定，提升维护心理健康的能力。

三、教学对象：卫勤军士（三年制）

（1）授课方式：理论讲授结合案例式教学，设置典型问题，讨论互动。

（2）教学重点：情绪调适技巧及心理健康维护措施。

（3）教学难点：知、情、意相互作用及相互影响的理解。

四、教学过程

【导课】

（1）引导学员思考军营特点（见图3-1），以及心理卫士应具备哪些能力（见图3-2）。

（2）探讨部队心理工作都做什么（见图3-3），由这个问题引入开设军人心理健康防护课程的主要目的（探索教学目标达成度，见图3-4）。

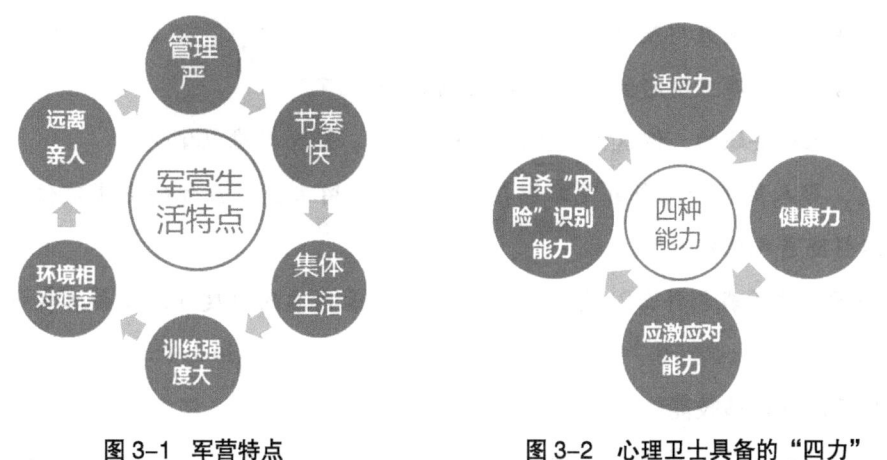

图 3-1　军营特点　　　　图 3-2　心理卫士具备的"四力"

小李：觉得无所谓，心情平和，照常和首长和谐相处。

小刘：觉得自己受了侮辱，无法平静下来做事，甚至无法和谐地与首长长期相处。

小王：也许对方没看到我，所以他没理我。这很正常。

结论：情绪及行为由人对外界事物的想法而产生，所以我们要为自己的情绪以及行为负责。很多时候，让我们为难的不是事情本身，而是我们那尚未开始就已经退缩的心态！

（2）合理宣泄法

在介绍该方法之前，我们需要先做一铺垫，情绪管理首先需要做到情绪被觉察、被承认、被接纳（见图3-7）。

**合理宣泄情绪首先要**

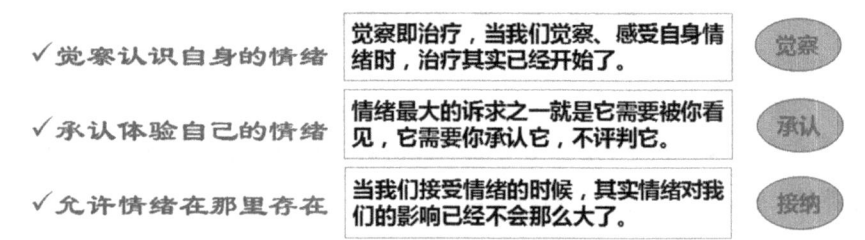

✓ 觉察认识自身的情绪 —— 觉察即治疗，当我们觉察、感受自身情绪时，治疗其实已经开始了。—— 觉察

✓ 承认体验自己的情绪 —— 情绪最大的诉求之一就是它需要被你看见，它需要你承认它，不评判它。—— 承认

✓ 允许情绪在那里存在 —— 当我们接受情绪的时候，其实情绪对我们的影响已经不会那么大了。—— 接纳

图3-7 "处理"情绪路径

情绪就像一块肉，没有经过咀嚼，就直接吞下去，堵在胃里无法消化，造成胃胀气，对胃造成伤害。胃不能吸收没有经消化的食物，也不能消化未经处理的情绪。

情绪会在身体里产生，也会在身体里累积。

① 吸——腹式呼吸放松（见图3-8）。

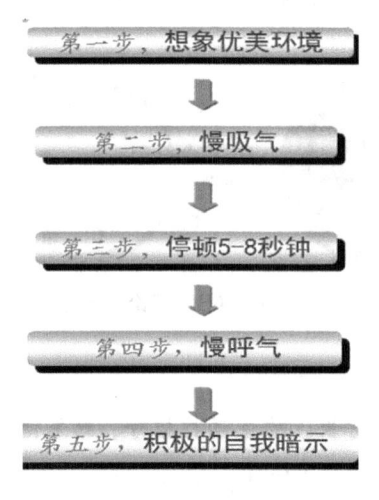

第一步，想象优美环境
↓
第二步，慢吸气
↓
第三步，停顿5-8秒钟
↓
第四步，慢呼气
↓
第五步，积极的自我暗示

图3-8 腹式呼吸过程

① 离——离开应激事发地。

第一步：暂离现场。

第二步：冷静，不马上做出反应。

第三步：数数，从1数到15再发火。

③ 宣泄——合理宣泄六个"一"。

我们每个人都会产生负面情绪，它是人性的重要组成部分。再优秀的人也难以戒掉情绪，把情绪调成静音，实在是不明智的。压制情绪也是不明智的，情绪需要通过合理的方式得到排解。六个一就是最简单易行的方法。

A.说一说：通过言语倾诉，表达自己的感受，以纾解情绪。

B.写一写：对不喜表达、不善言辞者，可将自己内心的感受，或需要感恩的人事写出来。

C.动一动：运动是非常好的宣泄，舒缓情绪的方法，运动既可健身，亦可健心，还可健脑。

D.哭一哭：哭出来，内心的压抑、憋闷等痛苦会被泪水稀释，亦会随着泪水被带走。

E.喊一喊：空旷的郊外，洗澡房等都是不错的宣泄情绪的地方，喊一喊内心会舒畅很多。

F.笑一笑：不管是微笑抑或大笑，只要是真心笑出来都会有放松身心、调节情绪的效果。

迪香式微笑是被人们所认可的一种真心微笑，它要求表情饱满、嘴角肌上提、眼角肌上扬、

露出八颗牙齿。针对倾诉疗愈的原理而言，弗洛伊德在对患者进行临床治疗时，曾经发现，患者会喋喋不休地向他吐露内心的隐私，说出自己的真实想法，表达自己的消极情绪，这样做可以恢复患者的心理机能、释放情绪，获得内心的平静与安慰，达到医治患者心理创伤的目的，消除内心的障碍。这就是"合理宣泄法"的科学依据。倾诉，即与他人分享自己的情绪、情感、思想等。

3.心理健康维护措施

（1）客观认识自己。认识自己的优缺点，了解自己的性格特征等。

（2）培养乐观情绪。乐观是一种非常积极的心态，是心理资本四个维度（自信、

乐观、希望、韧性）之一。

（3）拓宽心理相容性。要容得下别人，提升自己的包容性和对他人的接纳性。

（4）建立良好人际关系。阿德勒曾说过："我们所有的问题，都源于人际关系。"

（5）积极求助他人。遭遇困扰，凭自己之力难以摆脱，主动求助别人是智慧的表现。

4.结语

综上，科学认知是维护心理健康的前提；调整心态是维护心理健康的核心；情绪调节是维护心理健康的手段。

### 思考题

1.作为一名老班长，对刚下连的战士，如何更好地开展心理教育？
2.请你谈一谈情绪管理的重要性。

# 第四章 心理筛查与心理测评

> **教学目标及要求**
>
> 知识：了解心理测验、心理测量、心理筛查、心理评估、心理档案等概念，了解认知测验及非认知测验（态度测验、人格测验等）的分类，熟悉心理评估常用三种基本方法，掌握1-2种常用心理测验的使用方法。
>
> 能力：能协助军医或心理医生开展心理测验工作。
>
> 素质：树立对心理测验科学性的认识。

心理学家桑代克指出"凡物之存在必有其数量"，之后，心理学家麦克尔又指出"凡有数量的东西皆可测量"，这说明心理现象或心理属性是可以测量的，虽然它不能用秤来称，也不能用尺来量取。对于心理属性的可测性，中国古圣先贤们很早便有相关论述，比如孟子对心理属性及心理特征的可测度性有过论述，认为"权，然后知轻重；度，然后知长短。物皆然，心为甚"。这句话告诉人们，心理现象同样可以被测量。孟子的上述学说较国外两位心理学家的名言早了两千多年。如何测量、评估人的心理，例如人格、能力、情绪等内隐的心理构念？本章节将对此进行全面介绍。

## 第一节 心理测量与心理评估

### 一、心理测量

（一）心理测量定义

广义地说，测量可以被视为事物或事件的一种分类方法，使用某种记号（数字、字母或词）来表示各种划定的类别，并遵循一定的数字分类规则。简单地说，测量就是对事物进行区分的过程。美国测量学家史蒂文斯曾经定义过测量：从广义上讲，测量就是分配或指派数字给研究事物（客体）的过程。我国学者认为："测量是对客观事物进行某种数量化的测定。"具体到心理测量，上述提到的客体即指心理现象。与重量、长度等具体变量相比，心理现象通常更加抽象、模糊。心理现象一般又包括心理活动的过程及特征性心理属性，如人格、能力等。心理过程包括认知（能力）过程、情感过程和意志过程，人格包括动机、需要、兴趣、理想、信念等心理属性，心理状态通常被分为消极和积极两种。

任何测量都应该具备两个要素，即参照点和单位。参照点是参照系计算的起点，一般有两种类型，一种是绝对的零点，例如测量轻重、长短的起点为零，这个零代表"无"；另一种是人为设定的起点，称为相对零点，例如海拔高度，我国的海拔高度基准零点在青岛观象山。

（二）心理测量特点

**1. 心理测量的间接性**

虽然科技日益发达，但对心理现象这种模糊的变量，仍然很难直接测量。实际上，即使是生理指标，有些也难以直接测量，只能采用间接的方式进行，比如生理学研究中，巴甫洛夫就是利用狗的唾液分泌来推测其大脑的高级神经活动。人的内在心理活动与其外在行为表现间存在因果关系，通过"果"可推测"因"，这是心理现象可以间接测量的最根本理由，也是心理科学研究的基本方法。

**2. 心理测量的相对性**

心理测量的相对性，源于心理测量缺乏绝对的标准，即缺乏绝对的零点。所有的心理测量都是看每个人处于一个序列的什么位置，这个位置自然会具有相对性特点。比如智力水平高低、兴趣大小都是依据个体与其所在某一团体群体或某种人为确定的标准相比较而言的。

## 二、心理测验

（一）心理测验定义

在诸多场合，尤其在实际工作中心理测验（psychological test）和心理测量（psychological measurement）常被视为同义词。这两者确实在内涵上有很大程度的重叠与交叉，但其实两者是不同的。为了正确使用，不至于造成误解，这里简单做一区分：心理测验是了解心理现象的具体工具，心理测量则是运用测验工具探测度量人类心理（值）的过程或实践活动。显然前者主要在"名词"意义上使用，而后者则主要在"动词"层面使用。因此，心理测量的意义相对范围更广、涵盖面更多。

何为心理测验，我国学者陈选善指出："测验是一个或一群标准的刺激，用以引起人们的行为，根据此行为估计其智力、品格、兴趣、学业等。"布朗（F.G.Brown）指出"所谓测验，是对一个行为样组进行测量的系统程序"，此定义也反映了测验是一种测量工具。心理测验的实质是对行为样组的客观和标准化的测量。这两个定义中提到的行为样组，是指研究中被测量的某种行为代表（因为在一次测验中，很难把与目标心理特征相关的行为全部测量出来，只能选择其中一部分行为进行测量）。上述对心理测验的界定视角略有不同，但归纳起来，心理测验就是一种心理测量工具（比如测题或某种程序等），具有标准化的特点和客观性的要求。标准化和客观性是心理测验科学性的保证。狭义的心理测验，通常指心理量表。卡特尔的学位论文《反应时与个别差异》，于1890年首次提出了"心理测验"这一术语。

心理测验包括在心理或心理运动任务上的表现、行为观察以及个人对自己的态度、信念和价值的描述。

（二）心理测验常见评价指标

谈及心理测验，常涉及该测验测量准确性（有效性或真实性）及测量可靠性（可信性或稳定性，亦称为心理测量一致性）评价。评价某个心理测验的准确性，一般用到一个指标，即效度（validity），它是以测验分数为基础做出的推论的正确程度；而对测量结果可靠性评价通常使用信度（reliability）指标，测验信度指测量结果的稳定性或测量分数的一致性。以下详细介绍这几个概念。

**1. 效度**

效度就是一个测验对其所要测量的特性测量到什么程度的估计。也就是说，效度是一个测验所要测量的某种行为特征的准确度或正确性。越是正确地抓住目标，这个测验的效度就越高，从而表示它所测量的结果越能代表所要测量行为的真正特征。测验的有效性是针对测验结果而言的，即测验效度是指"测验结果"的有效性程度。此外，效度是一个相对的概念，即相对于某种特殊用途，具有较高或较低的效度。效度可分为以下三大类。

（1）内容效度。

内容效度是指测验用的测题对整个测验内容范围的代表性程度。内容效度在成就测验中特别重要。例如，在编制物理课的期末考试卷时，测验编制者不可能在两个小时内对整本书的内容进行考核，因此只能根据教学大纲和教材抽取适当的内容进行考核。通过考生的得分来确定他们是否掌握了书本的内容，因此试题必须符合教材的内容。内容效度是指测验的题目（测验的内容）是否与它所要测量的目标相关。

（2）结构效度。

在心理学中有许多假设性地构建出来的结构，如智力、内向、外向等，它们都是科学想象的产物，是用来对某些可直接观测到的行为加以分类和描述的观念。心理结构是无法直接观测到的，就像人格的测量，不同的测验编制者需要根据一定的理论来编制人格测验。编制出来的测验是否真正体现了最初所依据的理论结构，以及体现该理论结构的程度就是该测验的结构效度。因此，结构效度就是测验能说明心理学上的理论结构或特质的程度，或者说，结构效度就是用心理学上某种结构或特质来解释测验分数的恰当程度。

（3）效标关联效度。

效标关联效度也被称为准则关联效度或统计效度，通常用测验分数和效标分数之间的相关关系来表示，它实质上是指测验分数对某一行为表现的预测能力的高低。例如，假设我们新编了一套智力测验，需要对它进行效度研究，但是，智力测验是科学想象的产物，不具有可操作性，那么，要研究智力测验的效度，就只有寻找某种足以显示测验所欲测量的特性的变量，把它作为检测、评定效度的参照尺度。在本例中可以考虑：学业成绩在一定程度上是智力水平的反映，老师对学生的智力评定也得以作为一个参照尺度。另外，已经存在的知名的智力测验，如韦克斯勒智力测验的资料也可作为参照。这样一个足以显示测验所欲测量的特性的变量，就是效标，也称为准则，是衡量一个测验是否有效的外在标准。若测验与效标间相关高，就可以利用测验分数来预测被试在效标上的表现。相关性越高，预测就越准确。根据获取效标资料时间的不同，效标关联效度又可分为同时效度和预测效度。

①同时效度。如果效标资料与测验分数可以同时得到，那么，根据这个资料计算出来的效标关联效度就是同时效度。例如，欲对飞行员的心理素质进行评估时，我们先对飞行员进行笔试，而后马上在实际飞行中对他们的表现（即心理素质的体现）进行观察和评估，然后对两者进行相关分析，就获得了同时性效度。

②预测效度。预测效度是指测验对效标变量预测的有效性。在预测效度中，由于效标资料需要在一段时间以后才能收集到，因此可以说它是用来预测未来行为的。例

如，对飞行员候选者实施预测性心理测验，然后录取全部候选者，在他们参加一段时间飞行学习和训练后，测量他们的实际飞行能力（效标数据），再将前期心理测验（预测因子）成绩与效标数据做相关分析。如果两者相关性高，说明预测因子与未来的飞行成功有密切的关系，则该心理测验的预测效度就高，反之则预测效度低。

**2. 信度**

信度是对测量结果一致性程度的估计。一个测验，不论是重复测验，或由不同的人进行测验，其结果都大致相同，方能可信。任何测验，只要它是从个体的行为样本中得到的，就包含着某些测量误差。因此，信度并不是绝对的有或无，而是一定程度上或多或少的问题，没有任何一个测验是绝对可靠的，只是其误差有大小之别而已。信度只是告诉我们测验结果的可信程度。信度一般可分为以下四种。

（1）重测信度。

重测信度，又称稳定系数，是一组被试在不同时间用同一测验测量两次（两次测验间隔一段时间），两次测验分数的相关系数。由于重测信度估计的是测验中跨时间的一致性，因此在所以计算重测信度时必须确保所测特性是稳定的。这意味着被试的记忆、练习效果是相同的，两次测试期间，被试的学习效果没有差别。否则很难根据重测信度来判断测验的稳定性。再测验的间隔时期，对信度系数有一定影响。过于接近，会有联系效果。而相隔太远，在这期间的变化也可能影响测验成绩。

（2）复本信度。

复本信度，又称等值系数，估计的是两个假定相等的复份测验之间的一致性，是两个平行测验分数的相关。当同一测验不能用来实施两次时，就需要给同一种测验编制两份平行的测验，这样就可以分别用这两个平行测验进行测试。复本信度估计的是测验跨形式的一致性。例如大学期末考试各科考题均以 A、B 卷出现，以确保缓考和补考的公平性。创造力、逻辑推理的问题记忆效果好，但也不能用相同的测题对被试进行重复测验。这时，就可以计算复本信度。

（3）内在一致性信度。

当测验既无复本，也不可能重复测量时，我们常用内在一致性系数来估计测验的信度。该系数反映的是测验内部的一致性，即项目同质性。也就是当测验中各测题得分为正相关时，即为同质；反之测题间相关为零时，则为异质。所以，当测验同质时，就可以从一个人在一个测验题上的作业预测其在其他测验题上的作业。估计内在一致性系数最常用方法之一是分半法。这种方法通常是先把一份测验按题目的奇偶顺序或其他方法分成两个尽可能平行的半份测验，然后计算两半之间的相关，既得到分半信度系数。由于这种方法很可能低估原长测验的信度，因此需要用特定公式对分半信度系数进行修正，就可以获得原长测验的信度估计值。因此，内在一致性信度估计的是测验跨项目或两个分半测验之间的一致性。

（4）评分者信度。

评分者信度是由多个评分者对一组测验结果进行评分，所得各个分数之间的一致性。在某些情况下，被试的得分可能会受到评分者主观判断的影响，不同的评分人员对相同被试的评分存在差异。因此评分者信度估计的是测验跨评分者的一致性。典型的例子有心理测验中的投射测验、学业测验中的作文水平考试、职业选拔中的面试，这些测验都需要考虑评分者之间的一致性。

**3. 区分度与难度**

就心理测验而言，除经常提到的信效度指标外，还有几个重要的指标，即区分度与难度，用于评价心理测验（量表）或其条目的质量。

（1）区分度。

区分度通常包括测验区分度和项目区分度两个层面，其中，项目区分度又被称为项目鉴别力。区分度的字面含义即指某个测验或某道测验题能区分不同水平被试的能力。

（2）难度。

能力测验中，高难度的概念极易理解。而在非能力测验中，比如人格测验中，项目难度（系数或指数）常被称为"通俗性"或"流行性"水平。比如，对客观题而言，难度指数即指总体上被试"答对"某题的程度。

## 三、心理评估

心理评估的方法在军队和民间都可以互用，对军队而言，不存在方法学上的特殊性问题。事实上心理学中许多评估方法都首先应用于军队，且收到了较好的效果。因此，可以将普通的心理评估技术和策略应用于军事系统中，特别是在军队人事测量评估方面。如果说这些方法应用于军队有什么特殊性的话，也主要表现为应用的使命和环境背景的不同。

常用的心理评估方法包括观察法、心理测验法、仪器测验法、访谈法等。通过合理选择评估方法，我们可以做好平战时官兵心理健康维护及促进工作。以下我们逐一介绍常见心理评估方法。

（一）观察法

观察法即行为观察法。俗话，"床上看睡相，食堂看饭量""白天沉默寡言，晚上经常失眠""白天有说有笑，晚上能睡好觉"，这些谚语就是对行为观察法的生动描述。具体而言，观察法是指有目的、有计划地观察被观察对象在一定条件下的外显行为和表现，并对观察内容作详细的记录和分析，以判断其心理活动特征的一种研究方法。官兵的外显行为通常包括表情、最近一段时间的情绪状态、言谈举止、队列行为、饮食睡眠等等。根据观察的目的可将行为观察分为：自然观察与实验室观察、直接观察与间接观察、参与观察与非参与观察、结构观察与无结构观察、个体观察与群体观察等。为了能更精确地研究被观察对象的心理特征，在观察过程中可充分利用照相、录音、录像等技术手段。

行为观察法可以单独使用，也可以与其他检查方法同时使用。观察内容应依观察目的而定。一般说来，主要包括以下几个方面：

①仪表：穿戴、举止表情、服装的整洁性等。

②身体外观：肥瘦、高矮、畸形或其他特殊体形。

③沟通风格：如行为举止大方或尴尬、主动或被动、可接触或不可接触等。

④言语和动作：言语的表达能力、流畅性、中肯性、简洁性、有无赘述等。在动作方面，可能会出现过少、适度、过度、怪异动作、刻板动作等。

⑤个性特点：在交往中所表现的兴趣、爱好和对人对事对己的态度等。

⑥应付能力：在困难情境中的应付策略、方法、情绪表现等。

为了能更方便地掌握观察法，结合实践经验和体会，将观察内容简记为以下五个方面。①吃饭睡觉及健康。饭量的变化、睡眠状况、吸烟量的变化、看病请假次数等。②脾气情绪及个性。脾气性子是否较急、冲动、有攻击性倾向，遇事是否被动或畏缩、逃避等。③行为言语及人际关系。行为有无异常变化、人际关系是否比较差、参加集体活动或娱乐活动的积极性、与人说话情况、帮助他人情况、和多数人在一起的频率及表现等。④认知及信念。个体是否比较偏执，是否存在一些不合理信念，例如灾难化思维、以偏概全绝对化等。⑤训练相关情况。比如训练时的认真程度、训练中的精神状态、内务水平、训练中动作协调一致性、训练成绩等。

在第一次世界大战到第二次世界大战期间，美军采用面试来判定考生精神是否正常、入伍动机、是否具备成为飞行员的潜能。日本、加拿大及欧洲其他国家始终将面试和目测作为选拔的重要内容之一。第二次世界大战期间，由于专门用于飞行员选拔的纸笔测验的出现，多数国家面试和目测的主要任务是根据候选者纸笔测验的结果安排具体内容，特别是对纸笔测验中没有涉及的内容的一种补充。美国海军航空兵面试和目测的任务是，了解候选者是否"具备海军航空兵的心理素质"，该结果在最终决定是否录取中起着重要的作用。日本空军面试和目测的宗旨是判定候选者的飞行动机，以及是否有人格缺陷或人际关系障碍等。

（二）心理测验法

心理测验法，又被称为问卷式或量表测验法（scales），早期是用纸质载体呈现一系列标准化问题，要求受测者按照指导语的要求用笔作书面回答的一种测验形式。其量表设计、测验流程、计分方法等都是标准化的，即是经标准化处理的量表（inventory），有时也被称为问卷（questionnaire）。

心理测验的内容可以是文字性的、符号性的或图片性的，也可以涉及广泛的心理学内容，包括智力测验、能力倾向测验、动机测验、情绪测验、成就测验、人格测验、气质类型测验等。

心理测验，尤其是人格测验（量表）又常被分为自陈式（self-report inventories）和人格评定量表（rating scale）两类。后者多为他人报告（informant reports），也称为他评报告。如汉密尔顿抑郁量表、汉密尔顿焦虑量表、芬兰社会成熟量表（Vineland Social Maturity Scale，VSMS）等就属于他评类量表。他人报告的关键在于评定者对被评价者实际情况的了解程度，因此，在他人报告中，评定者一般可以选择被评价对象的父母、子女、兄弟姐妹或特别熟悉被评价者的人，例如常年共事者或频繁接触者。在部队，他评者通常可选同居一室的战友、老班长、自己连队的队长、教导员等。在实际工作中，他人报告类问卷通常被用于测量那些不为人所接受的人格特质，其效果非常好。如对一项有关害羞（大五人格框架下，内倾性和中等程度神经质的人容易表现出害羞）的研究，就可以以他评为主，参考自评结果。还有比如，关于评定一个人脾气是否比较差的研究，试想一下，谁会愿意承认自己是一个脾气暴躁、不好相处的人呢？对于此类特质，他人报告比自陈报告要准确得多。对人格类属性的评定，具体实践中也采用情境测验的形式，如情境压力测验。这类测验比较逼真、自然，而且许多情况下，被试不知道自己在被观察（即自然条件下的观察），故可以收集到一些平时难以测量到的内容。然而，情境测验通常难以实现标准化，也不适合进行大规模的人员测评。

心理测验一直是心理选拔的主要方法之一。由于它经济合算、操纵简便，因此可以用于大规模的团体施测，效率较高。因此，多年来一直被广泛用于各个国家的人员选拔。近年来，随着计算机技术的迅猛发展，一些现代测量技术，比如计算机自适应测验（Computerized Adaptive Testing，CAT）的出现辅助于测验，为心理测验开辟了一片广阔的天地。

CAT 具有诸多优点：它采用自适应思想，即个性化的设计，能为每名被试量身定做测题，可以对被试进行"量体裁衣"式的测量，因而能更加快速准确地达成测量目标。与传统测量技术相比，本系统具有高效、准确的特点，能够大大降低进行心理障碍筛查测验的人力和物力等运作成本，经过实证验证，本系统平均用题（数）压缩为原题目数的 1/3，平均测量用时比传统测验减少近 2/3。CAT 设计理念基于某些公理共识或常识，即测题参数（包括区分度、难度、特质测试中难度系数常被称为"流行性"水平或"通俗性"水平）是一个相对固定的值或常量（小幅度改变），此外，被试能力或特质水平也是一个相对固定的值。上述表述可以被通俗地理解为题目参数不会随被试能力值而发生较大改变，同样，每个被试的能力或特质值也不会随测题难度值而发生较大变化。

CAT 理论基础为项目反应理论（Item Response Theory，IRT），项目反应理论通常有三条基本假设，分别为潜特质空间的单维性、局部独立性以及项目特征曲线假设，即被试在某项目的正确作答概率跟其能力之间的数量关系服从某种数学函数或模型 $p(\theta) = c + \dfrac{1-c}{1+e^{Da(\theta-b)}}$（如图 4-1）。该假设将被试的能力与题目的难度或位置参数置于同一尺度标准之上（其中，a 为区分度参数，b 为难度参数），这一做法使得依照被试能力为其匹配题目的理念变成现实，即实现了真正意义上的自适应。

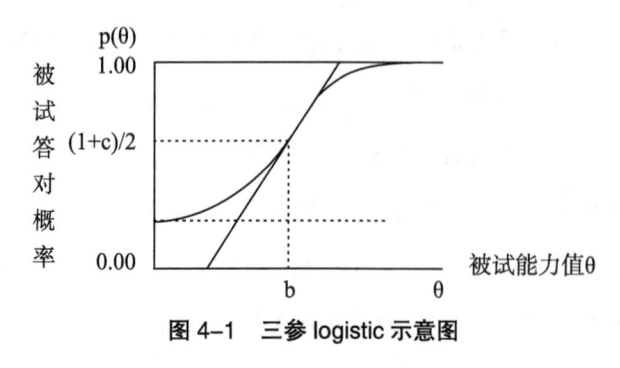

图4-1 三参logistic示意图

由于现代测量技术，采用了统一指导语，全测验过程自动化控制，测验结果自动化评判，减少了人为错误，所以测验结果更加准确、省时、经济和有效。

在实际应用中，问卷调查法（常被简称为问卷法）常被人提及，问卷法也可以归入心理测验法这一大类。它通常是由研究人员对所关心的健康问题设置调查题目，以进行摸底、了解目标的总体情况。从研究或实验性质上，它属于一种横断面调查。

（三）仪器测验法

仪器测验法是运用专门的仪器设备来检测人的心理运动能力以及相应的生理活动特点的一种测验方法。由于对测验精度要求高且费时较长，仪器测验法主要用于个别检查。此方法可用于测量人的随意运动能力，包括手足动作协调性、灵活性、准确性、稳定性、操作跟踪能力、动作记忆能力、反应速度、注意特点等，有人将其称为心理运动检测法或神经心理测验法。常见的认知神经心理测验仪器有EP206-P反应时运动时测定仪、EP503A深度知觉测试仪、EP504时间知觉测试仪、EP001型计时计数器、EPT704九孔仪等。2012—2015年期间，笔者作为核心研究人员参与高原心理学研究课题——"高原驻防官兵认知神经心理功能的影响因素研究"（CLZ11JA30）。在该研究中，测量工具包括了前述五大类神经心理测量仪器。随着科技发展，一些现代测量设备包括眼动追踪仪，脑电测试仪器等也纷纷应用于教学科研实践。

仪器测验法在招飞选拔中应用非常广泛，如飞行员选拔中使用舵杆仪来测量受测者的眼、手、脚的协调能力。

（四）访谈法

访谈法又称会谈法，是利用谈话的形式，了解访谈对象的基本心理特征、心理问题或心理困惑类型及其原因，以达到对其心理状态进行评估诊断，评定其心理问题的目的。访谈法在心理测验中具有非常重要的地位，也是最主要、最直接的一种测量手段，尤其在临床实践中被广泛应用。访谈通常较少应用于常规的人格测量，但在测量人格特质的异常水平方面（如极端人格特质的程度，不健康人格的水平，某些人格特质水平过高会导致生活受到影响）非常有效。心理测验筛查出的重点人群核查工作通常采用访谈法进行。访谈方法可分为好几种：非结构式访谈（无结构的访谈），这种访谈几乎没有对时间、被试、相互作用形式的规定，访谈者在选择什么样的问题及问题的前后顺序上可以有很大的自由度。半结构式访谈，这种访谈可以预先设置一系列必须要提问的问题和其他可以自由选择的问题。例如，要评估边缘型人格障碍（一种以情绪波动大、自我形象不稳定、行为变化无常为特征的人格疾病），半结构化的访谈可能会问："你会经常有频繁激烈的情绪变化吗"或者"你容易冲动行事而不考虑后果吗"；还有一种是完全结构化的访谈，访谈有规定的内容（访谈者只能提出某些问题，即正式的问题），甚至规定了具体的表达。当我们进行非结构式访谈时，不同被试间的数据无法进行比较。而半结构式和结构式访谈依据普通的或更具体的标准，其内容可互相比较。

访谈通常需要事先详细阅读有关访谈对象的个人材料，以确定谈话目的和制定谈话提纲。访谈时，谈话专家应态度诚恳和蔼、讲究谈话方式和技巧。会谈内容要简练、有针对性，要努力营造相互信任的气氛。通过访谈，可以了解候选者的一般履历、既往生活史、动机、性格和气质特征、一般能力等方面的情况。

由于访谈法比较灵活、直观、方便，因此也是人员选拔中最常采用的方法之一。我军在陆军初级军官心理选拔和应征青年心理选拔中都采用了访谈法。陆军初级军官心理选拔测验效果研究表明，应用访谈法可以提高整体心理选拔检测系统效果的3%~4%。

（五）生平资料（法）

通过标准化方式，如标准化的心理问卷获取生平资料，可提高此方法的效率。此类问卷必须不断发展以适应特殊问题和机构的需求。生平调查量表就是其中之一，它是美国军方在第二次世界大战期间研制出来的，是一个人以往生活中的个人活动和事件的清单，内容涉及在学校里最喜爱的课程、参加过的体育活动项目、个人兴趣，以及与选拔有关的个人行为。

传记性数据在军事人员选拔中扮演着重要的角色。有专家认为在对军事指挥人员及相应人员领导水平的预测中，传记性资料是最稳定、最可靠的预测因素。此外，生平资料分析在飞行学员和领航员的选拔中也具有较高的预测性。美国空军军官职业资格测验和美国军事飞行能力选拔测验中均设有生平信息量表测验内容。

评价中心法和结构式心理评估法是两种相对独立的心理评估方法，但在实践工作中很少被用到，这里不做赘述。

最后，简要介绍一下国家征兵中所使用的心理选拔技术。心理选拔是一项较为复杂的技术，需要经过专门的训练并具有较丰富的经验才能掌握和运用。心理选拔没有唯一的、最好的方法，在实际应用中，可以根据选拔的对象、目的和客观条件，将几种方法联合起来综合评价候选者，以提高心理选拔的准确性，达到通过心理选拔提高人员综合素质的目的。心理选拔本质上属于一种淘汰性质，而非选优，即将不适合当兵、不适应军事生活的士兵挡在军营之外，从源头上提高部队官兵的心理健康水平。

## 第二节 常用心理测验及其使用

如前所述，心理测验即各类心理量表，从功能及性质可分为认知类测验（能力测验，如智力测验、能力倾向测验或性向测验、教育测验或成就测验以及创造力测验）和非认知类测验（比较典型的如人格测验），前者有时亦被称作最高行为测验；非认知类心理测验也被称为典型行为测验，可被细分为症状评定类测验和人格类测验（包括性格气质测验、动机测验、兴趣测验、态度测验、自我概念测验等）。如果根据测验结果进行解释，可以将其可分为常模参照测验和标准参照测验两类。

前述成就测验，严格意义上讲，不属于典型的认知类测验，这类测验在教育领域多见。它测量一个人（或团体）经教育训练或学习后对知识和技能的掌握程度。成就测验所测得的主要是学业成绩。它又可以分为学科测验和综合测验，前者测量学生某学科的知识、技能，如期末数学考试、物理考试等；后者测量学生各学科的知识、技能。

针对非认知类测验，本教材主要介绍几种常用的人格测验，以供参考。

### 一、认知类测验

（一）智力测验

智力测验的目的在于测量学生智力的高低。它是指在一定条件下，使用特定的标准化测验量表对被试施加刺激，从被试的一定反应中测量其智力的高低。换言之，它是指由经过专门训练的研究人员采用标准化的测量量表对人的智力水平进行科学测量的一个过程。智力测验的结果通常以智商（IQ）来表示。

智力测验起始于20世纪的法国。1904年，法国教育部委托比奈研究教育智力落后儿童的方法，他与合作者西蒙经过锲而不舍的努力，终于完成了世界上第一个智力测验量表——比奈—西蒙量表。早在第一次世界大战期间，美国国防部就组织编制了陆军甲、乙两种团体智力测验，这也是世界上第一个团体智力测验。在1917年3月至1919年1月期间，美国有200多万官兵接受了这种测验，由此积累了大量的资料。目前世界上最著名的智力测验有韦克斯勒智力量表（简称韦氏智力）、斯坦福—比奈智力量表和瑞文测验等。韦氏智力测验包括诸多分量表，如言语量表包括常识（information）、数字广度（digit span）、词汇（vocabulary）、算术（arithmetic）、理解（comprehension）、类同（similarities），操作类量表包括填图（picture completion）、木块图案（block design）、拼图（object assembly）、图片排列（picture arrangement）、数字符号（digit symbol）等。

我国入伍新兵征兵心理检测也包括智力类测验，常用语文和数学两个方面的能力测评，包括逻辑推理、判断、理解力等。

（二）能力倾向测验

能力倾向测验的目的在于发现受测者的潜在才能，并深入了解其长处和发展倾向。它一般又可以分为一般能力倾向测验和特殊能力倾向测验。前者侧重于测量一个人在多个方面的特殊潜能，例如陆军指挥院校学员一般能力倾向测验等；后者侧重于测量个人的特殊潜在能力，如音乐能力倾向测验、机械能力倾向测验以及美国陆军飞行能力倾向测验等。

成就测验也属于认知类测验，它更多测量的是学业成绩，比如对学生某学科的知识、技能的掌握。这类测验在教育领域随处可见。

## 二、非认知类测验

（一）人格测验

爱因斯坦曾经说："大多数人说，是才智造就了伟大科学家；他们错了，是人格。"与能力相似，人格也是一种比较稳定的心理品质。人格测验也被称为个性测验，是对人格特点的揭示和描述。它主要涉及情感或行为的非智力方面，通常包括气质或性格类型的特点、情绪状态、人际关系、动机、兴趣和态度等。从方法上归类，人格测验可分为两大类。一类为结构不明确的投射测验，这类测验所用的刺激多为意义不明确的各种图形、墨迹或数字，让受测者在不受限制的情况下，自由地做出反应，并由对反映结果的分析来推断其人格，这类测验主要以罗夏墨迹测验和主题统觉测验（TAT）为代表。另一类是结构明确的问卷式测验，这类测验量表的结构明确，编制严谨，任务明确，包括很多具体问题，从不同角度来了解受测者的情况。对于每一个问题，受测者面临的是有限的几个选择，被要求根据实际情况作答。然后根据受测者对问题的作答，换算为分数予以评定，如卡特尔16种人格因素问卷（16PF）、明尼苏达多项人格问卷（MMPI）、艾森克人格问卷（EPQ）和加州心理调查表（CPI）等。

在军事领域中，人格选拔和评估在十九世纪六七十年代就已经非常流行了。大量研究表明，人格测验对军队军官领导能力的预测具有一定的准确性和稳定性。下面择其中最常用的、最具代表性的三个测验简述之。

**1. 艾森克人格问卷**

艾森克人格问卷（Eysenck Personality Questionnaire，EPQ），由艾森克及其夫人编制。它是英国伦敦大学心理系和精神病研究所关于人格的测评工具。当今广泛使用的这一版本于1975年由艾森克修订而成。艾森克人格问卷是目前医学、司法、教育和心理咨询等领域中应用最为广泛的问卷之一。

EPQ问卷分为成人版和青少年版两个版本。我国的修订本由陈仲庚和龚耀先等完成，成人及青少年版均包含88题。问卷包含4个维度（4个分量表），分别为E量表（内外向），N量表（神经质），P量表（精神质，倔强性）和L量表（掩饰性）。前三个维度分别测量实质心理的某维度，最后一个维度为效度量表。艾森克认为E量表与中枢神经系统的兴奋和抑制强度密切相关联，N量表与植物神经的不稳定性密切相关。高级神经活动如果在不利因素下会向病理方面发展，即神经质可以发展为神经症，精神质可能会发展为精神疾病。P维度发展较晚，其项目是根据正常人及异常人群具有的特质经筛选出来的。L量表测度被试在答题时的掩饰成分和程度，即非真实作答的倾向。各分量表的具体含义如下。

（1）内外向（E）：分数高表示人格外向，可能是好交际、渴望刺激和冒险，情感易于冲动。分数低表示人格内向，可能是好静，富于内省，除了亲密的朋友之外，对一般人缄默冷淡，不喜欢刺激，喜欢有秩序的生活方式，情绪比较稳定。其中典型外向（E分特高）代表：爱交际，喜参加联欢会，朋友多，需要有人同他谈话，不爱一人阅读和做研究，渴望兴奋的事，喜冒险，向外发展，行动受一时冲动影响，喜欢做实际的工作，回答问题迅速，漫不经心，随和，乐观，喜欢谈笑，宁愿动而不愿静，倾向进攻；总的说来是情绪失控的人，不是一个很踏实的人。而典型内向（E分特低）代表：安静，离群，内省，喜爱读书而不喜欢接触人；保守，与人保持一定距离（除非是挚友），倾向于事前有计划，做事瞻前顾后，不凭一时冲动；不喜欢兴奋的事，日常生活有规律，严谨；很少有进攻行为，多少有些悲观；真诚踏实可靠，价值观念是以伦理为标准。

（2）神经质（N）：反映的是正常行为，与病症无关。分数高可能是焦虑、担心、常常郁郁不乐、忧心忡忡，有强烈的情绪反应，以至于出现不够理智的行为。其中典型情绪不稳（N分特高）包括：焦虑、紧张、易怒，往往又有抑郁。睡眠不好，患有各种心身障碍。情绪过分，对各种刺激的反应都过于强烈，情绪被激发后又很难平复下来。在与外向结合时，这种人是容易发火和不安静的，以至激动、进攻。概括地说，是一个紧张的人，有些偏执。而典型情绪稳定（N分特低）代表：倾向于情绪反应缓慢，即使激起了情绪也可以很快平复下来。通常情绪稳定，即使生气也是有节制的，并且不易情绪化。

（3）精神质（P）：并非暗指精神病，它在所有人身上都存在，只是程度不同。但如果某人表现出明显程度，则容易发展成行为异常。分数高可能表现出孤独、不关心他人，难以适应外部环境，不近人情，感觉迟钝，与别人不友好，喜欢寻衅滋事，喜欢干奇特的事情，并且不顾危险。其中P分高的成人典型特点：独身，不关心人；常惹麻烦，甚至残忍、不人道，缺乏同情心，感觉迟钝。对他人抱有敌意，即使是对亲友也如此；喜欢做一些古怪的事情，做事不考虑后果。而典型P分高的儿童：古怪，孤僻，爱惹麻烦；对同伴和动物缺乏人类的感情；具有攻击性，即使是很接近的人和亲人。他们没有社会化概念，没有同情心、罪恶感和对他人的关心。

（4）掩饰性（L）：测定被试的掩饰、假托或自身隐蔽，或者测定其社会性朴实幼稚的水平。L与其他量表的功能有所联系，但它本身代表一种稳定的人格功能。

需要特别说明的是，内外向个性维度是荣格根据精神动力学理论提出来的。艾森克以实验室和临床数据为基础，研究E因素与中枢神经系统兴奋、抑制的强度之间的相关，N因素与植物性神经不稳定性之间的相关。艾森克认为遗传不仅对E和N因素有强烈的影响，而且也与P因素有关。艾森克认为，正常人也具有神经质和精神质，高级神经的活动如果在不利因素影响下向病理方面发展，神经质可以发展成为神经症，精神质可以发展成精神病。因此，神经质和精神质并不是病理的，不过有些精神病和罪犯是在前者的基础上发展起来的；P量表发展较晚，其项目是根据正常人和病人具有的特质经过筛选而来的，不及E和N量表成熟；L量表是测验受试者的"掩饰"倾向，即不真实的回答，同时也有测量受试者的纯朴性的作用。划分掩饰的标准，要看所测样本的一般水平以及受试者的年龄。一般来说，成人的L分因年龄而升高，儿童则因年龄而减低；在E量表中，极端内向与极端外向之间有不同程度的移行状态。在实际生活中，多数人处于两个极端之间，或者倾向内向或外向。外向或内向的人，可能情绪稳定或不稳定。N维度也如E维度一样，情绪从极端稳定到极不稳定的两极。如果以E维度为X轴，N为Y轴，交叉成十字，在外画一圆，在圆周上的各移行点，成为具有各种不同程度的E和N特点的人。同理，具有各种不同程度E和N的人，也具有不同程度的P特点。

以上是典型的极端例子，实际上很少有如此典型的人，大多数人处于两个极端之间，不过是倾向某一端而已。EPQ的引进，不是所有的项目都适用于我国，所以对各项目应加以筛选。

如前所述，艾森克人格问卷属于人格测验，从几项个性调查发展而来，旨在评估内外向性、情绪稳定性等人格特征。相较于其他以因素分析法编制的人格问卷，它所涉及的概念较少，施测方便，有较好的信度和效度，是国际上最具影响力的心理量表之一。

EPQ量表通常采用标准T分，标准分数换算公式 $T=50+10(X-M)/SD$

公式中X表示某受试者的问卷粗分，M和SD分别表示该人群样本的平均数和标准差。然后将均数换算成50，将标准差换算成10，即以50为均值，以10为一个标准差。

根据标准差的面积分布，得知在T/43.3至T/56.7之间的人数约50%；在T/38.5至T/61.5的区域内，人数约占全体的75%；在T/38.5至T/43.3和T/56.7至T/61.5这两个区域的人数各占全体的12.5%，共计25%。一般认为，T/38.6以内的为内向，T/61.5以外的为外向。其他量表依此类推。在实际生活中有上述各类型的人，但各类型的人数是多少，尚缺乏精确研究。

EPQ 根据各维度 T 分的高低判断人格倾向和特征。还将 N 维度和 E 维度组合，进一步分出外向稳定（多血质）、外向不稳定（胆汁质）、内向稳定（粘液质）、内向不稳定（抑郁质）四种人格特征，各型之间还有移行型，如图 4-2 所示。T 分框架下的量表如下：

E 量表：分数超过 61.5，表示典型外向性格，分数在 56.7~61.5 之间为趋向外向，分数在 43.3~56.7 之间为中间型，在 38.5~43.3 之间为内倾，分数低于 38.5，为典型内向。

N 量表：亦称神经质量表或情绪不稳定性量表。如果分数高于 61.5，表明情绪不稳定，可能会出现焦虑、紧张、易怒、睡眠不好、躯体不适等症状。低于 56.7 的人是情绪稳定的人。

P 量表：亦称精神质或倔强质。如果分数超过 61.5，表示精神质非常明显，在 56.7~61.6 之间为倾向精神质，分数低于 56.7 以下属正常范围。

L 量表：L 分大于 60 即为无效。

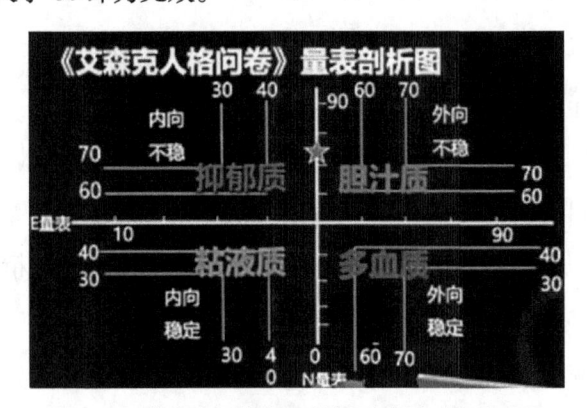

图 4-2 艾森克问卷与四种气质类型对应关系图

**2. 卡特尔 16 种人格因素问卷（16PF）**

卡特尔 16 种人格因素问卷属于人格问卷的范畴，与艾森克人格问卷相比，其定位更细致，落脚点在特质层面。众所周知，特质是构成人格的基本元素，是评价人格的基本单位。在描述和比较不同人格时，使用特质非常有用。卡特尔采用因素分析法对人格特质进行了分析，并提出了人格特质理论模型。他将人格特质分为表面特质和根源特质，表面特质是通过外在行为表现出的，可观察到的特质；而根源特质则更深层次，是人格结构中最重要的部分，对人的行为表现具有决定作用。16 种人格因素就是卡特尔提出的 16 类相互独立的根源特质，分为 A 和 B 两种版本，均包含 187 道题目。

16种人格（16PF）问卷特点明显：①每道题目均有三个选项，避免了二选一的强迫性，所以有助于被试答题时的自由性和自发性。②标准化程度高。效度方面，16个因子各自相对独立。信度方面，重测信度尤其较高。此外，项目的载荷因子均较高，分布在0.73~0.96之间。③用途广泛。该量表不仅用于个体心理健康评估，辅助于临床诊断，还可用于人际关系、职业性向、新工作环境中有无学习成长能力等方面。此外，该量表相对更专业化，因此对使用者提出了更高的要求，特别是在结果解释方面需要对此量表有更全面更深刻的把握。

16种人格特质具体为：乐群性、聪慧性、稳定性、恃强性、兴奋性、有恒性、敢为性、敏感性、怀疑性、幻想性、世故性、忧虑性、实验性（高分者自由开放、批评激进；低分者保守、循规蹈矩、更尊重传统）、独立性、自律性、紧张性。

**3. 明尼苏达多项人格问卷**

明尼苏达多项人格问卷（MMPI）是人格问卷，该量表主要用于临床，因为其条目形成更多源于医学档案、病人自述、医生笔记等。具体形成过程为：将收集的目标条目施测于效标组（经规范诊断，确诊属于精神异常而住院治疗者）和对照组（经确定属于正常无任何异常行为者、探视病人的家属、居民及大学生），然后比较两组人对某题的反应。如两组人群对某条目反应存在差异，则该题目将被保留。若反应物之间差异显著，则该题目将被淘汰。经过如此过程，最初保留下来的题目有550道（有16题为重复题目，所以有些版本显示为566题）。1966年修订时，精简了与临床有关的题目共399道。

MMPI分临床题和效标题两类，其中临床量表10个，具体为疑病症、抑郁症、歇斯底里、精神病态偏倚、男性女性化、妄想狂、精神衰弱、精神分裂症、轻躁狂及社会内向性格；效度量表3个，分别为说谎量表、诈病分数量表及防御量表。

问卷的选项也是三级，即"是，否，无法回答"。由于问卷条目较多，通常对住院患者施测较多。问卷用于辅助诊断及预后疗效评估。

最后，简要介绍大五人格问卷（NEO），它又被称为人格五因素模型。大五人格问卷面世稍晚于前面几种人格问卷，但其在人格研究中地位却更高、更具代表性，在人格领域应用也比较广泛，属于国际通用人格问卷。其中包括五个因素，即神经质（N）、外倾性（E）、开放性（O）、宜人性（A）及认真性（C）。5个字母连在一起，即英文单词OCEAN。神经质表现为一种体验负性情绪的倾向。高神经质的人会频繁体验到高强度的负性情绪，易出现精神健康问题，也易患身体方面的疾病，如心脏病、超重和肠易激综合征，高神经质水平的人甚至寿命不如低神经质水平的人长。压力下，低神经质的人比高神经质的人表现得更好；外倾性是大五人格中最能体现积极情绪的，如幸福、快乐、正能量。外倾性的人健谈、爱交际、善于创造和维持良好的社会关系，喜欢读有关人的书籍。外倾性的人特征归结为友好、合群、自信、寻求刺激、快乐，而开放性则是五大特质中最难定义的和最不直观的。开放性特质得分高者，通常具有乐于尝试新鲜事物、冒险精神强、乐于接受改变、对新的想法和理念充满兴趣、想象力丰富、具有艺术气质、追求自由等特点。此外，开放性维度与大五人格中与智力相关的维度密切相关，开放性特质得分高者在智力测验中常表现得较好，他们善于处理复杂的想法，具有更多创造性。开放性水平高的人，其寿命也更长；宜人性特征包括信任、合乎道德、合作、同情心、谦逊、利他等。低宜人性与反社会行为相关，容易犯罪或做出其他危险行为；尽责性涉及意志力、自我效能感、追求成就、秩序，比如，他们非常讲究整洁，总是把房子打扫得一尘不染。高尽责性的人具有更强的意志力、遵循合理的饮食习惯、努力工作。在大五人格中，尽责性强对学业和职业成就有较强的预测性，尽责性的人条理清晰、雄心壮志、动力十足。低尽责性也被称为高冲动性，这类人要从负面情绪中恢复过来需要更长的时间。

其他类似人格的测验有霍兰德职业兴趣测验、学业动机量表（AMS）、人生意义问卷（C-MLQ）中文版、自杀态度问卷（SAQ）、强迫信念问卷（OBQ）、积极心理资本问卷（PPQ）等。近几年随着对正念评估的研究，还出现了正念注意觉知量表、正念五因素问卷等。

（二）症状评定测验

各类心理健康状态或水平测验均属于症状类测验，具体是指人的心理活动的各个环节稳定运行且功能得以充分发挥的特定心理状态。心理健康是一个连续体，一端是心理障碍或心理疾病状态，另一端是健全人格状态。心理健康测验是专门用于评估心理健康状况的工具。由于心理健康的内涵比较丰富，心理健康测验的种类也较多，它们可以从不同的角度对心理健康状况进行评估，比如常用的有症状自评量表（SCL-90）、焦虑自评量表/抑郁自评量表、贝克抑郁问卷等。

**1. 症状自评量表**

症状自评量表，即 SCL-90，共 90 题，包括：①躯体化；②强迫症状；③人际关系敏感；④抑郁；⑤焦虑；⑥敌对；⑦恐怖；⑧偏执；⑨精神病性及其他 10 个因子。评定方法为五级计分包括（从 0~4 级）：0= 没有，1= 很轻，2= 中度，3= 偏重，4= 严重。有的也用 1~5 级。评定时间：可以评定一个特定的时间，通常是评定一周以来的时间。

SCL-90 涵盖了广泛的精神病症状学内容，例如思维、情感、行为、人际关系、生活习惯等。以下是 10 个因子及各条目归属（见表 4-1）。

表 4-1 症状自评量表（SCL-90）各因子及条目数一览

| 序号 | 因子 | 项目数 | 项目 | 因子内容 |
|---|---|---|---|---|
| 1 | 躯体化 | 12 | 1、4、12、27、40、42、48、49、52、53、56、58 | 反映主观的身体不适感 |
| 2 | 强迫症状 | 10 | 3、9、10、28、38、45、46、51、55、65 | 反映临床上的强迫症状群 |
| 3 | 人际关系敏感 | 9 | 6、21、34、36、37、41、61、69、73 | 指不自在感和自卑感，尤其在与他人相比较时更突出 |
| 4 | 抑郁 | 13 | 5、14、15、20、22、26、29、30、31、32、54、71、79 | 反映与临床上抑郁症状群相联系的广泛概念 |
| 5 | 焦虑 | 10 | 2、17、23、33、39、57、72、78、80、86 | 指临床上明显与焦虑症状相联系的精神症状及体验 |
| 6 | 敌对 | 6 | 11、24、63、67、74、81 | 从思维、情感及行为三个方面反映病人的敌对表现 |
| 7 | 恐怖 | 7 | 13、25、47、50、70、75、82 | 与传统的恐怖状态或广场恐怖所反映内容基本一致 |
| 8 | 偏执 | 6 | 8、18、43、68、76、83 | 指猜疑和关系妄想 |
| 9 | 精神病性 | 10 | 7、16、35、62、77、84、85、87、88、90 | 反映幻听、思维播散、被洞悉感等精神分裂样症状 |
| 10 | 其他 | 7 | 19、44、59、60、64、66、89 | 未归入上述因子，主要反映睡眠及饮食情况 |

SCL-90 除了自评外，也可以作为医生评定病人症状的一种方法。详细条目内容见后附录。

实际工作中，对症状评定除使用 SCL-90 外，还常使用以下评定量表。

**2. 焦虑自评量表 / 抑郁自评量表**

焦虑自评量表（SAS）由美国杜克大学庄氏 / 仲氏（W. K. Zung）于 1971 年编制

完成，用于测评焦虑程度及其在治疗过程中变化康复情况。共有20题、四级评分制（"1分"表示没有或很少时间出现，"2分"表示小部分时间，"3分"表示相当多时间出现，"4分"表示绝大部分或全部时间），测评时间为最近1周。焦虑自评量表既可用于普通人群，也可作为咨询门诊中了解掌握被试焦虑严重度的专业工具。SAS中国常模结果判定采用标准分，50~59分为轻度焦虑，60~69分为中度焦虑，70分以上为重度焦虑。其中标准分计算为用粗分乘以1.25后取整，即得标准分。量表中有几道题目反向计分，在计分及数据分析时需谨慎。

与SAS同为姊妹篇的量表是抑郁自评量表（SDS），此量表也由美国杜克大学庄氏/仲氏（W. K. Zung）编制，于1965年完成。用于衡量抑郁严重度或心境状态，也包含20道题目，正反向计分题各10道。题目选项分为4级，同上SAS量表。如果用于评估疗效，则应在治疗开始前和治疗一段时间后各测量1次。间隔可由治疗者自行设定。中国常模SDS结果判定界值分为53分，53~62分为轻度抑郁，63~72分为中度抑郁，73分以上为重度抑郁。我国以SDS标准分≥50分原则上定为有抑郁症状。其中标准分计算为用粗分乘以1.25后取整，即得标准分。

SDS适用于具有抑郁症状的成年人，包括门诊及住院患者。对严重迟缓症状的抑郁，评定存在困难。同时，SDS对文化程度或智力水平稍差者使用效果欠佳。

**3. 贝克抑郁问卷**

主要介绍贝克抑郁问卷（BDI-13）简化版，各项症状分别为：①抑郁；②悲观；③失败感；④满意感缺如；⑤自罪感；⑥自我失望感；⑦消极倾向；⑧社交退缩；⑨犹豫不决；⑩自我形象改变；⑪工作困难；⑫疲乏感；⑬食欲丧失。如题1以下情况最符合你的是：A. 我不感到忧郁；B. 我感到忧郁或沮丧；C. 我整天忧郁，无法摆脱；D. 我十分忧郁，已经承受不住。

使用要注意：①同其他自评量表一样，一定要让受试者对评定方法了解清楚后，方可开始评定；②一定要强调评定的时间范围。本量表评定近一周（包括今天）：近7天的情况或心情；③一般而言，本量表不适合于文盲和低教育人群；④原先的21项版本，还包括受惩罚感、自责、哭泣、易激惹、睡眠障碍、体重减轻、疑病和性欲减退等8项；⑤各项均为0~3分四级评分，无该项症状=0分；轻度=1分；中度=2分；严重=3分，具体为每一项（问题），均有4个短句，让被试选择最符合他当时心情或情况者，例如项目1抑郁的描述性短句分别为："0. 我不感到忧郁""1. 我感到忧郁或沮丧""2.我整天感到忧郁，且无法摆脱""3.我感到十分忧郁，已经忍受不住"，请被试者从0~3中选择一项。

BDI只有单项分和总分两项统计指标。贝克（Beck）提出，可以用总分来区分抑郁症状的有无及其严重程度，其中：① 0~4分：（基本上）无抑郁症状。请继续保持积极阳光的生活态度，面对人生，相信你会遇到很多惊喜，同时也能给他人带来快乐。② 5~7分：轻度抑郁症状。偶尔的心绪不宁和失眠会对你造成一些小的影响，虽然不大，但是不要忽略它。时常会感到焦虑不安，一定程度上的悲观厌世，这都有可能影响你正常的人际交往，并有可能引发潜在性的疾病，关注你的身体和心理健康，阅读一些相关的心理书籍，对人生形成更深刻的认识，学会对朋友诉说心中的烦闷，会对你有很大的帮助。③ 8~15分：中度抑郁症状。出现情绪低下、心境恶劣的情况，有明显的失眠症状，思维行动变慢，焦虑症状明显，抑郁症状已经十分明显，请在条件允许的情况下，及时联系心理医生或者相关专家进行治疗，在配合药物治疗的同时改善自身的生活环境，提高睡眠质量，加强与家庭成员的交流沟通。④ 16~39分：重度抑郁症状。症状非常严重，请积极配合医生的治疗。重度抑郁症患者大部分时间心情抑郁，对平时感兴趣的活动失去了兴趣，体重显著下降或增加，食欲显著降低或增加，每天失眠或睡眠过多等症状，并且极有可能出现自杀的行为。作为患者的家属应做好安全防范措施，积极配合医生的治疗，为病人创造一个良好的生活环境，帮助患者早日康复。

此外，贝克本人表示，本量表在美国人群中具有较好的信度和效度。有人比较了包括汉密尔顿（Hamilton）抑郁量表和SCL-90在内的6种评定抑郁的工具，认为在药瘾患者中检出抑郁症状，以BDI-13最为敏感。BDI-13和BDI-21的相关系数高达0.96，和临床医师评定结果的相关系数为0.61。近年国外一些大型的心血管疾病研究中常常使用BDI评定抑郁症状。

莱蒂西亚·M.富尔梅托（Leticia M Furhmetto）等人在2005年对该量表作为筛选和诊断中到重度的抑郁症的工具进行了研究，证实了该表具有较高的灵敏度和阳性预测值。国内郑洪波等报道，BDI-21具有良好的结构效度，与HAMD的总分及相应单项分显著相关。328例现患抑郁性障碍患者，BDI-21的总分为29.7±10.9，BDI-13的总分为17.1±4.9。1999年杜召云对1 734名大学生进行的研究表明，该问卷在国内大学生人群中重测信度较好（126人间隔1周再次测量，条目和总分的相关度在0.48~0.92，$P < 0.05$），测评结果稳定。

除上述自评量表外，临床中还经常有他评问卷，如汉密尔顿抑郁量表及汉密尔顿焦虑量表等。此外，一些线索调查（问卷）多属于他人报告，在部队可由班长借助线索调查问卷，对班内有心理问题倾向或可疑重点人员进行观察打分，以及早识别高危人员。

最后，有些量表兼有特质和症状两个维度的测量，比如状态特质焦虑量表以及状态特质抑郁量表。鉴于状态特质焦虑量表（STAI）应用的广泛性，下面对其做一介绍。

状态特质焦虑量表包括对状态焦虑和特质焦虑两个层面的测量，由斯皮尔伯格等人编制完成。起初的目的旨在为临床学家、行为学家和内科学家提供一种工具，以区别评定短暂的焦虑情绪状态和持续稳定的焦虑性格倾向，为不同研究目的和临床实践服务。后期逐渐推广，可应用于内科、外科、心身疾病及精神病人的焦虑情绪，也可用来筛查高校学生、军人和其他职业人群的焦虑相关问题。尤其是用于评价心理治疗、药物治疗效果。状态焦虑量表常用于评定即刻或某一时段的紧张、忧虑的情感体验，后者用于描述相对稳定的、具有人格特质的焦虑倾向。各分量表各20题。题目选项均为四级。前者四级表述为"完全没有，有些，中等，非常明显"，使用程度副词。举例如：1.我感到心情平静。A：完全没有；B：有些 C：中等；D：非常明显。特质量表4级表述分别为："几乎没有，有时，经常，几乎总是"，使用频度副词。举例如：21.我感到愉快。A 几乎没有；B 有时有；C 经常有；D 几乎总是。

其中题目1、2、5、8、10、11、15、16、19、20、21、23、24、26、27、30、33、34、36、39按反序计分。结果评定方面，美国正常人的STAI结果如下（见表4-2）。

表4-2 美国正常人STAI常模

| 年龄段 | S-AI 男 | S-AI 女 | T-AI 男 | T-AI 女 |
| --- | --- | --- | --- | --- |
| 19~39 | 53 | 55 | 56 | 57 |
| 40~49 | 51 | 53 | 55 | 58 |
| 50~69 | 50 | 43 | 52 | 47 |

该量表对被试的文化程度要求是具有初中文化水平即可。

此外，国外研究发现，该量表的两个分量表均无性别差异。这一点可方便各组在性别不齐同的情况下，进行组间差异性比较。

针对军人群体，张理义等人编制了包含90道题的中国军人心理健康量表

CMMHS，其在军人群体中使用研究表明，信效度亦良好。

适应行为、生活事件、应激及社会支持量表，如青少年社会支持量表（ASSS）等可归入症状类量表。

## 第三节  军营心理筛查与评估的组织实施

### 一、心理筛查

（一）心理筛查的概念

筛查是指在人群中通过快速的实验或其他方法，去发现那些未被识别的病人、可疑人或有缺陷的人。人们常称其为普筛，即人群筛查（population screening，mass screening）。如果筛查是为了早发现、早诊断、早治疗，可称其为治疗性筛查，一些身体疾病，如乳腺癌筛查就属这类；如果筛查目的是识别某病的高危人群，以进行健康教育、健康促进等干预和采取必要的治疗，此类筛查称为预防性筛查。本文所涉及心理筛查更多指预防性筛查，即及早发现心理精神障碍高危个体。

（二）心理筛查的组织实施

目前军队尤其基层部队，缺乏心理筛查的专门工具，缺乏心理筛查的系统研究，也缺乏规范科学的心理筛查方法，具体表现如不少单位组织官兵心理筛查时，轻视过程组织、忽视量表选择、无视结果分析中发现的疑点等，可谓诸多环节都存在问题，可总结为事前无方案、事中无监督、事后无分析；此外，不少单位开展心理测评只考察受测者当前心理状态，很少会去评估官兵某些发病危险因素，如人格特质基础。这些问题极大削弱了心理筛查的效率，甚至造成心理筛查不是发现问题，而是平添出许多问题。

相比心理行为训练和心理健康教育，心理筛查在维护官兵心理健康中作用更基础，实效性更高，可谓"投入小，产出大"。科学实施心理筛查，可以切实有效地维护官兵心理健康，促进单位安全稳定，为真正落实战斗力标准打下坚实人因基础。下面对心理筛查实施的具体方法作一介绍。

通常心理筛查包括如下几个环节：

（1）心理量表（组）选择。根据具体问题，遴选出合适的心理量表，必要时，可选出几个量表，组成一套。量表选择要求：比如正式出版、标准化、有较高信效度，在上述三点基础上，题目数少者优先。

（2）心理筛查施测方案。如何实施测量，测量地点和时间，谁去测量，测量者是否需要培训（如果多人负责施测，事前最好简单培训，以使"监考"人员对测试过程中出现地点一些问题和状况的处理尺度统一，可一定程度保证施测标准化。）

（3）数据分析。对测验数据的分析处理务必科学。数据分析环节出了问题，是得不出真实、可信结果的。比如，对无效问卷、逻辑错误问卷如何处理，这些都需要很高的技巧。

（4）访谈。对筛查出的重点人员要进行访谈。

（5）筛查报告。整个筛查工作结束后，通常需要出具一份筛查报告。

## 附：某部心理筛查实施方案示例 1

说明：

（1）此次心理测评关注学兵"心理状态"和"人格倾向"两个层面。

（2）施测采用线上（问卷星）形式进行，先进行状态测验，为确保测验效果，中间间隔15分钟后，再进行人格测验。

一、测量工具选择

本次测验量表包括症状和特质两大类。症状类量表选取了使用率较高、效度较好、症状涵盖比较齐全的SCL-90。此外，考虑到抑郁症的潜在危害，专门增加了效度高、题目少的贝壳抑郁问卷（BDI），以对前者抑郁症状分量表筛查出的可疑人员进行复核。对特质评估，研究中选取了艾森克问卷，重点参考其神经质（情绪稳定性）及精神质（倔强性）两个维度得分，以评估被试这两个易感特质因素存在与否。此外，本次心理筛查还专门加入状态特质焦虑量表（STAI）。因为有研究发现，该量表特质维度诸多题目是自杀行为良好的预测因子，且这些题目具有表面效度低的特点。下面简述这四个量表。

1. 症状筛查

（1）症状自评量表（SCL-90）SCL-90包含90题，五级（1~5）计分（没有、很轻、中等、偏重、严重），10因子，主要测量被试近1周心理健康状况。

（2）贝克抑郁量表（BDI-13）BDI包含13题，4级（0~3）计分，主要测量被试当前心理健康水平。

2. 人格评估

（1）状态特质焦虑量表（STAI） STAI包含40题，4级（0~3）计分（完全没有、有些、中等、非常明显/几乎没有、有时、经常有、几乎总是），测量症状和特质两个维度。

（2）艾森克问卷EPQ EPQ包含88题，2级（0~1）计分，4个维度，主要测量人格倾向。

此外，针对症状测评，中国军人心理健康量表CMMHS信效度也很优良，可作为备选测验。该测验包含98题，二级计分（0~1），9因子，测量受试者近1周心理健康状况。

## 二、筛查实施方法

为方便后期数据收集分析，施测采用问卷星形式。为防止被试疲劳作答、胡乱作答等影响测验结果，整个测试分为两阶段：先症状后特质，中间休息间隔15分钟；第一阶段症状测试包括上述前两个量表；第二阶段人格特质类测试，包括后两个量表。

## 三、统计分析方法

本研究统计分析工具为SPSS 22.0，主要调用其中的 $\chi^2$ 检验及t检验两个统计模块。对缺失值及数据的清洗等预处理工作主要通过EXCEL完成。

## 四、评估方法

第一步：全员粗筛。主要参考症状类型，比如SCL-90量表结果，从总体上对受测人员普遍性问题和心理健康总体水平进行摸底。

第二步：重点人群进一步评估。经SCL-90、BDI及状态焦虑量表"发现"的个别有问题人员（如SCL-90提示其有抑郁倾向，可参看其贝克抑郁量表核查结果；如被试SCL-90-焦虑症状维度高分，则可参看其状态焦虑得分），需进一步参看其特质类量表结果。尤其是，若某被试特质焦虑提示其有自杀意念或倾向者，则可通过下一步访谈进一步评估核查。

第三步：结构化访谈。对前两步均提示有问题的人员，可由其部门专业心理工作人员负责再行访谈，必要时可"会诊"以准确评估其心理健康水平。

上述三步综合评估之后，若发现确有特殊情况，可考虑上报大队主管首长，必要时及时转介上级医院诊断并治疗。

补记：2024年某部新入校学员心理测评中，对人格特质测试尝试采用计算机自适应测验（CAT）形式。该系统由研发小组近年开发，系统包括五大模块：（1）题库模块：一般包括具有同一量尺的IRT参数（难度、区分度）、质量优良、数量众多的试题构成。根据建议，一般不少于100题；（2）测试系统模块：涉及试题的呈现形式、记录并存储被试作答反应、对被试作答进行评分等；（3）管理系统模块：负责整个CAT系统正常运行的管理，如题库的基本管理与维护、被试及基本信息的管理、测试人员及其信息管理；（4）分数报告模块：报告被试的能力分数、常模分数，以及分数系统呈现形式，有时还可包括定性的文字描述及建议等；（5）算法模块：包括CAT的参数估计方法，初始题策略，选题策略，终止规则等。目前，研发小组所开发的心理障碍特质高危个体自适应筛查系统已建成包括125道题库，可供200人同时上机测验的完备系统。

## 附：某部心理筛查实施方案2

践行知兵护心使命，力保百日安全无虞
——我为百日活动献一策

为切实保障大队百日安全活动实效，真正做好官兵身边知心人，在大队首长躬身指导、全力支持下，结合自己所学专业、同时积极吸纳学员（兵）队的管理做法，尝试考虑从以下几个方面做点力所能及的实事，助力大队百日安全活动顺利开展及大队的稳定发展，为官兵身心健康及学习训练保驾护航。

一、创建知兵心理档案——"心理建档"

通过建立学员（兵）心理档案，可以帮助管理者全面了解学员基本情况、成长经历、自我评价、身体状况、学习训练状况、心理健康水平等。目前这项工作在政委躬身精心指导下已基本完成。

二、摸清官兵心理底数——"心理测评"

精选状态和特质两个维度的心理测验，全面了解评估大队学员整体身心健康水平。目的是帮助个别长期或当前阶段有心理困扰的战友，使其以健康、轻松的心情面对军事训练和军事生活。目前这项工作在大队长精心指导、强力推进下，机关相关职能部门协同配合下已基本完成。

### 三、核查重点人群实情——"心理访谈"

结合心理测验结果，可主动上门做好嘘寒问暖、谈心谈话等。也可请个别学员在大队心理聊天室，由专门的心理老师和他们进行心灵互通，提供给他们自由、安全地表达自己的私密空间，帮助他们卸下心理担子，引导他们正确看待自己的"症状"，引导他们更好地思考。

另外，根据大队首长的指示，我们建立了专门的心理咨询记录表、完善了咨询预约制度等，这些工作都将进一步规范我队心理咨询工作。目前这项工作在大队首长关心指导、积极关注下，在教研室主任及各位专家教授指导下已基本完成。

### 四、掌握官兵上网动向——"网络"线索

借助网络渠道，在政策制度允许的情况下，通过网络爬虫等技术手段或直接由担任心理骨干的班长直接查阅学员（兵）上网聊天记录，以识别他们是否有异常心理问题端倪。

### 五、用好线上心理解难——"心理热线"

提供给学员公开开通的全国性的心理热线、心理危机干预热线等，使他们在身陷痛苦、无力自拔的情况下，可以有畅通的渠道、专业的心理工作者交流和求助。下面是国内部分热线电话（同时也非常欢迎学员（兵）主动自愿联系大队心理工作者交流）。

附：心理服务及心理危机干预热线

（1）全国性自杀危机干预24小时热线：400-161-9995

（2）北京回龙观心理危机干预热线：010-62715275

（3）新疆（政府）自杀干预中心：0991-3200555

　　　　免费心理援助：0991-3016111

（4）空军军医大学24小时心理服务热线：0901-710999

　　　　地方热线：029-84710999

（5）新疆军区23医院总机：0991-4974314 转 精神科

## 二、精神心理问题评估

精神心理问题评估亦称为综合评估，它不同于鉴别诊断（症状表现及其性质，主导症状，已定性的症状与相似症状的区分等），包括确定心理问题的由来、性质、严

重程度等。实践中主要通过纸笔测验技术结合访谈法进行评估。使学员了解心理评估的实施过程，提高心理评估结果分析和解释的能力；通过组织个案分析和课堂研讨，使学员能够区分一般心理问题、心理障碍、精神疾病，掌握常见心理问题的处置原则。

心理评估并非只是简单地发放评定量表（前述心理筛查可视为心理评估的一种具体方法），而是有严格的操作程序和实施步骤。在评估的过程中，要注意避免一些无关因素的影响。对评估结果的解释和报告，要既有科学性又有专业性，还要结合受评者的临床表现及多方面的信息资料进行评估。面对一些被评估为存在问题的个体，在提供帮助时，也要遵循科学的方式方法和原则。

（一）心理评估实施准备

**1. 心理评估工具的选择**

一般而言，作为心理评估者，首先，根据评估目的选择，比如，是评估个体的人格、能力，还是了解其心理健康状况。其次，为了使评估结果具有更好的客观性和真实性，要选择标准化程度较高的量表。再次，大多数评估者可能对工作对象无法深入了解，此时常选择实施简便、省时经济、常用的量表。简言之，所选量表要能准确灵敏地评估出所要评定的内容，操作方便，结果分析科学可靠。

评估工具的准备就是要选择适合评估对象情况的评定量表，这一点已在前文进行论述。量表选择正确与否，直接影响了评估的质量。评估工具一般采用纸笔形式，即一份表格和填表用笔。随着科技的发展，现在也可以在计算机上进行。

**2. 对评估者的系统培训**

训练评估者对所使用量表的理论基础和内容进行全面、系统的学习，就量表的具体操作方法和结果解释进行反复练习，以达到熟练掌握所使用的量表评估方法，并能较准确地分析解释评估结果。经过一定的培训后，正式使用量表前最好按要求预测试，以检验训练效果。培训方式有两种：一种为集中训练，这种方式受训者人数较多（一般每组最好 5~10 人），虽较经济，但受训者易相互干扰；另一种为个别指导，即一对一训练，虽效果较好，但不经济。因此二种方式相互结合最为理想。

在此，需要强调的是，针对同一个评估工具，不同的评估者可能会基于自己的性格特点、个人价值、情绪状态、知识经验对其进行主观理解，这将导致评估结果出现偏差，例如，在评估某一现象出现的频度时，常用"经常""时常""偶尔"和"从未"等描述，不同的评估者对这些频度副词的理解可能不同。因此，在对评估者进行培训时，需要强调评估的参照标准要严格限定、统一，使其量化、可操作化。

**3. 场地的准备及评估**

评估通常无须特别的场地，一般在安静的房间进行即可。不过对于有些特殊人群（如重伤员）的评估，可能需到受评者经常活动的地方（如卫生队）进行，以使评估结果不受伤痛等其他因素的影响。

（二）心理评估具体实施过程

**1. 填写背景资料**

首先应填写受评者的一般背景资料，如姓名、年龄、性别、职业（如军种）、地址（如边防、高原）、健康状况，有时还包括疾病史（根据评估目的决定）。

**2. 项目记录或填写**

在项目记录或填写方法时，各项目填写前有一简短指导语，说明评估主要目的、评估内容的范围、评估时间界定（如最近一周、一个月等）、频度或程度标准以及记录方法与其他要求等，这一指导语虽用文字写明，但评定者最好口头加以说明。量表的项目由受评者自己填写，独立完成填表过程。如果受评者文化程度低，对一些项目不理解，评估者可逐项念题，并以中性态度把项目本身意思表达给受评者。此外，自评量表常以团体形式进行评审，但是受评者人数不应太多，以 10~20 人为宜。人数太多，受评者之间相互干扰，不易管理。

**3. 结果换算**

量表各项目评分需要累加为因子分（或分量表分）和总分，这些分数均为原始分。很多量表要求作进一步转换成各种形式的标准分或百分位，或者作加权处理。一般而言，转换分更有比较意义。一般情况下，量表使用手册上提供了各种转换表，使用者只需查表即可。

**4. 评估结果的解释**

为了达到评定量表的使用目的，需要对各种评估结果进行分析综合，得出结论，并对其意义进行解释。量表的种类、功能不同和评定的原因不同，其解释的深度因人而异。一般而言，如果只打算了解受评者某方面的状况，总分即可。如果还想了解某方面内部成分特征，则需在因子分（分量表分）水平甚至项目分水平进行分析。以 SCL-90 为例，总分表示总症状指数，即心理健康状况，根据中国常模结果，总分超过 160 分表示可能存在心理健康问题，而若要了解具体事项，还需从躯体化、强迫症状、人际关系敏感、抑郁、焦虑、敌对、恐怖、偏执及精神病性等分量表得分考查。但要注意，由于存在测验误差，评估结果的解释应是一个波动的范围，而非一个确定的点，不能将评估结果绝对化，更不能贴标签。

**5. 评估结果的报告**

将主要评估结果、结论及解释用文字或口头形式表达即报告。对某一人群的评估结果报告类似于一个科研调查报告，比较复杂，需要进行大量的统计学处理。如果这类报告可靠，则对心理健康工作有指导意义。

评估报告的用语要精确明了、解释合理。一般提交报告的对象多为专业人员，报告中应采用专业术语，如均数、标准分、百分位等。结论和解释要适度，因为任何评估工具都有一定局限性，结果有程度不一的误差，故不能绝对化。有时若受评者个人、家属或者军队主官需要了解评估结果，且评估者认为有必要告知的，则要以口头形式报告。报告时注意将专业性术语用较通俗化的用语表达，但要注意其科学性和严谨性。

需要说明的是，评估者只是通过短暂的接触，可能对受评者缺乏足够的了解，对某些症状或行为不能做出翔实、深入、准确的判断。此时，要通过多种方式搜集更多的资料，对于军人而言，可以通过其战友、主官、同乡兵等进行了解。在报告评估结果时，要尽可能利用不同来源的信息，并慎重对待、综合考虑，尤其是对可能有严重问题的受评者的结果进行报告时，更应如此。还以 SCL-90 为例，根据中国常模结果，若受评者总分超过 160 分，或阳性项目超过 43 项，或任一因子分超过 2 分，则可以考虑筛选为阳性，但要进一步从各个方面检查、了解，方可给出参考结果，不能武断、轻易地给予定论。

（三）心理评估的注意事项

**1. 评估者要具备相应的素质**

评估者必须有基本的专业知识，人格健全，了解被评定者的情况。评估者要切实把握评估目标，彻底了解所要评估的各种行为及症状的含义，充分掌握评估工具的使用方法。受过培训的评估者，其评估结果经一致性检验，应符合要求。

**2. 建立良好的信任关系**

评估结果要精确，在进行评估时，评估者与受评者之间一定要保持友好和信任的关系，充分调动受评者的参与动机，否则受评者不能合作，结果不真实，甚至无法进行评估。

在与受评者建立友好、信任关系的过程中，评估者应起主导作用。要根据受评者的年龄、性格、经历、身心状态（如疲劳、情绪等）等方面调整表达方式。要礼貌、真诚、谦和、积极关注来访者，并注意防止测验焦虑，受评者虚假作答等现象的发生。

**3. 严格遵守评估手册的规定**

评估结果要有效，就要严格按照评估手册的规定进行。比如，要注意手册的时限性问题，即评估的是当时或过去一周还是过去二周、一个月、一年内的情况。另外，量表使用的间隔、评估标准（评分依据）等都要严格遵守，同时避免出现漏评、重评或其他填表错误等情况。

**4. 正确和合理使用评估工具**

心理评估工具并不像身高、体重的测试那样绝对，心理评估者不可过分依赖心理评估工具，也不能完全否定。心理卫生评估工作者要掌握心理测量的基本技术，并学习与心理健康有关的心理学知识，提高自己综合利用有关资料能力，对评估结果作出符合实际的分析。同时，要防止滥用评估工具。在受评者健康状况不允许，或者评估者和受评者之间未建立友好信任关系时，不宜使用。还要注意社会文化经济背景对评估工具使用效用的影响，对于引进的国外评估工具，要进行修订，尽量选用适合我国文化背景的量表。对于部队而言，也要考虑部队组织文化特点可能的影响。

（四）心理评估中的处置原则

在对受评者进行心理问题的判断时，不仅要依据心理评估工具给出的具体结果，还要结合受评者的其他信息和资料，参照异常心理的判断标准。经过综合判断后，一旦受评者被认为有心理问题，那么要针对问题的性质给予处置。

对于一般心理问题可以进行心理健康教育，根据受评者的具体问题，科普一些相应的心理健康知识，比如怎样建立良好的人际关系、如何处理婚恋问题、怎么克服适应不良、如何有效地缓解压力和不良情绪以及帮助受评者进行个人发展的规划等；对于严重心理问题和神经症性心理问题，可建议受评者寻求专业人士实施心理疏导、进行心理咨询等工作，得到科学、系统、有效的帮助；而对于重性精神疾病患者，目前仍然是以药物治疗为主，单纯的心理咨询可以说收效甚微，因此，在心理评估的过程中，如果发现明确或疑似重性精神疾病患者，就要请精神科专科医生会诊或将其转介到精神科进行专科诊治。下面以症状自评量表为例，介绍心理评估的具体实施过程。

## 附：心理评估实例——采用 SCL-90

一、教学对象

全军师旅团军事心理教育训练骨干。

二、教学目的、要求

通过本节课教学，使学员熟练掌握心理评估的实施流程、结果解释和报告、问题应对原则及注意事项等。

三、教学内容

症状自评量表（SCL-90）的实施。

四、教学重点、难点

重点：SCL-90 的实施流程。

难点：SCL-90 的结果解释和报告。

五、教学时间

理论讲解（10 分钟）、自主体验（30 分钟）、讨论（5 分钟）、总结点评（5 分钟）。

六、教学方法、手段

理论讲解、自主体验、小组讨论。

七、教学保障

专业军人心理教育保障分队。

八、教学地点

军人心理教育授课教室。

九、教学过程

（一）理论讲解

1. 症状自评量表的用途

SCL-90 在国外已广泛应用，特别是在心理健康领域应用非常多，其信效度都得到了充分的检验，评估结果也较为准确。鉴于其评估内容广泛全面、操作简便、结果分析较为容易等特点，也可在部队广泛推广，作为评估军人心理健康状况的工具。

2. 症状自评量表实施准备

在对评估者进行症状自评量表使用的系统培训后，最好让每位评估者也都自评一次，并进行讨论，确保评估者对 SCL-90 有充分的理解，熟悉整个评估过程，清楚在评估过程中需要注意的事项。而后，选择符合评估要求的场地，比如安静的房间。

（二）自主体验

1. 填写背景信息

对于军人而言，在使用SCL-90时，主要填写姓名、年龄、性别、婚姻状况、部队单位、健康状况等即可。

2. 项目填写

SCL-90有90个项目，包含比较广泛的精神病症状学内容，如思维、情感、行为、人际关系、生活习惯等。通常是评定最近一周的情况，分为五级评分（从0~4级），0=从无，1=轻度，2=中度，3=相当重，4=严重。评估者以中立、谦和、礼貌的态度呈现指导语："以下表格中列出了有些人可能有的问题，请仔细阅读每一条，然后根据最近一星期以内下列问题影响你或使你感到苦恼的程度，在方格选择最合适的一格，划一个"√"。请不要漏掉问题。"

3. 结果换算

（1）总分。

①总分：受评者在90个项目所得分数之和。

②总症状指数：也称总均分，是将受评者的总分除以90。

③阳性项目数：受评者对项目评分为1、2、3、4分的总数。

④阳性症状痛苦水平：受评者获得的总分除以阳性项目数。

（2）因子分。

SCL-90包括10个因子。

4. 结果解释

（1）总分解释。

①总分：根据中国常模，若受评者总分超过160分，表明受评者的心理健康状况可能出现了问题。

②总症状指数：得分在0~0.5之间，表明受评者自我感觉没有量表中所列的症状严重；在0.5~1.5之间，表明受评者感觉有些症状，但发生得并不频繁；在1.5~2.5之间，表明受评者感觉有症状，其严重程度为轻到中度；在2.5~3.5之间，表明受评者感觉有症状，其程度为中到严重；在3.5~4之间，表明受评者感觉有，且症状的频度和强度都十分严重。

③阳性项目数：表示被试在多少项目中感到"有症状"。阳性项目超过43项，表明受评者的心理健康状况可能出现了问题。

④阳性症状痛苦水平：表示受评者自我感觉不佳的项目的程度究竟处于哪个水平，其意义与总症状指数的相同。

（2）因子分的解释。

SCL-90包括九个因子，每一个因子都反映出受评者的某方面症状和痛苦情况，通过因子分可了解症状分布特点。因子得分越高（高于2分），表示在某一方面可能越严重。

①躯体化，包括1，4，12，27，40，42，48，49，52，53，56，58共12项。该因子主要反映身体不适感，包括心血管、胃肠道、呼吸系统和其他系统的主诉不适，和头痛、背痛、肌肉酸痛，以及焦虑的其他躯体表现。

该分量表的得分在0~48分之间。24分（因子分为2）以上，表明受评者在身体上有较明显的不适感，并常伴有头痛、肌肉酸痛等症状。12分（因子分为1）以下，躯体症状表现不明显。总的说来，得分越高，躯体的不适感越强；得分越低，症状体验越不明显。

②强迫症状，包括3，9，10，28，38，45，46，51，55，65共10项。主要指那些明知没有必要，但又无法摆脱的无意义的思想、冲动和行为，还有一些比较一般的认知障碍的行为征象也在这一因子中反映。

该分量表的得分在0~40分之间。得分在20分（因子分为2）以上，强迫症状较明显。得分在10分（因子分为1）以下，强迫症状不明显。总的说来，得分越高，表明受评者越无法摆脱一些无意义的行为、思想和冲动，并可能表现出一些认知障碍的行为征兆。得分越低，表明受评者在此种症状上表现越不明显，没有出现强迫行为。

③人际关系敏感，包括6，21，34，36，37，41，61，69，73共9项。主要指某些个人不自在感与自卑感，特别是与其他人相比较时更加突出。在人际交往中的自卑感，心神不安，明显不自在以及人际交流中的自我意识，消极的期待亦是这方面症状的典型原因。

该分量表的得分在0~36分之间。得分在18分（因子分为2）以上，表明受评者对人际关系较为敏感，人际交往中自卑感较强，并伴有行为症状（如坐立不安，退缩等）。得分在9分（因子分为1）以下，表明受评者在人际关系上较为正常。总的说来，得分越高，受评者在人际交往中表现的问题就越多，自卑，自我中心越突出，并且已表现出消极的期待；得分越低，受评者在人际关系上越能应付自如，人际交流自信、胸有成竹，并抱有积极的期待。

④抑郁，包括5，14，15，20，22，26，29，30，31，32，54，71，79共13项。苦闷的情感与心境为代表性症状，还以生活兴趣的减退、动力缺乏、活力丧失等为特征。以反映失望，悲观以及与抑郁相联系的认知和躯体方面的感受。另外，还包括有关死亡的思想和自杀观念。

该分量表的得分在0~52分之间。得分在26分（因子分为2）以上，表明受评者的抑郁程度较强，生活缺乏足够的兴趣，缺乏运动活力，极端情况下，可能会有想死的想法和自杀的念头。得分在13分（因子分为1）以下，表明受评者抑郁程度较弱，生活态度乐观积极，充满活力，心境愉快。总的说来，得分越高，抑郁程度越明显；得分越低，抑郁程度越不明显。

⑤焦虑，包括2，17，23，33，39，57，72，78，80，86共10项。一般指那些烦躁、坐立不安、神经过敏、紧张以及由此产生的躯体征象，如震颤等。测定游离不定的焦虑及惊恐发作是本因子的主要内容，还包括一项解体感受的项目。

该分量表的得分在0~40分之间。得分在20分（因子分为2）以上，表明受评者较易焦虑，易表现出烦躁、不安静和神经过敏，极端时可能导致惊恐发作。得分在10分（因子分为1）以下，表明受评者不易焦虑，易表现出安定的状态。总的说来，得分越高，焦虑表现的越明显；得分越低，越不会导致焦虑。

⑥敌对，包括11，24，63，67，74，81共6项。主要从三个方面来反映敌对的表现：思想、感情及行为。其项目包括厌烦的感觉、摔物、争论直到不可控制的脾气爆发等各方面。

该分量表的得分在0~24分之间。得分在12分（因子分为2）以上，表明受评者易表现出敌对的想法、情感和行为。得分在6分（因子分为1）以下表明受评者容易表现出友好的思想、情感和行为。总的说来，得分越高，受评者越容易敌对，好争论，脾气难以控制；得分越低，受评者的脾气越温和，待人友好，不喜欢争论、无破坏行为。

⑦恐怖，包括13，25，47，50，70，75，82共7项。恐惧的对象包括出门旅行、空旷场地、人群、公共场所和交通工具。此外，还有反映社交恐怖的一些项目。

该分量表的得分在0~28分之间。得分在14分（因子分为2）以上，表明受评者恐怖症状较为明显，常表现出对社交、广场和人群恐惧。得分在7分（因子分为1）以下，表明受评者的恐怖症状不明显。总的说来，得分越高，受评者越容易对一些场所和物体发生恐惧，并伴有明显的躯体症状；得分越低，受评者越不易产生恐惧心理，越能正常地交往和活动。

⑧偏执，包括8, 18, 43, 68, 76, 83共6项。本因子是围绕偏执性思维的基本特征而制定，主要指投射性思维、敌对、猜疑、关系观念、妄想、被动体验和夸大等。

该分量表的得分在0~24分之间。得分在12分（因子分为2）以上，表明受评者的偏执症状明显。较易猜疑和敌对，得分在6分（因子分为1）以下，表明受评者的偏执症状不明显。总的说来，得分越高，受评者越易偏执，表现出投射性的思维和妄想；得分越低，受评者思维越不易走极端。

⑨精神病性，包括7, 16, 35, 62, 77, 84, 85, 87, 88, 90共10项。反映各式各样的急性症状和行为，有代表性地视为较隐讳，限定不严的精神病性过程的指征。此外，也可以反映精神病性行为的继发征兆和分裂性生活方式的指征。

该分量表的得分在0~40分之间。得分在20分（因子分为2）以上，表明受评者的精神病性症状较为明显。得分在10分（因子分为1）以下，表明受评者的精神病性症状不明显。总的说来，得分越高，越多地表现出精神病性症状和行为；得分越低，就越少表现出这些症状和行为。

此外，还有19, 44, 59, 60, 64, 66, 89共7个项目未归入任何因子，分析时将这7项作为附加项目或其他，作为第10个因子来处理，以便使各因子分之和等于总分。

当得到因子分后，便可以用轮廓图分析方法，了解各因子的分布趋势和评估结果的特征。

5.结果报告

对于总分和因子分都低于常模的受评者而言，可以暂时报告为心理健康合格，但要注意心理健康状况并非绝对稳定的，而是会随着客观环境和事件的变化有所波动，不可下绝对性结论。对于得分高于常模的受评者，尤其是接近满分的受评者，要更加全面、深入地了解其他资料，比如填写项目时的情况、是否认真填写。若是，则要向其战友、班长、主官、同乡兵甚至是家属询问受评者生活、工作、人际以及有没有重大事件（如亲友亡故、爱情或婚姻破裂、身患疾病等）发生等情况，综合考虑各方面的信息，从各个分量表显示的情况进行报告，但依然不可绝对化。

## （三）小组讨论

5~10人分为一个小组进行讨论，讨论内容为：各个分量表结果的意义，异常结果表示可能存在什么样的问题以及该如何处置应对。

## （四）总结点评

根据分量表结果以及其他来源的信息和资料，参照心理异常的判断标准，结合前文关于常见心理问题的论述及处置原则，对受评者进行心理疏导、心理健康教育等，或进行转介。

## ☞ 附：心理评估——采用心理建档辅助

### 填表说明

知心档案，由队干部逐人开展谈心谈话并建档，目的是了解掌握学员（兵）底数，发现学员（兵）优点强项，及时解决其矛盾困难和问题，针对性做好思想教育引导，进而服务于学员（兵）队日常管理、能力培养及教学训练任务。

（1）封面（见图4-3）。各单位可结合实际拍摄使用新的背景图，封面统一填写现部职别及姓名，学员（兵）每人一册。

（2）个人情况。主要包括姓名、出生年月、爱好特长等个人基本信息，本册所有年月填写规范如2024.08。

（3）主要社会关系。包括父子、母女、兄妹、姐弟等家庭成员。

（4）社交人际关系。结合个人社交及人际关系实际情况作答。

（5）成长经历。结合个人成长经历填写最成功、最幸福等事项。

（6）学习训练。结合个人在大队参加学习训练实际情况作答。

（7）认知特点。结合个人生活习性、感性认知以选择题形式作答。

（8）军旅情况。结合个人军旅生活、规划等事项作答。

（9）个人目标。结合个人理想目标、人生发展规划等事项作答。

（10）学员（兵）队建议。结合各队实际提出教育教学训练管理及活动开展建议。

（11）后勤保障建议。结合当前后勤保障情况，提出伙食、生活等相关保障意见建议。

（12）谈话纪实。谈心谈话由队干部逐人落实，结合与学员（兵）谈话实际，掌握其当前思想状况，发现困难、肯定成绩的同时，针对性解决矛盾困难，开展建设性指

导帮带。【队干部掌握】

图 4-3 知心档案封皮

## 知心档案

| | | | | | |
|---|---|---|---|---|---|
| 个人基本情况 | 姓名 | | 出生年月 | | 贴照片 |
| | 民族 | | 籍贯 | | |
| | 政治面貌 | | 入伍时间 | | |
| | 党（团）时间 | | 文化程度 | | |
| | 入伍地 | | 军衔 | | |
| | 兵龄 | | 伤病史 | | |
| | 家庭住址 | | | 邮政编码 | |
| | 微信号 | | | QQ号 | |
| | 特长 | | | 兴趣爱好 | |
| | 部职别 | | 边防卫勤训练大队学员（兵）队 排 班 | | |
| 主要社会关系 | 与本人关系 | 姓名 | 年龄 | 工作单位 | 联系电话 |
| | 父子（女） | | | | |
| | 父子（女） | | | | |
| | 姐弟 | | | | |
| | …… | | | | |
| | 是否独生子女 | | 是/否 | 是否单亲家庭 | 是/否 |
| 社交人际关系 | 你对自己的人际关系满意吗？ | | | | |
| | 你对自己的人际交往有信心吗？ | | | | |
| | 你对从朋友那里得到支持满意吗？ | | | | |
| | 别人的评价是否很容易影响到你的情绪？ | | | | |
| | 知心朋友有几个？目前有无（男）女朋友？ | | | | |
| | 你和战友关系如何？ | | | | |
| | 自己认为社交的重要性？ | | | | |

## 知心档案

| | | | |
|---|---|---|---|
| 成长经历 | 最成功的经历？ | | |
| | 最失败的经历？ | | |
| | 成长过程中印象最深的事？ | | |
| | 影响心理最重大的生活事件？ | | |
| | 生活中最幸福的一件事？ | | |
| | 你有何消极的心理？ | 如焦虑、抑郁等 | |
| | 队干部谈心谈话对你有何影响？ | A.及时校正我错误认识　B.有一定帮助　C.没有帮助 | |
| | 性格自我评价？ | （　　） | A 内向　　　　　　　　　　B 外向 |
| | | （　　） | A 遇事易焦虑担忧、情绪反应强　B 遇事较平静、理智 |
| 学习训练状况 | 完成平时的训练任务困难吗？ | | |
| | 对自己学习训练成绩是否满意？ | | |
| | 你认为哪门课最实用？ | | |
| | 你认为哪门课最难学？ | | |
| | 你最喜欢哪门课程？ | | |
| | 你最不喜欢哪门课程？ | | |
| | 当前学习训练中还有什么困难？ | | |
| 认知特点 | 回想以前做过的事，脑海中更多出现（　　） | A 一幅画面　　　　　B 一些话语 | |
| | 阅读有许多插图的书籍时，一般会（　　） | A 仔细观察插图　　　B 集中注意文字 | |
| | 当有人向我展示资料时，更喜欢（　　） | A 图表　　　　　　　B 概况其结果的文字 | |
| | 当要到一个新地方去时，我喜欢（　　） | A 要一幅地图　　　　B 要书面指南 | |
| | 上课时看到一幅图，通常会清晰记得（　　） | A 那幅图　　　　　　B 教师对那幅图的解说 | |
| | 总是容易想到多个解决问题的方案（　　） | A 经常会　　　　　　B 偶尔会 | |
| | 聚会时与人见过面，我通常会记得（　　） | A 他们的模样　　　　B 他们的自我介绍 | |
| | 你主动与家人联系的频次如何（　　） | A 每天　　B 每周　　C 每两周　　D 每月 | |
| | 面对困难和压力，你通常会采取什么方法进行自我调节？ | | |

## 知心档案

| | | | | | | | | |
|---|---|---|---|---|---|---|---|---|
| | 连长 | | 电话 | | 指导员 | | 电话 | |
| 军旅情况 | 参军意愿及入伍动机？ | | | | | | | |
| | 个人受奖情况？ | 2018.06 获表彰为XXX单位优秀士兵 | | | | | | |
| | 个人受惩情况？ | | | | | | | |
| | 最有成就的事？ | | | | | | | |
| | 最想分享的事？ | | | | | | | |
| | 最懊悔的事？ | | | | | | | |
| | 未来军旅有何打算？ | | | | | | | |
| 个人目标 | 最想从事的职（专）业？ | | | | | | | |
| | 最想做的事？ | | | | | | | |
| | 最想成就的事？ | | | | | | | |
| | 当前个人最大困惑？ | | | | | | | |
| 学员兵队建议 | 教学训练方面建议？ | | | | | | | |
| | 政治教育方面建议？ | | | | | | | |
| | 学员（兵）管理方面建议？ | | | | | | | |
| | 文体活动开展建议？ | | | | | | | |
| | 两个群众性组织工作开展建议？ | | | | | | | |
| 后勤保障建议 | 你对大队伙食保障建议？ | | | | | | | |
| | 你对大队生活保障建议？ | | | | | | | |
| | 其他后勤保障建议？ | | | | | | | |

## 谈话纪实【队干部掌握】

谈心谈话人：队干部　　谈话时间：2022年11月XX日

1. 他的心情怎么样？

　　　　　　☑非常开心　　☐开心　　☐不开心　　☐消沉

2. 他目前精神状态如何？



3. 该同志有哪些优点？

①

②

③

4. 和他谈心谈话，你体会最深的是什么？

①

②

③

5. 针对他当前的问题现状，你要怎么做？

①

②

③

6. 你认为如何更好地促进他（她）成长和发展？

①

②

③

### 思考题

1. 心理筛查和心理测验的异同点？

2. 如果你们单位通知让你协助心理医生或军医开展心理测验，你需要怎么做？

# 第五章　心理咨询与心理治疗

> **教学目标及要求**
>
> 知识：了解心理咨询、心理疏导、心理访谈、心理治疗等概念，熟悉心理咨询常用技术，熟悉心理咨询与思想工作的异同，掌握合理情绪疗法及至少一种放松技术。
>
> 能力：初步具备心理疏导技能，能正确且有意识使用共情、提问等技术辅助咨询。
>
> 素质：心理疏导中需先关乎官兵情、再关乎官兵事，心理疏导须秉持以人为本的理念，谨遵职业道德。

## 第一节　军营心理咨询疏导与心理治疗

军营具有不同于地方的显著特点，典型的如集体生活制，官兵"五同"（同吃、同住、同劳动、同操课、同娱乐）就是最好的体现；又比如军营官兵身心素质必须过硬，纪律非常严明，"四铁"（铁一般信仰、铁一般信念、铁一般纪律、铁一般担当）便是基本的要求；此外，军人训练强度大、管理约束严、工作标准高、任务转换快，大多部队驻地艰苦边远。所有这些特征都使得军人心理健康维护工作和地方存在诸多不同。

除心理健康教育、心理测验外，心理咨询以及心理治疗是维护官兵心理健康、解决官兵心理困扰的又一种重要技法。心理咨询及治疗实践中，需遵循诸多原则，如保密原则、价值中立等。巧妙合理践行这些原则对军队心理工作者提出了更多更高要求。

### 一、心理咨询与心理治疗概述

（一）心理咨询与心理治疗概念

与平常人们谈及的心理疏导、心理辅导、心理访谈几个概念相比，心理咨询（counseling）更加正式，偏学术性和偏书面用语。狭义的心理咨询主要是指具备心理学理论指导和技术应用的临床干预措施。广义上讲，它是一种专业性较强的工作，是指通过人际关系，运用心理学方法，帮助来访者自强自立的过程。这一定义涉及四个层面：一是咨询须建立良好的人际关系；二是咨询是在心理学有关理论指导下进行的活动；三是咨询是对来访者进行帮助的活动过程；四是咨询的根本目的，即帮助来访者自强自立。美国心理咨询学会（ACA）在1997年10月确定了专业心理咨询实践的定义。此定义指出，心理咨询和病理学一样，是运用心理健康、心理学和人类发展的原理，通过认知、情感、行为或系统的干预和策略，致力于促进人的心身健康、个体成长和职业发展。

心理治疗（psychotherapy）则是在良好的治疗关系基础上，由经过专业训练的治疗者运用心理治疗的有关理论和技术，对来访者进行帮助的过程，以消除或缓解来访者的问题或障碍，促进其人格向健康、协调的方向发展。通常，心理治疗是对有心理疾病的人进行的以改正其行为、情感和想法为目的的心理咨询过程。因此，传统意义上的心理治疗关注一些较为严重的问题，例如精神的、心理的问题及与冲突相关的问题，它要解决的是"痊愈"的问题。

（二）心理咨询与心理治疗的区别与联系

在国外，有些国家对两者不做严格区分（如英美等国），有些国家则对两者进行区别。在我国，自2013年5月1日起施行的《中华人民共和国精神卫生法》中规定：心理咨询人员不得从事心理治疗或者精神障碍的诊断、治疗。心理咨询人员发现接受咨询的人员可能患有精神障碍的，应当建议其到符合本法规定的医疗机构就诊。两者不同点如下。

①对象不同。心理咨询的工作对象主要是正常人、正在恢复或已复原的患者；心理治疗则主要针对有心理障碍的人进行工作。

②范围不同。心理咨询所着重处理的是正常人遇到的各种问题；心理治疗的适应范围则主要为某些神经症、某些性变态、心理障碍、行为障碍、心身疾病、康复中的精神患者。

③用时不同。心理咨询用时短，一般心理咨询次数为一次至几次；而心理治疗费时较长，治疗由几次到几十次不等。

④焦点不同。心理咨询在意识层面进行，更重视其教育性、支持性、指导性工作，焦点在于找出已经存在于来访者自身的因素（通常包括生理原因、社会原因及心理原

因三方面），尤其是内在原因，并使之得到发展，或在对现存条件分析的基础上提出改进意见；心理治疗的某些流派，主要针对无意识领域进行工作，并且其工作具有对峙性，重点在于重建患者的人格。

此外，心理咨询工作是更为直接地针对某些有限的具体目标进行的；心理治疗的目的则比较模糊，其目标是使人产生改变和进步。两者相同点如下。

①二者所采用的理论方法常常是一致的。

②二者进行工作的对象常常是相似的。

③在强调帮助来访者成长和改变方面，二者是相似的。

④二者都注重建立帮助者与来访者之间的良好的人际关系，认为这是帮助来访者改变和成长的必要条件。

为便于简明直观分清两者，表5-1从五个方面对两者进行了比较。

表5-1　心理咨询与心理治疗的比较

| | 心理咨询 | 心理治疗 |
| --- | --- | --- |
| 关注点 | 发展型，重在培养，促进发展的技能，防止问题的发生。 | 旨在帮助来访者克服现有心理障碍，如焦虑抑郁。 |
| 针对的问题 | 来访者主要的问题是生活问题，如人际关系困难，或有具体问题需要帮助，如选择职业。 | 治疗型来访者的问题更复杂，需要正式诊断是否有心理障碍。 |
| 治疗目标 | 短期目标（解决及时关注的问题）。 | 短期目标和长期目标相结合，长期目标主要是帮助来访者克服既定的心理障碍。 |
| 治疗方法 | 治疗计划，包括预防性方法以及各种咨询策略，解决来访者关心的问题。 | 心理治疗方法复杂得多，采用涉及意识与无意识过程的策略。 |
| 治疗环境 | 可在许多环境中进行，如学校、教堂、心理健康门诊等。 | 主要在私人诊所、心理健康中心或医院等场所进行。 |

（三）心理咨询与心理治疗的意义及目标

心理咨询师的作用可如此比喻，每家都有一面镜子，通过这个镜子你可以照见、摸见自己的脸，但这个镜子摸不着你心灵的一切。崔红教授：开始访谈时，让对方一只脚在过去，一只脚在现在，咨询结束时，让对方一只脚在现在，一只脚在未来。此外，咨询中双方平等、和谐的咨访关系让咨询师和来访者相互促进，共同成长。在咨访关系中双方相互支持。通过心理疏导或心理咨询，可提供给来访者自由表达及安全表达的空间；引导来访者了解自己的痛苦；提供给来访者一个思考的空间，引导来访者思考，帮助来访者认识自己的认知，修正来访者不合理的认知。对一些特殊的心理辅导，如哀伤辅导而言，要引导来访者接受已经发生的事实，理解现实，接纳现实。心理咨询及心理治疗的意义具体归纳如下。

① 有助于加深心理与行为研究。开展心理咨询和心理治疗，有助于加深人的心理与行为研究，从而更加全面、深入理解人类心理活动发生发展及其变化的规律。

② 为开展心理卫生工作提供重要依据。经由心理咨询和心理治疗而获得的资料，可以作为开展心理卫生工作的重要依据，进而为提高全社会乃至全人类的心理健康水平做出贡献。

③ 有助于咨询者和治疗者彼此成长完善。咨询者和治疗者常常能从来访者或患者的生活经验里获取教训，反省自己的个人生活、家庭生活和职业生活以及自己的心理卫生，督促自己改善性格，改善自己的应对方式，改善自己的心理生活。

心理咨询及治疗的目标如下。

① 促进对自我的了解。知道了自己心理问题的根源及意义，明确问题恶化和好转的影响因素，增强对情绪和行为的理性控制能力。

② 获得积极的、有帮助的人际关系。很多人来咨询是因为现实生活中无法维持稳定和满意的人际关系，通过咨询或治疗，能够帮助他们建立更加积极的、稳定的、有意义的人际关系。

③ 提高自我接纳程度，达到自我实现。培养看待自我的积极态度，把自我先前相互冲突的各个方面，向着合适的方向调适，成为一个有活力的、不断完善中的综合整体。

④ 习得社会技能，提升解决问题能力。学习并掌握社会及人际关系技能，例如保持目光接触，转移谈话中的话题，等等，帮助来访者寻找那些他们自己解决不了的特殊问题的解决方案。

⑤ 修正调整不适的认知行为。修正和修改那些非理性的信念、歪曲的认知方式。因为这些信念及认知方式，通常是与自我伤害行为联系在一起的。修正和改变那些不恰当以及具有自我破坏性的行为方式。

（四）心理咨询及心理治疗的理论基础

心理咨询与心理治疗实施，其所遵循的理论来源于临床心理学、咨询心理学、变态心理学、医学心理学、社会心理学等课程的相关理论。以下是临床心理学和社会心理学的相关理论。

**1. 临床心理学理论**

1988年，日本的田中富士夫为临床心理学下了这样的定义：临床心理学概括地说是对心理不健康的或有问题行为的来访者进行心理援助，把他们的精神和人格向健康的方向引导，这种引导需要运用心理学和各种相关学科的知识和方法来进行。

临床心理学的研究目的是运用心理学的技术、知识、成果以及与心理学相关的科学理论，对有心理适应问题的人进行援助、咨询和治疗。

心理不适应问题会导致心理苦恼、心理障碍、心理疾患等，临床心理学家要针对人们的不适应问题，及早进行援助、指导，引导其解决问题，寻求新的人生，最终使他们的心理恢复健康的状态。

临床心理学的最终目的是对有不适应问题、有心理苦恼的人进行援助，帮助他们恢复心理或精神的健康状态。因此如何进行援助，是临床心理学的重要研究内容之一，它以被援助者的心理适应和人格发展作为根本的目的，它也是衡量一个临床心理学家实力的根本指标。

临床心理学的研究范围包括健康心理学、心理问题的评估及预防和干预、社区心理学等方面的理论与实践研究，但其中最重要的领域是心理测验的编制与应用、心理障碍的评估与诊断，以及心理咨询与治疗。就临床心理学与心理咨询及心理治疗的关系而言，需要注意三个问题：第一，临床心理学是一门应用性科学。各种心理测定和心理疗法要根据咨询对象——来访者的不同情况有选择地加以使用。要想真正成为临床心理学方面的行家里手，就必须亲身参与到具体实践中去。仅仅学习一些临床心理学诊断名称和专业术语是无用的，只是"纸上谈兵"而已。第二，临床心理学是一门人际关系的学问。心理咨询的过程是心理医生与来访者之间的相处过程。来访者虽然有这样那样的心理问题，但心理医生应把他们看成与自己平等的个体，切勿以救世主的面目出场。必须以慎重的态度，把来访者看成心理旅程中的良好伴侣，既不忘记自己作为咨询师的身份，又要设身处地地理解对方的苦恼，同时又不要对来访者的个人隐私问题过于刨根问底，案例面接以后又要注意观察来访者倾诉后有无放松感、轻松感，这是心理医生咨询成败的标志之一。第三，临床心理学是一门技术。临床心理学要有科学的实证性，在实践中取得效果，心理咨询师首先要接受良好的训练和教育指导。

我们在临床心理学研究与实践中必须提倡"国际化、资格化、科学化、规范化"的做法。必须维护它的纯洁性、科学性，防止鱼龙混杂，甚至假借科学之名行坑蒙拐骗之实。

**2. 社会心理学的理论**

社会心理学关注的是人及其生活的时代，以及在这样的时代中人与人之间心理生活的全景。社会心理学的目标是促进人与社会的整合，使人的能动性和社会的影响都得到重视，并最终提升个人与社会的责任，从而促进社会的健康发展。

社会心理学研究内容包括自我、人格、归因、态度、人际、沟通、认知风格、行为模式甚至健康心理学，积极心理学都属于其研究范畴。其中自我认知、认知风格、个性特点、人际及社会关系质量，沟通理论及技能对心理咨询及心理治疗的有效开展具有极强的促进和指导作用。

## 二、军营心理咨询疏导常用技术及方法

两个经常性的工作，不管是经常性的思想工作，还是经常性的管理工作，都离不开沟通交流、谈心谈话。部队谈心谈话工作开展得是否经常、质量成效直接影响基层安全管理和部队稳定。许多时候，部队思想工作及心理工作是由连队政治指导员或教导员进行组织，所以，谈心谈话效果如何，不仅考验基层政治主官的政治思想的理论水平，也考验其心理学素养。心理咨询或谈心谈话在形式上看似"一听一说，一问一答"，似乎十分简单，然而实施起来非常考验咨询师的技术和人文胜任力。实际咨询中，常常出现一些问题影响咨询质效，比如有些咨询师说得多听得少，或者咨询过程不是先听后说而是自己先说再听……咨询中不尊重来访者、态度不积极、真诚度不够、缺乏或没有使用共情技术，对来访者关注不够积极等；在部队有时则可能表现为倾听下属缺乏耐心、等级职权意识重等，下面概要阐述心理咨询中的常用技术。

（一）心理咨询常用技术

**1. 倾听**

倾听是咨询会谈的最基本技术。相比会说而言，会听或许更为重要。相比部队思想工作以理服人、以情感人和以宣讲、灌输、解释为主要特点外，心理咨询则以倾听为主。听比听懂重要、做比做好重要，此话虽有些偏颇，但它反映了听的过程中态度

的重要性。倾听不同于一般的听，它体现着对求助者的尊重，它是指积极地听、认真地听、关注地听，并且在听的过程中适度参与、适时回应反馈。倾听是尊重、是理解、是重视，有听才能反馈、有听方可互动。倾听本身暗含着接纳对方，暗含着真诚。通过细心倾听，心理医生能有效了解来访者的问题及内心世界，缩短双方的心理距离，因此，细心倾听是建立良好关系的决定因素，可以说，高质量的倾听本身就有助人的效果，甚至可以说倾听本身就是一种治疗。有时，对某些寻求理解、安慰和宣泄的来访者而言，如果对方能充当一个良好的听众可能就已足够，此时倾听便具有帮助和治疗的效果。在实际生活中，有许多人养成了愿意说不愿意听的习惯。在部队官兵平等、官兵一致，但少数主官，常常将谈心谈话错误地顺拐成了"一言堂"，从而影响了谈心知心的质量，给人造成一种感觉，就是他们"听话"的能力比"说话"的能力要差。在实际的心理咨询晤谈中，许多时候，听确实比说更重要。倾听并非仅仅用耳朵听，更重要的是要用心去听，去设身处地地感受。正确的倾听要求咨询师以机警和通情达理的态度深入到求助者的烦恼中去。比如，求助者说到在马路上骑车时，自己的自行车与他人的自行车无意中相撞了，对此他可能有以下不同的表述方法：①自行车相撞了；②我撞了他的车；③他撞了我的车；④真倒霉，自行车撞了。

从上述不同的表述中，咨询师可以洞察求助者自我意识与人生观的线索。比如，第一句是对事件作客观描述，可能会反映求助者理智、客观的一面；第二句是求助者以负责任的态度做了自我批评，但同时这种人也可能凡事都自我归因，责任都揽给自己，可能好自省、易退缩、自卑；第三句表明是别人的过错，不是自己的责任，这种人可能常推诿，容易有攻击性，也可能是防卫心理过强的表现；第四句含有宿命论色彩，凡事易认命。所以，求助者描述人和事时所使用的语言，有时往往会比事件本身更能反映出一个人的特点。

倾听内容一般包括三个方面：一是来访者的经历，即到底发生了什么事，如某位战士谈到他无缘无故被班长批评了一顿，这就是他的经历。二是来访者的情绪，如他谈到受批评后心里感到委屈，还有些愤怒。三是来访者的行为，如他谈到当时想不通，忍不住与班长顶了几句等。

倾听不仅要理解来访者的言语信息，包括表层含义和深层含义，或者说字面之意与言外之意，还要关注、留意他的非言语信息，要深入到来访者的内心世界，细心注意他的所思所想、所作所为，注意他如何表达自己的问题，如何谈论自己及与他人的关系，如何对所遇到的问题作出反应。只有将倾听与关注这两个方面结合起来，才有完整、准确的理解。

在倾听过程中既要注意到倾听的内容，同时也要配合使用鼓励、释义、情感反应等技术，准确把握来访者言语的内在意义并使谈话继续。

**2. 提问**

咨询活动中提问包括开放式和封闭式两大类。封闭式提问往往用"是不是""有没有""心里累不累"等形式，答案是简单且限定的，容易使谈话受抑制。如"你喜欢你们连队吗？"开放式提问往往用"你能不能谈谈……""怎么样……""除此之外还有什么"等句式表述，它的特点是对回答不做限定，能促使来访者引发某些话题，更自由地对有关问题、想法、情感、行为等进行详细的表述。如仍然询问有关对连队的态度问题，则可以问："你能告诉我一些有关你们连的情况吗？"这种提问容易诱发交谈者的各种联想，便于采集多方面的信息。

使用提问技术应注意多用开放式提问，少用封闭式提问。通过开放式的提问，心理医生可以了解与问题有关的具体事实、来访者的情绪反应、看法及推理过程等。但要注意提问时的语气语调，不要使用责备性问题，语气切忌太过咄咄逼人，否则会使对方戒备甚至对立。封闭式提问不可连续使用。一连串的"我问——你答"，易使来访者感到对方主宰着会谈，而把解决问题的责任转移给心理医生；来访者往往变得沉默，不问就不说话，停止其自主探索，甚至降低对心理医生的信任度。比如，战士小刘最近心事重重，你无意间发现他有几次在厕所抽烟。这时你问他是否有抽烟的习惯，他说自己每天抽少量烟，你可问他每天抽几支，抽烟几年了。这是封闭式提问，可帮助核查一些所需信息。此外，不要一次提很多问题、不要诱导性提问。

**3. 共情**

共情是心理咨询中最为重要的技术之一。共情，即指深入对方内心，理解对方感受，接纳对方真情实感。最深的共情是共情对方情感深处的需求和愿望。在咨询中有意识谈论对方想听的内容，会促进咨询效果，此即"世界上唯一能影响他人的方法就是谈论他所需要的"所表达之观点。人的基本需要之一就是让别人理解。如果作为个体的独特性能被其他人准确地理解，就会有深切的满足感，相互之间的关系也会进一步深入下去，正是这种理解构成了建立关系的基础。共情是心理咨询过程中最为重要的技术之一，在心理咨询中，共情技术的应用最早起源于人本主义创始人罗杰斯的理论。

就共情概念而言，学术界目前有两种认识：一种观点认为共情是一种情感现象，指对另一个人感情的一种即时体验；而另一种观点却认为共情是一种认知结构，指对另一个人的一种认知上的理解。还有观点认为共情是认知和情感的结合，不同情况下成分不同。目前的研究者普遍认同的是 Gladstein 提出的双成分理论。他建议采用认知共情表达出认知上采纳另一个观点、进入另一个人的角色；而用情感共情来表达同一种情感对另一个人做出的反应。共情与同情不同：①共情是从对方角度出发，而同情则是从自身角度出发；②共情是接纳对方的情感，但不追求认同，而同情则因为要追求与对方观点及情感的一致性，所以经常会压抑或隐藏自己的真情实感和态度。

共情是心理咨询的重要技术，被广泛应用于心理咨询的过程中，共情在心理咨询中的作用主要体现在以下方面：

（1）共情可以使咨询师设身处地地体验来访者的内心世界，使咨询师能够更加准确地把握来访者的信息。

（2）共情可以让来访者体验到理解、接纳和尊重，这将促进良好、密切咨询关系的建立。

（3）共情可以让来访者感受到幸运和支持，有助于来访者自我表达、领悟，促进咨询向深层次发展。

（4）共情有助于咨询师唤醒来访者的内心世界。

此外，对于那些迫切需要获得理解、关怀和情感倾诉的来访者，使用共情则有更明显的咨询效果。

## 共情技术实操案例

情景：教导员6岁小孩的狗狗死了，小孩哭得很伤心。

回应1：宝贝别哭了，回头妈妈给你再买1个，好吗？（提建议）

回应2：宝贝别哭了，你哭得我心里也很难受。（同情）

回应3：宝贝，咱不哭了，好吗？（劝说）

回应4：宝贝，不哭了啊，哭鼻子可不是好习惯。（讲道理）

回应5：哭什么哭，不就死了条狗嘛，又不是你妈死了。（指责）

回应6：宝贝，陪你这么长时间的狗狗死了，很难受很伤心是不是？妈妈也舍不

得它呢（一边说，一边把孩子搂在怀里）。（共情）

**4. 面质**

面质，就是对来访者言语、行动中所表现出来的困惑，尤其是矛盾进行挑战，让来访者面对自己暴露出的态度、思想、行为等方面的矛盾之处，跟他对质讨论，以便使其澄清认识，达到对自己的透彻理解。从学术层面，它属于影响性技术的一种。面质不是对来访者认识、感受的直接简单的反馈，而是更重视对方较深层的动机与行为之间的矛盾。一般认为在以下情形中应进行面质：

（1）来访者的自我观念（自我知觉和评价）与他的理想自我不一致；

（2）来访者的自我观念与他的实际行为表现不一致；

（3）来访者的自我体验与他留给心理医生的感觉及印象不一致；

（4）来访者所谈思想或看法前后不一致。

咨询中出现的矛盾，有时来访者自己是意识到的，只是有意掩盖不想暴露的某些方面。而有时来访者自己也没有察觉，正反映了他本身的心理矛盾。例如一位战士只有初中文化水平，从他的成绩单看出成绩平平，可他把自己说成是才华出众的高材生，非要报考某重点大学，他不清楚也不承认自己的能力与现状，把理想的自我当成现实的自我。心理医生的面质就是要促使来访者，向更现实更深刻的自我认识迈进，以采取更积极更为现实的社会行为。

当然，面质会对来访者构成一种挑战，暂时会给来访者的心理平衡带来某些危机，但这是一个帮助来访者更好地认识周围世界，促进其对自己感受、信念、行为及所处境况深入了解的机会，也是促使他放下自己有意无意的防卫心理、掩饰心理，促进其实现言行一致、理想自我与现实自我的一致，使求助者建立新的反应与新的发展联系的成长过程。要注意的是，面质必须建立在良好咨询关系的基础上，因为对来访者来说，面质很可能是应激性事件，要注意面质的时间性，在来访者能承受和接受时才能使用；面质最好是尝试性的，不要咄咄逼人，宜采取逐步接近要害的方式。面质也不可用得过多，否则可能会损害咨询关系。

**5. 解释**

解释被认为是一种非常重要的影响技术。通常指对来访者的某些想法、行为症状表现及感受给出合理释义或释疑。

解释一般有两种，一种是根据心理医生个人的经验及对来访者问题的了解与分析得出的，另一种是根据不同的心理咨询与治疗的理论，对来访者的问题做出的解释。不管哪一种解释，其目的都是帮助来访者从另一个视角对自己所遇到的问题有一个新的认识。心理医生必须掌握有关理论，具有一定的工作实践经验，才能对问题做出恰当的解释。要针对不同来访者的具体问题，灵活而富有创造性地进行思考和表达，而不是生搬硬套、牵强附会地解释一通。

解释技术是心理疏导咨询技术中最复杂、最具技术含量的，它要求咨询师对心理咨询理论、原理，对心理学科学知识掌握很熟练，同时，要能恰当联系考虑到来访者的情况，比如是否具有一定心理学素养、领悟能力如何、文化背景等，做出合理（比如来访者觉得合理，认可你）的解释。

**6. 自我开放**

自我开放又称为自我暴露或自我揭示，是指向交往的另一方表露自己半私人、私人和隐私性质的信息。自我开放技术与情感表达和内容表达技术（两种影响性技术，指咨询师提出自己的建议、忠告或将自己的情绪、情感以及对求助者的情绪、情感告之求助者，以影响求助者）十分相像，可以视为是两者的一种特殊组合。它能促进建立良好的咨询关系。自我揭示有两种形式，一种是向来访者表明自己在晤谈时对来访者言行问题的体验，另一种则告诉对方自己过去的一些有关的情绪体验及经历经验。自我揭示实际上是一种自我探索活动，它有助于来访者认识和了解自我，从而有助于自我接纳，它本身对心理健康有积极作用。如咨询者显得可信赖、同情、尊重、理解来访者，能灵活应用倾听的技巧，都能有效地促进自我揭示。研究表明，如果咨询者能自我揭示，常常能有效地引发来访者同等水平的自我揭示。咨询者如能运用得好，便能通过对方的自我揭示了解对方深层的认识和情感。

其他技术，如陪伴等支持技术。高质量陪伴无可替代，它可让对方，比如处于急性应激中的当事人有安全感、与世界的联结感，让对方感到放松、松弛。

（二）心理疏导辅导实用方法

良好的咨询效果仰仗于当事人是否有主动且强烈的求助意愿，依赖于咨访之间是否建立起了良好的咨询关系。而良好咨询关系建立首先依赖于咨访双方彼此间信任。在良好的咨询关系基础上，除上述常用心理咨询技术外，一些方法也被经常使用，两者联合，能使访谈疏导效果大为提升。下面介绍几种常用的疏导方法。

**1. 自动调适法**

自动调适法，简单讲就是心理学中的各种防御机制。人在受到刺激后，会调用个体惯常的一些防御机制以减少消极情绪，比如焦虑，对冲对抗应激对身心造成的冲击损伤，维持心理平衡。但防御机制作为一种保护性措施，大部分时候只能起到暂时平衡心理的作用，并不能真正解决问题。因此人们不能过度依赖此技术。

**2. 意义寻觅法**

意义寻觅法主要指寻找生命的意义，以促使我们生活更有动力和目标，发掘挫折、磨难，甚至苦难、不幸事件的积极意义等，以让我们以积极乐观的心态面对人生、驾驭生活。马克思讲："人要学会走路，也要学会摔跤。而且只有经过摔跤，才能学会走路。"告诉我们经过挫折，人会成长得更快。名人柳传志是一位把5%希望变成100%现实的人。张海迪事迹生动诠释了苦难的意义，即在人生的道路上，谁都会遇到困难和挫折，就看你能不能战胜它。战胜了，你就是英雄、就是生活的强者。可谓励志又感人。在生命的意义支撑下，磨难和不幸不会让我们倒下。锚定生活目标，认清生命的意义，身残志坚，磨难同样也可以让生活精彩。有位高原战士说，合理的叫训练，不合理的叫磨炼，对军人来说，它们都是很好的锻炼。国外励志的实例也很多，力克·胡哲（Nick Vujicic）出生时罹患海豹肢症，天生没有四肢。10岁那年，第一次意识到"人要为自己的快乐负责"。他是澳大利亚第一批进入主流学校的残障儿童，也是高中第一位竞选学生会主席的残障者，并获压倒性胜利，被当地报纸封为"勇气主席"。他是第一位登上《冲浪客》杂志封面的菜鸟冲浪客，他游泳、潜水、踢足球、溜滑板，高尔夫样样行。他16岁第一次在小型聚会中跟同学分享自己的故事，感动的口碑就从这12个人开始。在决定以"激励他人"为生命目标后，创设"没有四肢的人生"非营利组织，实行各种创意行善，至今已在五大洲超过25个国家、举办1500多场演讲，给予（接受）数百万个拥抱，自称为"拥抱机器"。

**3. 自我认同及自我接纳**

自我接纳包括生理认同、心理认同、社会认同等全面的认同。生理认同包括对自己身高、体重、长相等外在特征上的认同接纳；心理认同包括对自己能力、脾气、个性、气质（比如胆汁质、抑郁质、多血质、粘液质4种气质类型）等的认同；社会认同，即对自己角色、社会地位、身份等的认同。一个人的伟大和强大，有时并不意味着他战胜了所有对手，战胜了自己，而恰恰是完全接纳了自己。有时，人们产生焦虑、恐惧、不自信等表现，恰恰是因为不能接纳自己。

**4. 心理暗示或自我激励法**

心理暗示是在没有对抗的情况下，人通过语言、行动、表情或某种特殊符号，使自己的某些观点、意见被暗示者认同或按自己暗示的方式活动。心理暗示具有强大的作用（正向或负向），古希腊哲学家苏格拉底曾经一次在课堂上拿着一个假苹果问学生谁闻到苹果的香味，在他的几次提问下，居然有大部分学生举起了手，说自己闻到了苹果的香味。这是心理暗示的巨大力量。受到暗示的人有时会睁眼说瞎话，而这与人进行决策和判断的心理过程有关：人的决策和判断过程，是由人格中的"自我"部分，并且综合个人的需要和环境限制之后做出（人的判断是非理性的）。通常情况下，我们会说某人有主见，但在有些情况下，人的决策会受到外来信息的影响及别人的暗示而认同别人的观点，虽然明眼人一看就是错的。除上述常见心理疏导方法外，认知调控法、转移注意力法、合理宣泄法等也较为常用和实用。

### 三、心理咨询与部队思想政治工作关系简述

毛泽东曾讲："掌握思想教育，是团结全党进行伟大政治斗争的中心环节。"即团结工作离不开思想教育。思想教育工作和心理工作，或者说心理咨询与思想政治工作既有区别又有联系，既不能把心理咨询与思想政治工作混为一谈，也不能把两者加以割裂，应当把心理咨询与思想政治工作有机地结合起来。

思想政治工作者从咨询心理学中借鉴某些方法与技术，以增强思想政治工作的吸引力与感染力；心理咨询工作者也应该接受思想政治教育指引，以保证心理咨询工作坚定正确的政治方向。

心理诊断或心理咨询不是思想工作的翻版，也不能简单地等同于道德品质教育。这是一门崭新的应用性科学，归属于临床心理学研究领域。心理咨询或者心理治疗，是运用心理学的知识和技术对心理不健康以及有心理不适应问题或心理障碍的人进行专业心理援助、辅导的一门系统的学问。

在军营中，许多官兵常分不清心理工作和思想政治工作，往往把二者混为一谈，致使这两项工作开展效果不良。下面从十个方面对心理工作和思想政治工作的不同点进行区别。

① 着眼点不同。心理工作探究的是人的心理状态，思想政治工作研究的是人的

思想。

②理论依据不同。心理工作是以咨询心理学、人格心理学、测量心理学、社会心理学、变态心理学等为基础。思想政治工作是以马列主义、毛泽东思想、辩证唯物主义等为基础。

③对象不同。心理工作既可对有心理问题的人，也可对正常人，工作范围小，一般仅局限于个体或小群体；思想政治工作最广泛、全民性。它可以通过人际传播、媒体传播的途径，不仅影响自己，而且影响全体乃至整个社会。

④目的不同。心理咨询是使来访者达到个性和谐与全面发展；思想政治工作是为党、军队、国家的中心任务服务，解决人们的世界观、人生观、价值观和道德观。

⑤本质特征不同。心理往往与人的遗传基因、生理状态、个人经历所联系，通过认知、情感、意志等心理活动或性格气质等特征表现出来，具有情境性、外显性等特点，也带有明显的个体性、生理性、非理性等特征；思想通常以立场、观点、方法的形式表现出来，具有复杂性、隐蔽性、相对独立性的特点，也具有明显的社会性、政治性、道德性的特征。

⑥工作内容不同。心理工作外延广泛，涉及日常生活的各个方面，如儿童教育、心理卫生、恋爱婚姻、人际关系等；思想政治工作主要是进行爱国主义、集体主义、民主法制等教育。

⑦工作方式不同。心理工作涉及个人的心理困惑、心理障碍甚至是隐私，多采取个别交谈的形式，遵守保密的原则，采用自愿的方式，咨询者以倾听为主；思想政治工作是以说服解释为主，以主动出击的方式，及时发现问题、解决问题，以公开的集体形式为主，如报告、讲座、开座谈会、讨论等。以灌输和启发相结合，以理服人和以情感人相结合，以普遍教育和个体教育相结合等方法。

⑧工作人员扮演的角色不同。心理咨询是以参谋、顾问、朋友的身份出现，有时也会涉及对来访者进行教育，但不应以上级和权威的身份出现，只是提醒来访者应该做什么不应该做什么；思想政治工作在行政上可以是上、下级关系，但在政治上是平等的同志关系。

⑨工作人员要求的素质不同。心理咨询要求受过相当的医学、心理学专业培训；思想政治工作者具有广泛性，专职干部、行政管理干部、党员、班长、骨干等都可以开展。

⑩工作成效的评价标准不同。心理咨询是否使来访者或患者恢复心理健康；思想

政治工作是统一思想认识,保证全军指战员自觉地与党中央保持高度一致,提高官兵思想道德素质,保证战斗力和各项任务的完成。

总之,心理工作和思想政治工作既有联系又有区别,所以我们在工作中,既不能把有些心理问题政治化(如有时会把一些一般性的心理问题当作政治问题来处理,小题大做,上纲上线,所以如果简单地用思想工作替代心理工作,不仅使心理问题得不到解决,还可能会加重教育对象的思想负担)。同时,也不能把思想政治问题心理化(如片面地夸大心理学在思想政治工作中的作用,似乎解决了心理问题就可以解决思想政治工作的全部)。只有在把握两者基本原则的基础上,客观分析、灵活运用,才能使思想政治工作和心理工作有效地结合起来,也才能更好地达到心理咨询和思想政治工作教育的目的。

## 第二节 心理咨询的原则及一般流程

### 一、心理咨询的原则

心理咨询中,要做到理解支持、耐心倾听、细致询问、疏导抚慰和启发引导;要遵循某些原则,比如,保密原则、时限性原则、来访者自愿原则等。恪守咨询中相关原则,能有效保障咨询工作安全及咨询效果。

(一)伦理守则

中国心理学会(CPA)在2007年2月,制定出了第一个心理咨询师伦理守则——《中国心理学会临床与咨询心理学工作伦理守则》(第一版),以下简称《伦理守则》。2018年,对《伦理守则》进行修订细化并发布了《中国心理学会临床与咨询心理学工作伦理守则》(第二版)。主要内容有五条总则及十个方面的细则。总则包含五个维度,即:善行、责任、诚信、公正、尊重。细则包含:专业关系、知情同意、隐私权和保密性、专业胜任力和专业责任、心理测量与评估、教学培训和督导、研究和发表、远程专业工作(网络和电话咨询)、媒体沟通与合作和伦理问题的处理十大部分。下面简要介绍之。

**1. 善行**

善行,简单来说就是做好事。心理师的工作目的是使寻求专业服务者从其提供的专业服务中获益。心理师应保障寻求专业服务者的权利,努力使其得到适当的服务并避免伤害。

**2. 责任**

责任，即指专业人员竭尽所能地帮助来访者，而且一旦发现自己难以胜任，即准备将来访者转介他人。心理师在工作中应保持其服务的专业水准，认清自己专业的、伦理的及法律的责任，维护专业信誉，并承担相应的社会责任。

**3. 诚信**

心理师在工作中应做到诚实守信，在临床实践、研究及发表、教学工作及宣传推广中保持真实性。诚信原则意味着忠诚。咨询师必须将来访者的利益放在自己的利益之上，并且对来访者忠诚，即使这种忠诚会给咨询师带来不便或不舒服的感觉。诚信原则衍生自咨询师和来访者之间最核心的关系——信任。如果咨询师的言行或行为不可靠，则没有信任可言。

**4. 公正**

心理师应公平、公正地对待自己的专业工作及相关人员，采取谨慎的态度防止自己潜在的偏见、能力局限、技术限制等导致的不适当行为。这一原则要求咨询师和治疗师在从事专业活动时尊重所有人的尊严并避免偏见。对这一原则最危险的破坏在于对一个群体存在刻板印象。咨询师不应该因为种族、年龄、性别、文化以及其他任何不相关因素而产生偏见，因为这是非常不公平的。

然而，公正不仅仅是避免歧视那么简单，它还意味着对于某些差异给予额外的关注。例如：一位心理学家对所有公司职员的表现采取同样的测量标准进行评估。然而，如果其中一个职工存在听力障碍，而这位心理学家对这个职工与其他职工一视同仁，那么他同样犯了不平等的错误。公正要求及时发现这个职工的听力问题，并采取相应措施让职工了解正在发生的事情，还要求采取平等的评价标准。

**5. 尊重**

心理师应尊重每位寻求专业服务者，尊重个人的隐私权、保密性和自我决定的权利。尊重意味着："一个人的选择不应受到他人的限制。"

（二）保密原则

心理咨询中保密原则是对咨询师从业职业素养的规定，是一种道德责任，亦是职业义务，是指咨询师对来访者的信息有保密义务。具体包括：①未经来访者书面同意，咨询师不能对咨询过程录音、录像或演示，不得将咨询信息公开发表；②未经来访者口头同意,不能将咨询信息告知有关他人,比如其父母及配偶等;③如教学研究中要用来访者信息作为案例进行教学,必须隐去那些可以辨识出来访者的有关信息,比如姓名、住址、电话等,以保障来访者隐私安全;④保密例外情形。比如,来访者有自杀倾向,来访者有伤人或威胁他人安全的风险,来访者有致命的传染性疾病且明显可能会危及他人,法庭命令咨询师提供。

(三)价值中立原则

价值中立原则是指,咨询中咨询师不可将自己的价值观、生活态度、生活方式及自己的意识强加给对方,来试图改变对方,保持客观立场。咨询师不可以社会主流价值、伦理道德来要求来访者遵从。价值中立原则是一种非评判性观点,非指导性原则。此外,咨询师要无条件接纳对方的态度,价值观,不对其品头论足。但在重大原则问题上,应引导来访者不走极端,不做过激事情,这样有利于咨询推进及咨询效果的达成。

(四)助人自助原则

心理咨询是帮助来访者自己解决他们的问题,而非代替来访者来解决问题。因此,来访者主动求助意愿高低,直接影响咨询效果。这点和来访者自愿原则有部分重叠。

## 二、心理咨询的一般流程

(一)建立咨访关系

良好的咨访关系是心理咨询质效的重要保证。在对治疗过程最为系统的描述中,罗杰斯曾讲,当治疗师与来访者建立了良好的治疗关系时,就会产生以下的特征性过程。①来访者越来越自在地表达自己的感受;②来访者逐渐具备现实检验能力,能更好地区分对周围环境、对他人/自身体验的感受与知觉;③来访者更能意识到自身体验与自我观念间的不一致;④来访者能意识到被自己否认或扭曲的感受。专业的咨询一般应在专业心理咨询场馆进行,这种环境更容易给求助者营造一个自由、安全、轻松的外部环境和氛围。咨访关系的建立有时需要运用一些沟通会谈基本技能,比如尊重、热情、共情、真诚、积极关注,以及信任等等,还包括遵守前述咨询原则,如保密原则、价值中立原则等。求助者如果感到气氛是友好的,是彼此信任的,会放心地敞开心扉,倾诉自己的情感,表露自己的思想,阐述自己的信念,而这为接下来的正式咨询奠定了良好基础。

（二）咨询对话展开

在介绍咨询展开之前，先解释一个问题，即咨询中到底如何选择哪种方法。此亦即，咨询师需要建立一个理解自己所作所为的理论框架，也就是说以哪种理论作为自己理解来访者及与来访者工作的框架。对于理论，不同的心理学家有不同的见解，有人认为应该专注于某一种特定的理论模型，也有人认为可以从周围的理论中拼凑出一个整合的个人模型。其实这两种策略都行得通，最关键的是要使用一致的、对咨询师自己来说有意义的和能够帮助咨询师自己和来访者进行沟通的概念和观点。因为来寻求帮助的来访者往往是困惑的和令人困惑的。他们已经用尽了自己当下能解决问题的资源，如朋友和家人。他们或许身处危机之中，感到一切都混乱不堪和失去控制。他们或许很担忧他们所预感的事情将发生在自己身上。他们或许以一种方式或其他方式将整个烂摊子推给咨询师："这里，你处理所有这些混乱、恐惧和困惑。"咨询师需要感到自身掌控现实的安全感。透过这样的安全感和稳定一致性，传递给来访者一种踏实感和力量感。帮助来访者从混乱的状态中稳定下来，重新恢复思考和感受的能力。

学习理论，要从最重要最基本的学起。兰伯特（Lambert）1992年的研究显示，心理治疗的疗效因子有四种：来自来访者自身的各种可变因素占40%，与咨询师之间关系的质量占30%，特定的技巧（不同的治疗方法）占15%，而希望和安慰剂的作用也占到了15%。人本主义的理论重视治疗关系的建立与发展，而精神分析的理论让我们能够更深刻地理解一个人的内心世界，在理解的基础上，能够发展出更有深度和质量的治疗关系。而所有的改变，最终都会落脚到领悟和感受之上。因此，在国际公认的450多种疗法中，精神分析、人本主义疗法以及认知行为疗法是必学的基础内容。

①通过谈话、被借用于行为训练来实现认知重建的行为效果观察等技术收集、整理求助者目前的状态（心理状态，生理状态，社会功能状态）。

②通过谈话、观察，结合专业知识，判断求助者核心症状或主导症状。

③基于其身心症状表现，对求助者问题做出初步诊断和鉴别诊断。

④借用心理测验，辅助综合评估并量化来访者的临床表现。

（三）结束当次咨询

在心理咨询结束环节，通常需要再次总结归纳当次案例咨询目标并对咨询目标有效性进行评价，同时对是否要进行二次咨询以及预约下次咨询时间地点等进行商定。

（2）认知家庭作业

REBT要求来访者把自己的问题列一个清单，找到自己的不合理信念并与之辩论。家庭作业是用来寻找来访者那些不合理信念（如"应该""必须"）的一种方法。做家庭作业的过程中，治疗师还鼓励来访者去面对一些有风险的情境，从而使他们质疑自己的自我限制性信念。例如，一个男子因为觉得自己不善言辞而害怕与异性交往，他可能被要求每天必须与几名女士交谈，治疗师会指导他抛弃那些消极的自我陈述（如"我看起来很蠢"或"女士都不喜欢跟我交谈"），而建立起更积极的信念（如"即使我表达不是很好，但也不是那么让女士讨厌，我们依然可以交流"）。

（3）改变语言

REBT坚信不准确的语言是思维过程被歪曲的一个重要原因。让来访者认识到"必须""应当"和"应该"是完全可以改变为愿望的。与"如果……那就糟糕透了"相反，他们要学会说"如果……情况会变得有点麻烦"。来访者所使用的语言模式往往是无助和自我谴责的反映，通过治疗，他们可以学会使用新的陈述，进而以新的视角思考和行动。

**2. 情感技术**

（1）合理情绪想象。首先，让来访者想象其引发情绪困扰的场景；其次，让来访者保持想象，但要求改变自己的情绪，使之适度，并加以体验；最后，停止想象，报告是怎样想、怎样做才能使情绪体验有所改变。治疗师要及时强化合理观念，使来访者产生新的合理观念和认知。

（2）角色扮演。包含情绪成分和行为成分。治疗师要经常打断来访者，及时引导他们看到正是他们告诉自己的话造成了困扰，同时让他们知道怎样把不健康的情感变成健康的情感。例如，一个大学毕业生因为害怕不被接收而不敢去单位面试，通过表演一次他与人事主管的面试，让他意识到了是自己的焦虑和不合理信念在作怪。又如，他认为自己必须被接受，如果得不到接受就意味着他是一个愚蠢和无能的人，然后在角色扮演中挑战自己的这些信念。

**3. 行为技术**

REBT治疗师会使用很多标准的行为治疗技术，如系统脱敏、放松技术等，只要是在REBT的认知取向的大框架下都是可以的。

## （二）贝克认知行为疗法

应用认知行为疗法（Cognitive Behavioral Therapy，CBT）技术，治疗师并不太关心问题的细节和本质，而是关心来访者在日常生活事件中形成的可供选择的不同解释。治疗师通过检查来访者的自动想法让个体意识到自己思维模式中存在的歪曲，并注意其可能有的错误推理，之后会帮来访者看到自己是如何得出一个结论，而这个结论并没有什么证据支持或者它是建立在对过去经验进行歪曲了的信息之上的。这里介绍整个过程的三个技术。

**1. 提问和自我审查技术**

这种技术的目的就是能够尽快发现来访者行为问题背后的不正确认知观念。所谓提问，就是由治疗师提出某些特定的问题，把来访者的注意力导向与他的情绪和行为密切相关的方面。所谓自我审查，就是鼓励来访者说出自己的看法，并对这些看法进行细致的体验和反省。

**2. 检验表层错误观念**

所谓表层错误观念，就是指来访者对自己的不适应行为的一种直接具体的解释。例如，一个洁癖来访者认为不经常洗手就会影响到自己的健康，一个社交恐惧症来访者认为他缺乏跟人沟通的能力。总之，他们会寻找到具体的解释为其行为辩护。对于表层错误观念，可以使用以下技术。

① 建议：建议来访者进行某一项活动，这一活动与他对自己的问题的解释有关，通过此活动来检验自己原有解释是否正确。例如，让社交恐惧症来访者与自己熟悉的人交流，看他是否存在语言沟通问题。

② 演示：鼓励来访者进入一种现实或想象的情境，使他能够对其错误观念的作用方式及过程进行观察。例如，来访者怕在会议上说话，就让他想象出会议的场景，并让自己开始在会议上发言，从而对自己的不适行为和心理能够加以观察和体验。

③ 模仿：让来访者先观察榜样完成某种活动，然后要求来访者通过想象或模仿来完成同样的活动。例如，让电梯恐惧症来访者观察别人乘坐电梯的过程，然后复制这一过程。

**3. 纠正深层错误观念**

深层错误观念往往表现为一些抽象的与自我概念有关的命题，比如"我一无是处""我是一个失败的人"等，它们并不对应具体的事件与行为，也难以在具体情境中加以检验。对此，我们常采用语义分析技术来应对。语义技术主要针对来访者错误的自我概念，它常表现为一种常见句式——"主—谓—宾"句式结构，如"我永远不可能成功"。

纠正错误核心观念方法：首先，把主语位置上的"我"换成与"我"有关的更为具体的事件和行为，如"我上次做的事情不太成功"；其次，表语位置上的词必须能够根据一定的标准进行评价。通过这种语义分析和转换，治疗师就可以引导来访者把代表他深层错误观念的无意义的句子转变成具体的、有特定意义的句子，使他学会把"我"分解为一些特定的事件和行为，并在一定的社会参照下来评价它们，使他认识到他只是在某些特定行为上确实有一些问题，但除此之外的其他方面则可能是与常人一样的。

## 二、行为为主的技术及疗法

### （一）腹式呼吸放松技术

腹式呼吸放松技术使用非常方便，很容易学习，效果也比较好。它让人们首先把注意力放到我们呼吸上，因为这是我们最基本的一种生存状态。急性应激时多为浅呼吸，即呼吸短促，尤其是呼气更短，表现为呼气时间短于吸气时间。有意识地进行腹式呼吸就是让呼气绵长，长于吸气时间，这样一来，副交感神经慢慢占主导，人会慢慢平静、安静、镇定下来。

**1. 技术要领**

①深吸慢呼；②鼻吸口呼；③呼气时可以把手放在胸口（感受吸气时肺部进气，腹部隆起，两肋打开，膈肌下降，呼气时腹部下沉）；④4-5-8原则，即吸气4秒，屏住呼吸5秒，呼气8秒；⑤两肩放松。

胸腹式呼吸放松法，是以一种慢节律方式的深呼吸。每一次呼吸，都用膈肌把氧气深深吸入肺内，缓慢的呼吸可以使肺部有充足的时间做气体交换，吸入的氧量高于正常情况下的两到三倍，使身体获得更多的氧气。因为焦虑或植物神经兴奋最常出现浅而快的呼吸，腹式呼吸以一种更放松的方式取代了这种浅快的呼吸方式，因而减轻了焦虑。其适用情况有：失眠（降低卧床时的紧张度、加快入睡、加深睡眠、减少夜间觉醒）；焦虑（缓解紧张、心慌、气短等自主神经紊乱）；疼痛（对于头痛尤其有效）。

**2. 练习方法**

学习腹式呼吸，先要选择一个舒服的坐姿，然后把一只手放在腹部胸肋下面，这就是膈肌的位置。当一个人吸气的时候，应该感到腹部向外移动，同时膈肌将空气深吸入肺内。在腹式呼吸时，肩膀不动。在吸气时若肩膀向上移动，表示是位于肺上部的浅呼吸而不是进入肺内的深呼吸。许多人认为在吸气时腹部应该使劲，其实恰恰相反，当一个人用膈肌深呼吸时，腹部是向外运动的。在学会了正确的呼吸后，每次吸气时，腹部膨胀，就可以准备开始练习了。具体过程如下。

第一步：尽可能在安静的环境下，没有时间的压力，远离干扰（电话、噪音、其他），穿宽松的衣物或者放松过紧的衣物，寻找舒服的位置，站、立、坐、卧皆可，但以躺在床上为好。如结合轻柔舒缓的音乐效果更好。

第二步：一手放在腹部，鼻子进行吸气与呼气，集中注意力观察呼吸时哪一只手起伏的幅度较大。经过一段时间的练习之后，就可以将手拿开，只需用意识关注呼吸过程即可。

第三步：缓慢地吸气，然后缓慢地吐气。呼吸过程不要紧张也不要刻意勉强，如果是初学者就更应该注意练习的过程和对身体的影响，吸气时，感觉气息开始经过鼻腔、喉咙充分的集中于肺部，让腹部鼓起，此时放在腹部的手会感到腹部上升；呼气时内收回腹部，感受到腹部的手下降。若呼吸时感受不到腹部隆起，可试着先慢慢地把空气尽量呼尽，再用鼻子深深的吸气，来体验腹部隆起的感觉。

第四步：调节呼吸速率，呼吸时间长短由个人掌握。身体好的人，屏息时间可延长，呼吸节奏尽量放慢并加深。身体差的人，可以不屏息，但气要吸足。初学时也可以用数数法有意识地调节呼吸速率。每分钟12次：用鼻子吸气，吸气时心中默数"一秒钟、两秒钟"，再暂停约半秒钟。用嘴巴呼气，呼气时心中默数"一秒钟、两秒钟"。（概括来讲，就是吸气时慢一点，屏住呼吸3~5秒钟，慢慢呼气。整个过程中可以想象你吸进来的都是积极的、快乐的正能量，呼出去的都是你的情绪垃圾、痛苦的往事、负面情绪等。刚开始练习时可能会感觉不适应，要多练习几次，找到自己的节奏，会体验到放松的感觉。上面的次数和时间仅供参考。一组完整的呼吸训练要有10次左右的呼吸过程，可以早晚各来一次，每次进行3~4组，训练完成之后感受身心状态的变化。）

第五步：待呼吸速率调整稳定之后，吸气时心中可以默念"吸气"，吐气时则默念"放松",把注意力集中到呼吸上,感受呼吸的整个过程。

第六步:练习重点集中在缓慢、轻松地呼吸。每天至少练习2~3次,每次5~10分钟。开始练习后2~4周即可见效,通常坚持6周以上会有明显的效果。

第七步:训练初期建议由专业人士指导。训练中效果不佳,往往也需要专业人士指导。腹式呼吸需要时间和精力来练习并掌握,让身体在自然状态下就能熟悉腹式呼吸,一旦学会了放松,它将带来持续的效果。

下面给出腹式呼吸指导语(伴随舒缓放松的音乐):

用鼻子慢慢地吸气,把你的腹部空间打开,你会感觉你的肚子微微地膨胀起来,停顿,屏住呼吸。呼气,缓慢均匀地呼气,想象你的痛苦都被呼出了身体,你会感觉全身都绵软松弛下来。

我们再来一次,均匀缓慢地吸气。吸到身体的最底部,停顿,屏住呼吸,呼气,缓慢均匀地呼气。放松,吸气,柔和地均匀地吸气,停顿,等待几秒钟。呼气,慢慢地呼气……

请你保持这个节奏重复刚才的过程……

### (二)渐进式肌肉放松技术

**1. 原理**

渐进式肌肉放松为什么可以缓解焦虑和恐惧?这是因为身心一体,相互影响的事实。气得人吃不下饭就是对此常理的诠释。通过身体松弛,即紧绷的肌肉松弛,让紧张的精神、警惕的心理达到缓解。在所有生理系统中,只有肌肉系统是我们可以直接控制的,此外,在进行各种动作时,肌肉是主动的,骨骼是被动的。当压力出现时,紧张焦虑不断累积、压力体验逐步增强,人体会有僵硬和发麻的感觉,这是一种防御机制。即当危险或威胁到来时,我们的神经系统就会调动我们的身体机能,肌肉紧绷就是其中一个身体表现,当威胁解除时,身体会恢复到一个正常的放松的状态(后期效应较短),而神经认知系统会回忆当时的体验,而且还会担心威胁再到来,总是想很多,如此一来,会让我们的身体一直处于紧绷状态,持续的肌肉紧绷和内缩会让身体各种不舒服,如疼痛、发麻、僵硬,我们不能告诉大脑,让其不要多想,但我们可以告诉身体,让其放松放松,但身体不知道怎么才能放松,渐进式肌肉放松法就会让身体找到这种放松的感觉。

**2. 技术要领**

先让肌肉完全紧张，再让肌肉充分放松。可试一下这种感觉：将右手握成拳，攥紧些，再紧一些，然后感觉手和前臂的紧张状态，而后彻底放松。

① 肌肉放松法必须先使肌肉充分紧张再完全放松。具体先让自己肌肉紧张，保持5—7秒，注意肌肉紧张时产生的感觉，接着彻底放松。

② 放松顺序一般为手—前臂—肱二头肌—前额—眼—颈部—肩部—胸—腹—臀部—大腿—小腿（脚尖向上向下）—脚（脚趾内收外展）。

（三）系统脱敏疗法

系统脱敏也是一种基于行为的疗法或技能，主要针对求助者对特定对象或泛化对象的恐惧和焦虑症状。基本方法是让求助者以放松取代焦虑及恐惧。系统脱敏在具体操作中，有一套相对固定的流程。第一步，即要让求助者学习掌握放松技巧，重点是面部肌肉放松，求助者可在家中反复练习，直至在实际情境中运用自如。第二步，将引起求助者焦虑或恐惧的情境划分等级，比如，可指定等级为0，10，20……100，0代表完全防松，100代表极度焦虑。第三步，让求助者逐级体验或想象引起其症状反应的情境，同步做放松练习，使得求助者逐步从引起焦虑或恐惧的情境中脱敏，只有对低一级的情境不再焦虑、非常放松，方可进行高一级的刺激情境，如此逐级而上，直到对最高等级的刺激脱敏。并在现实中不断练习，巩固疗效。

其基本思想是让一个引起微弱焦虑的刺激，在求助者面前反复暴露，同时求助者以全身放松予以对抗，从而使得这一刺激逐渐失去引起焦虑的作用。

（四）冲击疗法

冲击疗法，又称为漫灌疗法，属于暴露疗法之一。冲击疗法也是用于治疗负性情绪，如恐惧、强迫行为反应、创伤后应激障碍等一类行为疗法。冲击疗法分为现实情境和想象情境两种，后者如飞机失事后幸存者的恐惧。

与系统脱敏相比，冲击疗法为一种较为剧烈的治疗方法，一般在实施治疗前，应对当事人做详细的体格检查及必要的实验室检查，如心电图、脑电图等。要排除严重心血管疾病，如高血压、冠心病等；中枢神经系统疾病，如癫痫；严重呼吸系统疾病，如支气管哮喘；内分泌类疾病，如甲状腺疾病；各类精神病性疾病。此外，老人、儿童、孕妇等身体虚弱者均不宜做治疗。

此方法简单地讲，就是持续将求助者充分暴露于引起或唤起其恐惧（这种恐惧或焦虑并不会造成创伤结果发生）的情境中，这期间不采取任何缓解焦虑的行为，让焦虑自行降低，即所谓被动放松。其中，现实冲击疗法中求助者的焦虑感通常会迅速减轻。

（五）厌恶疗法

厌恶疗法是通过附加某种刺激的方法，使求助者在进行不适行为的同时，产生令其厌恶的心理或生理反应，从而达到治疗某种不良行为的方法，如对酗酒、抽烟（瘾）者可使用。

厌恶疗法，其基本思想为经典条件反射理论。如对一男性强迫症患者，其反复思考，欲罢不能，同时，其伴随的行为还包括自称的该记的记不住，该忘的忘不了，还有反复检查等行为，令其十分痛苦。咨询师通过厌恶疗法予以治疗：让求助者在前臂上缚上一圈很粗的橡皮筋，松紧适宜，要求求助者，每当其出现不必要想法、冲动反复行为而无法控制时，便拉开橡皮筋，拉开一定长度后松手，让橡皮筋弹击手臂造成疼痛。强迫观念和强迫行为不消失，弹击不止。起初，手臂被弹击得红肿，求助者一度动摇，强迫症遂又发作，于是，求助者咬牙坚持弹击，最终治愈了让其痛苦的强迫症状，心情舒畅轻松。

（六）其他

以抑郁症为例，简要介绍三种行为改变方面的实用技术——行为激活、活动图表及自我表扬清单。行为激活技术，该技术对抑郁有效，主要基于大部分抑郁发作诱因皆可归为正强化不足的假说。当抑郁发作时，当事人心理活性不足，活力下降、回避、迟钝等常见症状随之出现，行为激活的目标就是提高患者参与活动的动力，具体而言，行为激活一般遵从生理生活功能（饮食、睡眠、卫生习惯、个人形象）到娱乐运动功能（爱好、运动），再到社交人际功能，最后到学业/工作或职业功能的顺序进行，此顺序跟患者功能丧失的顺序恰好相反。活动图表用于规划安排每日活动内容以及评定活动带来的愉悦感和掌控感，即活动图表是用来落实需激活的行为。表扬清单是对那些激活行为的具体化和数量化（行为清单及表扬的标准），比如患者以前每天11点才起床，按照商定的治疗计划，患者觉得自己第二天可做到10点起床，并且确实做到了，这时候就可给其一个表扬，以鼓励其与过去相比取得的进步。

实际工作中，行为疗法常常联合使用认知疗法，如认知矫正术结合行为激活技术，可极大提升抑郁障碍的治疗效果。

### 三、精神分析疗法

精神分析理论由弗洛伊德创立。该理论的产生有其深刻的历史人文背景，后经过众多心理学家的努力得到不断发展。当代心理学界一般把以弗洛伊德、阿德勒和荣格为代表的早期精神分析理论称为弗洛伊德主义，把以艾里克森、沙利文、弗洛姆和霍妮等为代表的精神分析理论称为新精神分析理论或新弗洛伊德主义。此外，除了以弗洛伊德为代表的经典精神分析和以沙利文、埃里克森为代表的自我心理学，20世纪50年代以后，精神分析理论在不断实践过程中又发展出了三大新的理论：①客体关系学派（俗称英国学派），该理论更强调环境对个体的影响，主张人类行为的动力源自寻求客体以及外部客体（父母和孩子世界中的其他重要的人）对于建立内部心理的影响。②自体心理学，以海因茨·科胡特为代表，聚焦于自体的发展，研究自我关心、自尊和自恋是如何先于关心他人而产生的，以及自恋的发展如何影响着正常的发展途径。③主体间性心理治疗，以罗伯特·史特罗楼为代表，该治疗理论对精神分析理论进行了综合和总结。

（一）原理及机制

人们之所以生病是意识拒绝潜意识的结果——意识患了病，即意识是精神病理学探讨的核心，所有心理疾病，其实是意识出了问题，潜意识想给它治疗，意识就会与之发生冲突。心理疾病是意识背离上帝的结果（这里上帝就是潜意识。我们每个人的上帝就是自己的潜意识）。以大树为例，潜意识就是埋藏在底下的广阔根系，意识则是地面上矮小的枝干，吸收潜意识供给的养分。好的心理医生深知这一点，所以在治疗过程中，让潜意识层面的内容逐渐浮现到意识层面。另有学说认为，人之所以会生病，是因为超我太强，把本我压下去了（人格结构的"本我""自我""超我"理论）。

精神分析疗法是基于弗洛伊德的精神分析学说，而后衍生出的近代多种精神动力学治疗方法。该疗法主要是通过精神分析治疗师与来访者为治疗而构建的工作联盟，在耐心而长期的治疗关系中，通过"自由联想"等内省方法帮助来访者将压抑在潜意识中的各种心理冲突（主要是幼年时期的精神创伤和焦虑情绪体验）挖掘出来，使其进入意识中，转变为对个体可以认知的内容进行再认识，帮助来访者重新认识自己并改变原有行为模式，达到治疗目的。

精神分析疗法的目的不是单纯消除来访者的症状，而是注重人格重建、思维模式态度的改变，以及解决早年的心理冲突，消除潜意识中心理冲突的影响，启发和扩展来访者的自我意识。通过分析达到认知上的领悟，促进人格成熟。

精神分析理论创始人弗洛伊德强调无意识的作用。该理论认为创伤，尤其是童年时代的创伤、经历、未得到满足的欲望等被深深压抑到潜意识底层，通过转换作用造成各种心理障碍。精神分析的治疗就是要挖掘症状背后的无意识冲动或无意识动机，使来访者自己意识到其无意识中的症结所在，以来访者发生移情作为途径和手段，即以无意识的情绪体验作为起疗效的机制，从而帮助来访者实现意识层次认知的改变（领悟）、症状的缓解和行为的矫正，产生疗效。精神分析治疗所使用的方法是自由联想、催眠、释梦、口误笔误分析等非常规方法，主要是无意识的运行、非理性的思维、情绪情感的参与来起作用。

（二）精神分析疗法具体技术

**1. 自由联想**

自由联想法是精神分析学派进行精神分析的主要技术之一。它是一个能打开神秘之门的基本工具，这扇门通向无意识、幻想、冲突和动机。这项技术常常导致对过去经历的回忆，有时候是被阻塞的强烈感情的释放，然而释放本身并不重要。在自由联想中，治疗师的任务是去识别无意识中被压抑的内容。该技术要求咨询师带着好奇、友善去探寻来访者问题的可能原因。

自由联想法具体做法，即让来访者在一个比较安静与光线适当的房间内，躺在沙发床上随意进行联想。治疗师则坐在来访者身后，倾听他的讲话。事前要让来访者打消一切顾虑，关于谈话内容，治疗师需保证为他保密。鼓励来访者按原始的想法讲出来，不要怕难为情或怕人们感到荒谬奇怪而有意加以修改。因为越是荒唐或不好意思讲出来的东西，可能最有意义并对治疗价值最大。在进行自由联想时要以来访者为主，治疗师不能随意打断他的话，但在必要时可以进行适当的引导。治疗师通常鼓励来访者回忆从童年起所遭遇到的一切经历或精神创伤与挫折，从中发现那些与病情有关的心理因素。自由联想法的最终目的是发掘来访者压抑在潜意识内的致病情结或矛盾冲突，把他们带到意识域，使来访者对此有所领悟，并重新建立现实性的健康心理。

**2. 释梦**

为什么日有所思夜有所梦？"情感联系"是影响梦的重要因素，白天一些人和事是否对自己心理造成重大刺激和梦境密切相关。此外，梦的内容可以是做梦时外界的刺激物，如：夏天凉风吹来，引起了做跳降落伞的梦；被蚊子叮了一口，引起了被刺伤的梦境。还可以是日有所思夜有所梦，还可以是机体的状态，饿了冷了，引起吃饭或掉进水里的梦境等。

弗洛伊德认为梦分为愿望梦、焦虑梦和惩罚梦，其本质都是愿望的满足。梦的材料和来源有三方面：（1）做梦前一天的残念；（2）睡眠中躯体方面的刺激；（3）幼年经验。梦的内容结构分为显梦和隐梦两个层面，通过稽查作用和梦的伪装，隐藏的愿望才能进入意识组成显梦。简而言之，梦的动力一是本我内的冲动，二是介于本我与自我间的稽查机制及自我和超我本身。稽查作用使隐梦所包含的无意识冲动进一步伪装和转化成显梦的内容，这种转化过程包括以下几种机制：（1）凝缩作用；（2）移置作用；（3）戏剧化作用，即用视觉形象表现抽象思维；（4）润饰作用。梦中的情感反映总是"真实"的，如果梦的情感反应与显梦内容不协调，说明其形成时发生了转化和象征，而与隐梦一致。梦是通往无意识的捷径，通过释梦可使压抑的本能冲动意识化，有助于揭露来访者症状的真实含义，破除阻抗，达到治愈。释梦的具体操作是治疗师利用来访者对梦中原意的自由联想揭示出隐梦的意义。而荣格认为梦是无意识发出的明确的信号，人们之所以认为梦杂乱无章，是动用投射作用掩盖自己对无意识语言的无知。梦就是他自己的解释，是无遮蔽的，是"无意识的出口"。荣格提到"梦是无意识心理的自发产物……是纯粹的自然：它把天然而未经粉饰的真实呈现给我们"，他否认弗洛伊德的所谓稽查作用和梦的伪装理论，认为心理是自我调节平衡的体系，梦其实是无意识进行的补偿活动，它的作用是"提供内心生活的秘密，向做梦者揭示出他人格中的隐藏因素"。

### 3. 对阻抗的分析与释义

阻抗指来访者不愿意将以前受到压抑的无意识以有意识的形式表现出来。阻抗可以是一种观念、态度、感觉或者动作，使得来访者保持现状，拒绝改变。阻抗可分为有意识的阻抗和无意识的阻抗。有意识的阻抗，如对治疗师的不信任，或担心说出不得体的话而拒绝进行联想等。而无意识的阻抗在心理治疗中则更有意义，且更难解决。征服阻抗是心理分析治疗过程最艰苦的工作，来访者不能放弃对咨询的阻抗常常是终止治疗的一个重要原因。以下方法在一定程度上可有效克服来访者的阻抗：（1）正确地进行诊断。治疗师的正确诊断有助于减少来访者阻抗的产生。来访者最初所谈的问题可能仅仅是表层的问题，面对其深层的问题，治疗师若能及早把握,将有助于咨询的顺利进行。(2)以诚恳助人的态度应对阻抗。在心理咨询过程中,一旦确认来访者出现了阻抗,治疗师应把这种信息反馈给来访者。反馈时,一定要从帮助来访者的角度出发,并以与对方共同探讨问题的态度向对方提出来访者的阻抗。绝对不能把来访者的阻抗当成故意制造事端来对待。(3)调动来访者的主动性积极面对阻抗。应对阻抗的主要目的在于解释阻抗,了解阻抗产生的原因,以便最终超越破解阻抗,使咨询取得实质进展。这里的关键是要调动对方的积极性,使之能与治疗师一同寻找阻抗的来源,认清阻抗的实质。(4)治疗师要解除戒备心理。解除戒备心理是指治疗师不必把阻抗问题看得过于严重,似乎咨询面谈中处处有阻抗。如果治疗师采取这种态度,就可能会对来访者产生不信任,从而影响面谈的气氛与咨询关系。(5)把阻抗的解除与移情的处理结合起来。有意识的直接阻抗容易克服,而间接的阻抗常以移情的方式表现,阻抗的解除还必须与移情的处理结合起来进行。负移情是阻抗的表现形式之一,咨询没有移情就不会有良好的咨询效果。只有在妥善地处理好移情以后才能破除阻抗,使来访者得到领悟,症状消失。

**4. 对移情的分析与解释**

移情通常表现在心理治疗的过程中,来访者的早期关系会影响来访者扭曲地认识他与治疗师的当前关系。可以理解来访者通常把治疗师看作生活中对他们非常重要的他人。例如,在会谈中来访者往往把过去与父母的病态关系转移到与治疗师的关系上。当来访者出现移情,对治疗师表露出特殊的感情,把他当作上帝(热爱的对象,称正移情)或魔鬼(憎恨的对象,称负移情)时,治疗师需清楚意识到自己的处境和地位,这是治疗过程中必然会出现的现象。移情被认为是有价值的,因为移情使来访者有机会重新体验一系列情感。通过与治疗师的关系,来访者可以表达他们原本被深埋在无意识中的感受、信仰和欲望。通过恰当的释义以及疏通这些早期情感,来访者可以改变一些长久以来的行为方式。

对移情的解释是精神分析和精神分析取向的治疗中的核心技术,因为它使得来访者可以获得过去经验对他们当前心理功能影响进行及时和深入的了解。对移情关系的释义使来访者可以疏通那些使他们行为固着、情感无法成长的内在冲突。但是,治疗师一定要超脱自己,善于利用这一移情,循循诱导,让来访者认识到建立一个良好的人际关系的必要性。当这些从无意识过程中所暴露出的病态或幼稚情感和人际关系成为意识过程的内容时,这种不成熟的或"神经症性"的心理防卫机制就会减弱,移情问题也就随之消失。

## 四、生物反馈疗法

(一) 原理及机制

生物反馈疗法是基于操作性条件反射的原理发展出的一种心理干预技术。主要是通过采用各种电子仪器（生理传感器）测量神经肌肉和自主神经系统的活动状况，并把这些信息放大成视觉或听觉信号反馈给来访者，使其在治疗师的指导下了解其在通常情况下意识不到的生理变化（比如血压、心率、肌电图、皮肤温度、脑电波等生理信号）并主动加以调节，恢复至生理心理稳定状态，通过反复训练和自我总结形成不依赖于反馈仪器而进行自我有意识控制某些心理、生理反应或心理、生理活动的能力，从而达到治疗目的。

机体作为一个整体，要维持其正常的身体机能，就需要保持一个动态平衡，即稳态。而稳态的维持需要机体不断地进行自我调节。而人内在的一些心理、生理因素以及外界的社会环境因素都有可能对动态平衡产生扰动。通常，人体自身的各种调节能力能够克服这些因素引起的改变，从而保持内环境相对稳定。但如果刺激因素超过了机体的调节能力，就不能维持内环境的相对稳定，就会形成疾病。神经生物反馈治疗就是要借助生物反馈仪器，通过训练提高来访者间接感知体内信息的敏感度，并将间接感知逐步转化为直接感知，进而调动各系统参与调节，形成反馈信息的调节环路，最终获得自我调节的能力，保持身心健康。

(二) 生物反馈疗法主要技术

**1. 肌电反馈**

肌电生物反馈是通过肌电反馈仪检测来访者骨骼肌收缩和兴奋的肌电活动，并把信息转换到示波器和扬声器上，同时训练来访者对特定的肌肉进行松弛和收缩运动，控制其肌肉内不同运动单位的放电，最终使神经肌肉功能再建。肌电反馈在减轻疲劳、焦虑和由此引起的内脏功能紊乱治疗以及肌肉瘫痪的康复治疗方面有着广泛的运用。

**2. 皮电反馈**

皮电反馈是通过运用皮电反馈仪来实现的。皮电反馈仪测量的是皮肤电阻的大小和皮肤电压，并把它转化为可识别的信息反馈给来访者。通过训练，来访者可以对皮肤电反应进行控制。皮电反馈主要用于对精神因素引起的焦虑、恐惧以及哮喘的治疗。

### 3. 皮温反馈

体内的产热和散热变化、外周血管的舒张和收缩等都决定了皮肤温度的变化。以热变电阻或温度计记录个体皮肤温度变化并转换成反馈信号显示给个体，使之学会控制外周血管的舒张和收缩。皮温反馈主要用于血管功能障碍引起的病症的治疗。

### 4. 脑电反馈

脑电反馈是根据操作条件反射的原理，以脑电图生物反馈仪作为手段，通过训练来访者达到选择和强化临床用于治病所需要的脑波节律。脑电反馈主要用于癫痫的治疗。

### ☞ 附：心理疏导案例1　强迫症伴非自杀性自伤行为

**一、个案介绍**

小A，25岁，某部一期士官（5年兵龄），身材宽厚健壮，长相憨厚敦实，谈吐得体，思维清晰。大专毕业入伍，家庭条件一般，父母关系一般。初次见其面，对方稍显拘谨，在对其稍作引导后，小A徐徐讲述了自己最近的烦恼和痛苦。

**二、主诉**

小A自述早期：他看到煤气管道就会突然觉得爆炸而恐慌不已，他走在楼下，突然就会想到墙壁瓷砖脱落砸到自己脑袋上而紧张得要死。近期总感到头疼背疼，学业压力大也不想学，不想吃饭也不想训练，上床睡不着，睡在床上老感觉有人盯着自己看。

小A来找我前一天，其队长打电话告诉我，最近小A跟以前不太一样：喜欢独处，和多名战友起冲突，其自述被针对，活得很累。这几天拒绝训练，思想做不通。队长还发现小A胳膊上数道明显自伤疤痕，询问得知小A最近1次自伤发生在来大队之前的3个月。

乍看这些内容，大家会不约而同认为小A可能有一些强迫症状表现。这个判断准确吗？

**三、成长经历**

经了解，小A家庭情况和我们大部分家庭并无两样，家庭结构完整，父亲在外地经营一家餐馆，是家里主要收入来源。母亲在家照顾自己上学，同时在家附近干点杂活。在他记忆中父亲回家比较少，一家三口聚在一起的时光不多，自述父母关系一般。

**四、问题评估**

（1）生理功能：上床睡不着觉，头疼背疼。

（2）心理功能：精神紧张，出现了强迫症的某些症状，比如有高估威胁的倾向，躺在床上感觉有人盯着自己看（似乎有点幻视？）。

（3）社会功能：不想学习，学习功能受损；和多名战友起冲突，人际功能受损；拒绝训练，职业功能受损。

此外，有多次自残自伤（非自杀性自伤行为）。

源于小时候安全感缺失？

## 五、咨询方法及设置

（1）摄入性会谈法1次。通过1次摄入性会谈，了解核实小A的背景资料，健康状况，训练学习状况。会谈内容也涉及早期成长环境、童年经历、家庭功能氛围等，故也遵照精神动力学的理念，比如探索是否问题童年会诱发一个人心理健康问题。摄入性会谈中要尤其避免"为什么"的问题及多重选择性问题。

（2）短程心理治疗法。短程治疗在部队官兵心理问题方面比较实用。在初步掌握小A心理问题基本状况后，综合运用各种技术，比如通过认知疗法（播放一段强迫思维表现，产生原因的音视频科普短片，帮助其理解自身症状原因），引导并帮助其思考，探索其症状的可能根源，调整其不合理认知；通过放松技术，借用放松椅（在指导语引导下，进行身心放松）工具辅助放松。此外，还使用了森田疗法及正念疗法思想，比如对强迫思维不评价、认知层面不否认，情绪层面不厌恶，行为层面不排斥、不压抑、不对抗，充分接纳；带着症状去训练、去学习、去工作。在睡眠前如果强迫思维很强烈，建议其呼吸放松或渐进式肌肉放松（感受腿、臀部、腰、背部与床接触，被床支撑并轻轻托住的感觉……）

## 六、咨询目标

（1）初级目标。①缓解症状，减轻强迫思维带给自己的痛苦感受。减少精神交互（对睡眠的过分关注注意与失眠焦虑痛苦感觉感受之间的恶性循环，此谓注意力固着）带给自己的痛苦。②心境好转，通过跟辅导老师交流宣泄，情绪得到释放；③主动恢复参与平时的训练。

（2）终极目标。促其成长，健全人格，健康生活。同时学会对心理问题自我调适。

## 七、实施过程

（1）首次咨询（首先，跟小A商量预约首次咨询时间、地点）。首次咨询中，①通过观察（言行举止，情绪状态）、交谈（评判其认知思维），对其心理状态进行初步评估。②遵循心理咨询基本的一些原则，比如"尊重，热情，共情，真诚，积极关注"，成功建立良好的咨访关系，取得对方信任，调动对方谈话欲望。

核实自述中"躺在床上，感觉有人盯着自己看"，其实属压力过大所致的应激反应。因为小A半年前曾在山上执行任务，睡在帐篷里，白天阳光透过伪装网会散落下斑驳光影，晚上睡觉时，武器不离身就放在身边。任务的压力、警戒的责任造成其精神紧张。头顶帐篷的光影会让大脑产生警觉，类似幻觉。排除精神病性症状。

核实其右胳膊数道刀片划伤疤痕，不是自杀企图，而是一种非自杀性自伤行为。可用以下五种情况之一或几种情况复合做解释：①割腕让别人关注到他，自己的痛苦没人看到。②转移痛苦，精神痛苦更甚些。身痛置换心痛。③释放压力，割腕后看到渗血会觉得释放压力。④感觉上瘾，养成习惯。⑤向外发出求救信号。评估自杀风险大小。

（2）咨询中期。排除重性精神疾病及自杀风险，最终初步确定小A主要问题是强迫思维。针对其强迫症状，采用认知疗法、森田疗法、放松技术等，帮助小A分析其强迫症状形成原因，探讨其"病情"，引导其合理思考、教会其调节、疏解情绪的技能。此外，鼓励其大胆与战友交往沟通。帮其分析，比如不敢交往，可能是害羞心理，不愿交往，可能对周围环境信任度不够，不会交往，原因在于其小时候，父母没教其交往技巧。

（3）咨询后期。继续采用多种心理调节技能联合治疗。特别巩固前期咨询成果，教其学会接纳自己，教其学习一些实用情绪调节技能，帮其完善人格、成长成熟。

八、效果分析

（1）来访者自我评估。来访者自我评估，即"病人"内省经验。小A经过9次短程治疗，强迫症状基本消失，心境和情绪也大为好转。他自己也感谢教员教会他几种适合调节情绪的技巧。

（2）咨询师评估。咨询师对9次系统的短程治疗，进行评估达到了预期效果，每隔几个月，尤其是逢年过节，教员都会跟小A联系询问其近况。小A已短训结束1年半，最近一次跟其交流了解病情，小A情绪稳定，身心状态很好，教员也倍感欣慰。

（3）战友及单位领导评估。小A经过首次咨询后，其队长打电话给我表示了感谢，并告诉我小A已经恢复了训练。也开始尝试主动跟其他战友交往，人际关系有所改善，不像以前似乎有些"社交隔绝"，将自己包裹起来不愿与战友说话交流。

## 心理疏导案例2  体型偏胖女孩的烦恼

**一、个案介绍**

小A，女，22岁，某部军士学员，身体稍胖，为此非常苦恼。家庭条件不错。体能训练期间，小A找到我，讲述了自己最近的烦恼和痛苦。

**二、主诉**

小A自述早期：自己特别喜欢舞蹈，而且在舞蹈方面，自己也感觉有些天赋。后来，自己身体慢慢变胖，尤其入伍这两年，感觉身材更加让自己苦恼自卑，后面自己也不再跳舞了。

小A来找我那几天自述其感觉这事影响到自己情绪、训练，包括上课也无法专心。而且她说自己最近情绪一直不好，特别难受时就会买一大堆零食吃，但之后又会陷入自责自罪，越发觉得自己胖。没有一丝自信。平时对自己要求挺严，是一个完美主义者。

**三、问题评估**

经过详细问询其近期有没有什么现实压力，刺激事件或家庭有没有发生什么事。最终初步评估小A的症状尚没有泛化，故属于一般心理问题范畴。

**四、心理疏导**

1. 自我接纳法

（1）自己因为形体苦恼，找老师咨询，已经说明她很智慧，也很强大，敢于将自己的不足暴露。

（2）要接纳不那么坚强的，有时有些脆弱的自己；接纳自己不够好，但真实的自己。一个人的强大不是因为他能战胜别人，也不是因为他能战胜自己，恰恰是他能接纳自己。每个人都不完美。

（3）接纳自己的性格，追求完美有其好的方面，但偏执地甚至病理性地追求完美，会让自己很累。

（4）我们每个人都是和不完美的自己过一生。有些生理特征无法改变，有些则是暂时的，比如，减肥这件事。同时告诉她，为什么情绪不好人就会想到吃零食……

2. 自我暗示法

积极暗示法其实有巨大的力量。比如：我是很棒的，我是可以瘦下来的。还有一类心理暗示，就是接受别人的暗示语言。这是美国心理学家威廉斯的总结，也是心理

# 第六章 心理健康维护之森田疗法

> **教学目标及要求**
>
> 知识：了解森田疗法的理念及其理论，熟悉森田疗法的特点，掌握森田疗法的实操要点。
>
> 能力：掌握森田疗法的实操要点，能在心理咨询中正确地使用森田疗法。
>
> 素质：形成森田疗法是一种处世哲学、科学态度，其中蕴藏着知行合一的科学方法论。

## 第一节 森田疗法的理论、特点及原则

森田疗法由日本精神病学家森田正马教授基于自己体弱多病的特征和神经质倾向的体验所创立。森田正马1874年出生于高知县香美郡兔田，1902年毕业于东京帝国医科大学，并于20世纪20年代前后创立森田疗法。该疗法是主要针对神经症（森田称之为神经质）患者，即神经症中的神经衰弱、强迫症、恐怖症、焦虑症等。据日本的研究报道表明，采用森田疗法痊愈率（无论主观上还是客观上症状消失）达60%左右，好转率（主观上还残留症状，客观上对社会的不适应多少还存在）达30%左右，治疗效果显而易见。近年来，森田疗法的适用范围正在扩大，除神经质症患者以外，药物依赖、酒精依赖、抑郁症、人格障碍、精神分裂症等患者通过治疗也取得了效果。目前，森田疗法这种根源于东方文化背景和传统思想的心理疗法不仅风行于日本，也受到欧美学者的关注。戴维·雷诺（David Reynolds）将森田疗法引进美国并用于神经症的治疗。

### 一、森田疗法理论基础

#### （一）森田神经质

"神经质"一词是森田正马基于神经衰弱等神经质本质而提出的。他认为神经质的

症状纯属主观问题，而非客观的产物。神经质症状是疑病素质和由它引发的精神活动过程中的精神交互作用所致。"神经质症"是神经症的一部分，神经症是一种非器质性的、由心理作用引起的精神上或躯体上的功能障碍。高良武久认为，森田疗法不可能治愈所有的神经症，只有神经质症才是森田疗法的真正适应症。神经质症主要表现为患者具有某种非器质性原因造成的症状，而这种症状对其正常的生活或工作、学习等造成了影响。患者本人对症状具有内省能力，一直在做着克服症状的努力，有强烈的求治动机，渴望从症状中摆脱出来。森田疗法是适用于神经质症的特殊疗法，根据症状的不同可将神经质症分成三类。

**1. 普通神经质症**

普通神经质症即一般人所说的神经衰弱，指由于过度担心自己的健康状态而引起敏感、执着、苦恼等负面状态，主要表现为失眠症、头痛、头重、头脑模糊不清、感觉异常、极易疲劳、效率降低、无力感、胃肠神经症、自卑感、性功能障碍、头晕、书写痉挛、耳鸣、震颤、记忆不良、注意力不集中等。

**2. 强迫神经质症（恐怖症）**

强迫神经质症并不完全等同于强迫症，也不是强迫型人格特质，它以恐怖症为主，表现为对人恐怖、不洁恐怖、疾病恐怖、不完善恐怖、外出恐怖、口吃恐怖、罪恶恐怖、不祥恐怖、尖锐恐怖、高处恐怖、杂念恐怖等。

**3. 焦虑神经质症（发作性神经症）**

焦虑神经质症多以身体上的症状（由于焦虑引起的自律神经系统的失调状态）形式出现，包括焦虑发作、发作性心动过速、发作性呼吸困难等。其中尤其以心悸为主的症状特称心脏神经症。

森田疗法认为，在一定条件下任何人都有可能出现神经质症的症状。例如，初次在众人面前露面，会感到紧张；听说别人发生煤气中毒事件后总觉得自家煤气阀没关好，需要反复检查才放心等。对于大多数人而言，这种紧张和不安的感觉在生活中是很正常的，而且这种心理和生理现象事过之后就会消失。但是，对于某些具有特殊性格的人来说，往往会把正常的反应视为病态，拼命想消除，结果反而使这种不安感被病态地固定下来，从而影响其正常的生活，形成神经质症。神经质症患者的性格特征可以概括为：①内向，内省，理智，追求完善；②感情抑制性，很少感情用事；③比一般人敏感，爱担心；④好强，上进，不安于现状，容易产生内心冲突；⑤执着，固执,具有坚持性;⑥具有一定程度的智力水平。

(二)疑病素质学说

森田疗法认为,神经质发生有共同的精神素质,称为疑病素质。所谓疑病素质,是一种精神上的倾向性,有内向和外向之分,或称素质。精神活动内向,自我内省在人的精神生活中起着重要作用,但过分担心自身状况,过分地自我关注,则产生消极作用,形成疑病素质。换言之,就是疾病恐怖,担心自己患病。患神经质症的人都是生存欲极强的人,过高的生存欲望同时会伴有对死亡的恐怖,导致精神内向性,形成疑病素质,成为神经质症产生的基础。即这种异常的精神倾向渐渐呈现出复杂、顽固的神经质症状。疑病素质直接与死亡恐怖有关,而死亡恐怖与生的欲望是一个事物的两个方面。生的欲望表现在:①不想生病,不想死,想长寿;②想更好地活下去,不想被人轻视,想被人承认;③想有知识,想学习,想成为伟人,想幸福;④想向上发展。

神经质症患者生的欲望过强,想达到完善的状态,反而容易陷入"死的恐怖"之中。此外,神经质症患者是一种内向型气质,内向型的人偏重于自我内省。因此,对自己躯体方面或精神方面的不快、异常或疾病等特别注意,并因为忧虑和担心而形成疑病。这种倾向有的是由于幼儿期的教养条件或生活环境的影响,有的则是机遇因素(即由精神创伤导致)。总之,疑病素质是神经质发生的根源。

(三)精神交互作用学说

森田疗法认为,人在自然界中活动和社会中生存,必然会存在某种不安的心理,即为能否在不断变化的环境中生存下去、自身的心身状况能否适应外界环境这样的问题而烦恼。这种不安的心理在人的一生中经常会出现,被称为"适应不安"。在环境发生变化时,每个人都会有不安的感觉,但具有疑病素质的人或排斥适应不安感觉的人对不安更加注意,且精神交互作用的影响,使其感觉和注意相互加强,更易于由不安发展成为慢性神经质症。

换言之,神经质的形成是疑病素质和其他引发的精神活动过程中的精神交互作用所致,这是其核心理论。所谓精神交互作用,是指因某种感觉偶尔引起对它的注意集中和指向,这种感觉就会变得敏感,这种敏感又会使注意力越发集中于这种感觉,从而使注意力进一步固定于此感觉。在这一过程中,感觉与注意彼此促进、交互作用,致使感觉更加过敏,一旦形成恶性循环,便会产生精神与身体症状。森田正马把这种心理状况用禅语表达为"求不可得,愈求则愈不得"。

当症状发生后,患者常被封闭在主观世界中,并为之苦恼。在这种状态下,容易产生预期焦虑或恐怖,由于自我暗示,注意力越来越集中。森田疗法认为,不阻断精神交互作用,症状就会固着。治疗的原则是对症状采取顺其自然的态度,以事物为准则,以目的为准则,以行动为准则。

(四)神经症形成学说

森田正马在《神经质的实质与治疗》一书中提出了关于神经质的病理,可以用公式表达为"起病＝素质 × 机遇 × 病因"。

素质指疑病素质。神经质的人是内向的,对什么都担心。由于某种原因,把任何人都常有的感觉、情绪、想法过分地视为病态,并为之倾注苦恼。机遇是指某种状况下使之产生病态体验的事情,也称诱因。病因指精神交互作用。

也就是说,有疑病素质的人由于某种诱因,注意力集中于自己的身体或精神变化,由于注意力的集中,其感觉越来越敏感,注意力也越来越集中并固定下来,使症状发展,而变为神经质。在这里,疑病素质是根源,精神交互作用对症状发展起重要作用。因此,森田疗法的着眼点是阻断精神交互作用,对疑病素质进行陶冶和锻炼。

## 二、森田疗法的特点及原则

(一)森田疗法的特点

**1. 不问过去,注重现在**

森田疗法认为,神经质症患者发病的原因是有神经质倾向的人在现实生活中遇到某种偶然的诱因而形成的。治疗采用"现实原则",不去追究过去的生活经历,而是引导患者把注意力放在当前,鼓励患者从现在开始,让现实生活充满活力。

**2. 不问症状,重视行动**

森田疗法认为,患者的症状不过是情绪变化的一种表现形式,是主观性的感受。其治疗注重引导患者积极地去行动,提倡"行动转变性格""像健康人那样行动,就能成为健康人"。

**3. 生活中指导,生活中改变**

森田疗法不使用任何器具,也不需要特殊设施,主张在实际生活中像正常人一样生活,同时改变患者不良的行为模式和认知,在生活中治疗,在生活中改变。

**4. 陶冶性格，扬长避短**

森田疗法认为，性格不是固定不变的，也不是随着主观意志而改变的，无论什么性格都有积极面和消极面，神经质性格特征亦如此。神经质性格有许多优点，如反省能力强、做事认真、踏实、勤奋、责任感强。但也有许多不足，如过于细心谨慎、自卑、夸大自己的弱点、追求完美等。应该通过积极的社会生活磨炼发挥性格中的优点，抑制性格中的缺点。

## （二）治疗原则

采用森田疗法治疗神经质患者时，一方面要帮助患者认清神经质症到底是一种什么样的疾病，是怎样发生的，另一方面要了解神经质患者的性格特征，以便有针对性地施治。因此，了解清楚神经质症的本质对治疗有重要的作用。部分患者弄清症状的本质就会很快痊愈。在治疗过程中，一般遵循以下几条基本原则。

**1. 顺应自然**

"顺其自然"是森田疗法中最基本的治疗原则。森田疗法认为，要达到治疗目的，说理是徒劳的。正如从道理上认识到世界上没有鬼的存在，但夜间走过坟地时照样感到恐惧。因此单靠理智上的理解是不行的，只有在感情上有了实际体验才能有所改变。而人的感情变化有它的规律，注意越集中，情绪越加强；顺其自然，不予理睬，反而逐渐消退；在同一感觉下习惯了，情感即变得迟钝；对患者的苦闷、烦恼情绪不加劝慰，任其发展到顶点，也就不再感到苦闷烦恼了。因此，要求患者对症状首先要承认现实，不必强求改变，要顺其自然；症状出现时，应对其采取不在乎的态度，顺应自然，有"既来之，则安之"的心态，接受症状的存在，不把其视为特殊问题，以平常心对待。

关于顺其自然，森田正马认为与佛教的"顿悟"状态类似。所谓"顿悟"，就是让患者认识并体验到自己位置，体验那些超越自己控制能力的平常事。当一个人把它看得很严重而产生抗拒之心时，就会使自己陷入神经质的旋涡。即由于集中注意于令其感到厌恶的某种情感，并不断压抑这种情感而使之受到强化，这样多次反复，就会形成极度恐惧的体验。因此，要改变这种状况就需要使患者认识情感活动的规律，接受自己的情感，不去压抑和排斥它，让其自生自灭，并通过自己的不断努力培养积极健康的情感体验。体验非常重要，哲学家狄尔泰就形象地说："生命是体验的总和，而不是经验的集合。"

（1）要认清情感活动的规律，接受不安等令人厌恶的情感。森田正马曾提出了情感活动的五条规律：①要顺应情感的自然发生，听任感情的自然发展。情感过程一般构成山形曲线，一升一降最后消失。②如果情感冲动得到满足，挫折可迅速平静、消失。③情感随着对同一感觉的惯性逐渐变得迟钝，直到无所感受。④情感在某种刺激继续存在以集中注意时，就会逐渐强化。⑤情感是通过新的经验，经过多次反复，在逐步加深对它的体验中逐渐培养的。

按照森田正马的看法，情感活动自有其自身的规律，是不以人的意志为转移的。神经质症患者反其道而行之，总是对自身出现的恐惧、不安或苦恼等这些人人都会有的情感极其反感，总想压抑、回避或消除这类情感。例如，对人恐怖的人，与人见面常会引起的情感波动，特别是见到领导或异性时产生不安或不好意思的感觉，并感到苦恼，视之为必须排除的异物而采取压抑和对抗的态度把本身很平常的事情看得很严重而产生抗拒之心，结果使自己陷入神经质症的漩涡。这实际上与森田疗法所述的情感的后两条规律相符合，即神经质患者由于集中注意力于令其感到厌恶的情感，并不断压抑这种情感而使之受到强化，经多次反复而培养起他对人极度恐惧的体验。而这一过程恰恰违背了情感活动的前两条规律。改变这种状况就需使患者认识情感活动的规律，接受自己的情感，不去压抑和排斥它，让其自生自灭，并通过自己的不断努力培养起积极的情感体验。

（2）要认清精神活动的规律，接受自身可能出现的各种想法和观念。神经质患者常常主观地认为，自己对某件事物只能有某种想法而不能有另一种想法，有了就是不正常或者不道德的，即极端的完善欲造成了强烈的劣等感。要改变这一点，就得接受人非圣贤这一事实，接受我们每个人都有可能存在邪念、嫉妒、狭隘之心的事实，认识到这是人的精神活动中必然会出现的事情，靠理智和意志是不能改变和决定的。但是否去做不理智的事情，却是一个人完全可以决定的。因此，不必去对抗自己的想法而需注意自己所采取的行动。同时，还要认清精神拮抗作用，从心理上放弃对对立观念的抗拒，认识到人有对生的欲望和对死的恐惧两种相互对立的心理现象，并接受这种心理现象，而不必为出现死亡的恐怖而恐惧不安，也不必摒除这些令人恐惧的念头，从而避免使自己陷入激烈的精神冲突之中。

（3）要认清症状形成和发展的规律，接受症状。神经质症患者原本无任何身心异常，只是因为他存在疑病素质，将某种原本正常的感觉看成是异常的，想排斥和控制在顺应自然的态度指导下的"为所当为"有助于陶冶神经质患者的性格。这种陶冶并非彻底改变，而是对其性格的优劣部分进行扬弃，即发扬神经质性格中的长处（认真、勤奋、富有责任感等），摒弃神经质性格中的致病之处（神经质的极端的内省及完善欲）。

由此可见，顺应自然既不是对症状的消极忍受、无所作为，也不是对症状放任自流、听之任之，而是按事物本来的规律行事，任凭症状存在，不抗拒，不排斥，带着症状积极生活。或者说即古代哲学经典语"以无为心，行有为法"，即告诉我们，在内心保持无为的状态，但在行动上仍然按照合乎道德和原则的法则去行事。顺应自然、为所当为这一治疗原则的着眼点是打破精神交互作用，消除思想矛盾，陶冶性格。这种治疗原则还反映了森田疗法对意志、情感、行动和性格之间关系的看法，即意志不能改变人的情感，但意志可以改变人的行为；通过改变人的行为来改变一个人的情感，陶冶一个人的性格。

**3. 目的本位，行动本位**

森田疗法主张患者抛弃以情绪为准则的生活态度，而应该以行动为准则。神经质者共有的生活态度是看重情绪，常常感情用事。情绪不好时什么都不想做，把一些平常的生理现象也看成是得了病。森田疗法要求对于不受意志支配的情绪不必予以理睬，让人们重视符合自己心愿的行动，唯有行动和行动的成果才能体现一个人的价值。"与其空想，不如实际去做"。对情绪要采取"既来之，则安之"的态度，不受其控制，要为实现既定的目标去行动。

**4. 克服自卑，保持自信**

神经质者有极强的追求完美的欲望，做事务求尽善尽美，对自己苛刻。事实上人无完人，我们每天都可能出现各种意想不到的失误。苛求理想只能使自己感到失望、失败，从而失去信心。当事实与主观愿望背道而驰时，神经质者就不可避免地产生不完善恐怖，常常夸大自己的不足与弱点，并为此苦恼不堪，自卑自责，觉得低人一等，结果一事无成。人常说，自信产生于努力之中。许多陷入完善欲泥潭之中不能自拔的人总是思前想后，强调自己没有信心，要等到有了信心才能去行动。其实，这种认识是错误的。对一个人来说，当徘徊在做与不做之间时，就应该大胆去做，即使失败也要去行动。因为失败是成功之母，只要努力就可能成功。

## 第二节 森田疗法的常见形式及其治疗方法

### 一、森田疗法两种常见形式

森田疗法主要有两种实施形式，即住院式森田疗法和门诊式森田疗法。要根据患者的症状轻重以及对社会功能影响的大小选择适当的方法。无论是哪种治疗形式，指导思想都是一致的，都是通过森田疗法理论学习及治疗者的指导帮助陶冶患者的性格特点，阻断精神交互作用，把患者生的欲望引导到建设性生活的行动中去，以达到使患者获得对生活的体验和自信。

（一）住院式森田疗法

住院式森田疗法是森田疗法的主要形式，一般适用于症状较重、正常生活和工作受到较明显影响的患者。住院为患者提供了一个新的环境，杜绝其与外界的联系，使其专心致志地接受治疗。住院式治疗大致需要 40 天，分为五个阶段。

**1. 治疗准备期**

治疗者要向患者说明其病是心理疾病，可以用森田疗法治疗，并讲清治疗的原理及过程，介绍已取得的疗效。征得患者同意后，要求患者配合。

**2. 绝对卧床期**

此期大约需要 4~7 天。患者进入一个封闭的单人病室，除进食、洗漱、排便之外，其他时间均安静地躺着，禁止会客、读书、谈话、抽烟等活动，并由护士监护。主管医生每天查房一次，不过问症状，只要求患者忍受并坚持。患者卧床期间经历了从安静到无聊、烦躁不安、解脱、强烈地想起床干事的心理过程。一般情况下，患者最初情绪可暂时安定，但随着绝对卧床时间的拉长，会出现各种想法，产生静卧难以忍受的状态。继而患者还会出现一种无聊的感觉，产生总想起来干点什么的愿望——这就是无聊期。静卧期间，当痛苦达到极点时，在极短暂的时间内会迅速消失，精神立即感到爽快起来。这就是森田正马所说的"烦闷即解脱"的意思。这是一种情感上的自然变化的结果。这种变化有助于患者认识情感是不能由意志去排除的。患者想起床做些事情，正是精神能量从内开始朝向外部世界，显示患者此时已是病情好转的开端。绝对卧床的目的是消除心身疲劳，养成对焦虑、烦恼等症状的容忍和接受态度，激发生的欲望。

### 3. 轻作业期

此期大约3~7天。仍禁止交际、谈话、外出，卧床时间限制在7~8小时。白天到户外接触新鲜空气和阳光，晚上写日记。晨起及入睡前朗读古诗词等读物。患者从无聊到自发地想活动、做事，这时应逐渐减少对其工作的限制，允许其劳作。此时，患者从无聊中解放出来，症状消失，体验到劳作的愉快，并越来越渴望参加较重的劳动。与此同时，主管医生指导并批改患者日记。

### 4. 重作业期

此期大约3~7天。患者转入开放病房，参加森田小组活动，劳动强度、作业量均已增加。患者每天参加劳动，如打扫卫生、浇花、手工操作及文体活动等。通过努力工作使患者体验到完成工作后的喜悦，培养忍耐力，促使患者学会对症状置之不理，进一步将精神能量转向外部世界。在强化外在行为的同时，体验人类心理的自然状态，每天晚上记日记并交给医生批阅。医生不过问患者症状和情绪，只让患者努力工作、读书。在此阶段，患者通过行动，体验带着症状参与现实生活的可能性和成功感，学会接受症状，并逐渐养成按目的去行动的习惯。

### 5 生活准备期

此期大约7~10天。患者进行适应外界变化的训练，开始打破人格上的执着，摆脱一切束缚，对外界变化进行顺应、适应方面的训练，为回到实际生活中做准备。治疗者每周与患者谈话1~2次，并继续批阅日记，给予评语。而且允许患者离开医院进行复杂的实际生活练习，为出院做准备。对出院后的患者，为巩固疗效，要求定期回医院参加集体心理治疗，继续康复。

（二）门诊式森田疗法

门诊治疗强调言语指导的作用，要求患者完整地接受自己自然浮现的思想和情感，体验其苦恼，排除纯理想、纯感情的生活，走向现实生活中去。每周就诊2次，每次交谈时间1小时左右，2~6个月为一疗程。经治疗后，患者得到领悟，即可达到治疗效果。

### 1. 门诊式森田疗法的适应症

门诊式森田疗法适用于那些症状中度的患者，最有效的是焦虑性神经症，也适用于焦虑症、疑病症、强迫症、恐怖症、自主神经功能紊乱、胃肠神经症及其他类型的神经症（癔症除外）。另外，患者有迫切求医、治疗愿望和动机。

**2. 门诊式森田疗法的治疗步骤/原则**

（1）要患者了解症状的本质，明确自己的感受属于功能性障碍。对于出现的症状，主观上不予排除，再痛苦也要原样地接受，带着症状去从事日常生活、工作、学习，即"保持原状"。只有这样，患者才会自然地把痛苦的注意转向无意识注意的状态，于是痛苦便在意识中消失或减弱。森田正马指出，"凡是自然的都是真实的"。指导患者不管出现什么思想和情感，考虑问题都不要在乎优劣和丑美等没有价值的东西。只有这样，才能保持人类自然的心态，才能把人的"纯洁的心"导入自觉状态。

（2）指导患者面对现实，面对生活，确立以现实为本位的人生观，立足于以现实为主的生活。为了做到这一点，门诊式森田疗法要取得家属的配合。家属不要对患者谈病问病，不要把他们当患者对待，这对于患者早日领悟很有好处。对于患者来说，要从处理身边事物着手，凡自己能做的事情，力求自己去完成，这是促使自己行为转向外向的最佳途径。正如森田正马所述，"欲要整心，应先整形"，重要的是行动，一旦进入行动，其心也必然趋向于形，即"外相完整，内相自熟"，这就是以态度影响认识的自我心理调整的道理。

（3）引导患者不把症状挂在口头上。因为经常诉说症状，自然会把注意力固着于症状而出现痛苦。但当他人误解或不十分理解时，可允许患者对实际情况加以说明。

（4）要求患者阅读森田疗法的自助读物。现已翻译为中文的读物有《神经质的实质与治疗》（森田正马）、《森田心理疗法实践》（高良武久）、《森田疗法与新森田疗法》（大原健士郎）、《顺应自然的人生哲学》（冈本常男）、《克制自我的生活态度》（冈本常男）等。国内学者的著作主要有《森田疗法——医治心理障碍的良方》（贾蕙萱，康成俊）和施旺红教授的《中国森田疗法实践》《社交恐怖症的森田疗法》《战胜"心魔"——抑郁症的森田疗法》《战胜"心魔"——强迫症的森田疗法》《战胜"心魔"——战胜自己：顺其自然的森田疗法》等。

（5）对患者进行日记指导。患者要把每天的生活写成日记，记录行为活动和思想状况，定期交给治疗师阅读。治疗师通过点评日记，对患者进行全面分析、指导、帮助。这有益于提高治疗效果。

总之，在治疗过程中，治疗师要找出患者问题的关键，讲清神经质症者的性格特点及神经质症的形成过程，介绍治疗原则，要求患者以顺其自然的态度接受症状，带着症状去从事日常的活动。

## 二、森田疗法具体技术疗法

在治疗具体技术方面，森田疗法中所采用的"生活发现会"形式既是一种实施方法，又是一种有效的治疗技术。

生活发现会是以集体形式学习森田疗法理论的自助团体，目的是通过系统学习森田理论使成员领悟并努力实践，从神经质症状中解脱出来，更加建设性地工作和生活。参加者或自愿报名或由医疗机构推荐。会员之间不是治疗者与被治疗者的医患关系，而是以神经质者之间的相互帮助、相互启发为基本特征，并在此基础上开展活动。会员大都有不同程度的神经质症，但能维持正常生活，他们之间只有老会员和新会员之分。新会员在集体学习过程中向老会员诉说自己的苦恼，老会员根据自身战胜神经质症的体验给予指导和帮助。老会员在帮助新会员的同时也进一步加深对自我的洞察，发挥自己的个性，继续完善自己。日本学习森田疗法理论的生活发现会于1970年创办，发起时只有800人，现已有会员8000多人，集体学习点150处，可分为地区性集体座谈会和学习会两种方式。

### （一）集体座谈会

这是以区域为中心开设学习森田疗法理论的一种学习方式，会员每月出席一次。与会者都抱有同样烦恼，大家在此相聚，交流学习森田疗法的心得。在学习的过程中，前辈会员的支持和鼓励使后辈的烦恼不断地得到克服。接着，恢复了健康的会员又把经验传授给新会员，就这样循环往复。

### （二）学习会

学习会是以系统学习森田疗法理论为目的，每周一次，每次约2小时，3个月为一个阶段。有时也采取集中方式，如四天三夜集中进行。学习内容主要由森田正马和高良武久的森田疗法理论基础的七个单元组成，辅以概论神经症体验的讲解。七个学习单元具体内容为：①第一单元——神经症的本质（为什么会成为神经症）；②第二单元——欲望和焦虑；③第三单元——感情与行动的法则；④第四单元——神经质的性格特征；⑤第五单元——关于"顺应自然"；⑥第六单元——所谓神经质症治愈的实质；⑦第七单元——行动的原则（积极生活态度的要点）。

七个学习单元结束后，为了使自我观察能力与日常生活的实践活动结合起来，最后讲解"神经质症概论"。学习会多利用平日夜间、星期日、节假日等时间进行学习。学习会所有的组织活动都是围绕着保障、维持集体学习的正常运行而开展的。经费来自会员的会费。会员们不仅学习理论，而且作为实践活动的重要一环，也参加发现会的各种组织工作，这对神经质者的成长是非常有用的。

在具体实践中，学员从训练中总结出了不少心得。举例如下，慢慢品味，对我们会有不少启发。

（1）自己真正过得幸福时，自己轻松，家人就轻松，就幸福。

（2）真诚可贵。

（3）走过去就是艳阳天。

（4）回头草鲜嫩，为什么不吃？

（5）事业和爱情就像咖啡与伴侣。

（6）只有真爱自己的人才能去爱别人。

（7）情绪化是不负责任的表现。

（8）要想给别人好印象，就要有好行为、好态度。

（9）心宽事少朋友多。

### 思考题

1. 假设有一个强迫症患者，请谈一谈你如何使用森田疗法对其进行治疗。
2. 请谈一谈你对"顺其自然，为所当为"理念的理解。

予意义，然后他们会鼓励来访者根据某些替代性的主题或可以称之为"相反的情节"（counter-plots）来将这些被忽略的生活事件与其生命历程中的其他生活事件串联起来。接着，治疗师邀请来访者去反思这些由替代性的主题或相反的情节所共同串起的生命事件，好让他们产生全新的领悟，从而推翻主流故事的负面自我身份认同，形成与之相反的自我身份认同。

对于叙事对话是如何引发来访者身上的转变的，人们有着不同的理解。例如，有人认为叙事对话让人们看到生命故事可以有很多个版本，并意识到自己拥有很多的资源，更容易找到全新的生命意义，形成全新的行动方案。也有人认为叙事对话所形成全新的自我身份认同能够真正地融入人们的生活，并让他们得以选择用全新的方式来应对生活事件。还有人认为叙事治疗中改写的对话过程具有建构或重塑人生的效果。这些理解都指向同一个事实：通过叙事对话，人们重新演出了自己的人生，并发生了显著的转变。这种转变体现在：人们通过这种重新复出的过程，已经不再是咨询之初的那个人了。

虽然我一直推崇叙事隐喻，并认为叙事元素会继续影响我的临床实践，但是叙事隐喻无法涵盖我在探索时的全部思考。例如，叙事隐喻无法让我们去通盘考虑林林总总的文化制度和习俗，虽然这些文化制度和习俗可能与特定的叙事有关，但我们无法简单化地用叙事来分析它们，也无法仅仅通过叙事来解释这些制度和习俗。

为了涵盖这些文化制度和习俗，迈克尔·怀特（Michael White，《叙事疗法的实践：与麦克持续对话》的作者，为方便叙述，以下文字中凡出现迈克尔·怀特统一用第一人称"我"替代）一直努力考察人们生活形形色色的背景，并尝试理解这些背景如何具体地塑造了他们的生活。例如，我会关注他们的家庭背景（是否涉及原生家庭、再生家庭、自己选择的家庭，或是被迫接受的家庭）、他们的社会组织（包括学校和工作场所）、他们的物质条件与社会状况（包括经济劣势和社会分工的不平等）、他们在当地文化中的权力关系（包括性别、种族、阶级和异性恋霸权的权力关系），以及塑造了他们的"文化论述"的各种构成元素（包括当代文化中对人生与自我身份认同的理解，人们思考和谈论人生与自我身份认同的习惯方式，与此相关的自我身份认同和生活的微观操作，以及规定什么是知识、谁可以谈论知识、在什么情况下可以谈论知识的各种规则）。

尽管我在写作和教学时一直强调，生活也好，治疗也罢，对背景的考察至关重要，但我还是常常听到或读到别人在阐述我的观点时，大大忽略了背景的重要性。这些断章取义的说法其实背离了叙事疗法。有些时候，人们之所以会形成这些以偏概全的看法，是因为他们误以为叙事治疗实践的具体内容代表了"叙事疗法"的全部思考和探索。对我来说，叙事隐喻是非常重要的，因为只有通过故事，人们才能和他所处的文化相连接。且多年来，我在探索治疗实践时想实现的众多目标中有两项和我所运用的叙事隐喻尤为相关。其一是：将治疗师的声音"去中心化"，我认为这是发展治疗实践的重中之重。只有将治疗师"去中心化"，才能将来访者的生命知识和生活技巧带到治疗对话的中心。这些生命知识和生活技巧在治疗的初期往往隐而不现，难以察觉。

其二是，我所坚定不移的非规范化治疗实践，这也和叙事隐喻密切相关。非规范化治疗实践指的是，我们的治疗实践不会不加质疑、自动自觉地强化和复制主流文化所倡导的生活方式，即那些被主流文化标签为"真实的""妥当的""健康的"生活方式。我坚信叙事隐喻为实现这个目标提供了肥沃的土壤，而且对此的追求应该是永无止境的。人们关于人生和自我身份认同的故事不是凭空得出的，也不是脱离各种文化论述的孤立现象。恰恰相反，这些故事是由各种文化论述所塑造的，并充当了文化论述的载体。叙事正是文化的载体。

我们在对人生和自我身份认同的故事进行拆解的治疗对话过程就体现了"叙事是文化的载体"这一理念。拆解工作不仅有助于解构与故事相关的负面身份认同，而且能让来访者识别出故事所承载的生活方式和思维模式，看清自己在历史与文化背景中的存在方式，并反思故事所承载的文化背景。这样一来，我们的治疗实践就将整个世界的广大背景带入了治疗之中。之所以这么说，是因为它向人们揭示出许多对于人生和生存方式习以为常、不容置疑的理解只不过是特定文化和历史的产物。因此这些理解不再是人生确定无误的答案，也绝非人性和自我身份认同的普世真理。

我们统称"改写的对话"的叙事分析也集中体现了"叙事是文化的载体"的理念。在改写的对话过程中，人们不可能凭空改写出自己的人生和自我身份认同的替代性故事。即便在治疗情境中，人们所得出的人生和自我身份认同的替代性故事仍充斥着各种文化论述，承载着历史与文化所塑造的存在和思考方式。鉴于此，改写的对话不仅仅是为了发掘人们生活中的替代性故事，它还提供机会让人们积极参与，用丰富的语言来描述这些替代性故事体现的生活技能和人生知识。叙事疗法通常假定，是独特的结果或例外开启了通往替代性故事的大门或入口。叙事疗法也同样假定，这些替代性故事本身也是入口，让人们得以探索在文化和历史背景中所形成的另类人生知识、生活技能或方法。这样一来，非但解构对话的过程能将世界带入治疗，改写对话的过程也是如此。

## 第二节　叙事疗法的原理及适应症

### 一、叙事疗法的原理和机制

叙事简单来说就是说故事，它通过借助来访者回忆及叙述个人经历，帮其理解自己的内心体验和情感，进而帮其解决生活中所遇到的问题，通常按照一定的时间顺序组织已经发生事件的过程。换言之，叙事疗法即治疗师通过倾听来访者的故事，运用适当的问话，帮助来访者找出遗漏片段，使问题外化，从而引导来访者重构积极故事，以唤起来访者发生改变的内在力量的治疗方法。叙事心理治疗对"人类行为的故事特性"（即人类如何通过建构故事和倾听他人的故事来处理经验）感兴趣。叙事心理疗法认为，人类行为和体验充满意义，这种意义的交流工具是故事而非逻辑论点和法律条文。来访者在选择和述说其生命故事的时候，会维持故事主要的信息，符合故事的主题，但往往会遗漏一些片段。为了找出这些遗漏的片段，治疗师会帮助来访者发展出双重故事。在咨询过程中，治疗师聚焦于唤起来访者生命中曾经活动过的、积极的东西，以增加其改变的内在能量，从而引导他走出自己的困境。

### 二、叙事疗法主要技术

具体操作中，叙事疗法核心技巧包括：治疗开始前，创设一个安全环境或氛围，促进来访者积极的叙事、讲故事；治疗过程中，治疗师需提供支持及引导，探索故事的细节、探索自我；另外，治疗师帮助来访者解释性叙事，即分析和解释故事的含义；最后，重塑自我，即创造性叙事环节亦是叙事疗法的核心技巧。严格意义上讲，叙事心理治疗没有一套固定的操作步骤，叙事治疗师针对不同的来访者和问题采取的策略也不相同，这在一定程度上反映了后现代的立场。不过，叙事心理治疗也有一些共同的、基本的程序和操作技术，以区别于其他技术，尤其是传统的心理治疗模式。治疗师与来访者交流互动的基本过程是叙事心理治疗师遵循的基本程序，主要包括倾听来访者生活故事的讲述、问题外化、寻找特例事件及重写故事等。

(一）问题外化

问题外化，即使问题变成和人或关系分开的实体的过程。这是叙事心理治疗最具特色的技术之一。也就是说，将问题与人分开，把贴上标签的人还原，让问题是问题，人是人。通过外化技术让来访者形成关于责任的概念，让他们去过负责任的生活。如果问题被看成是和人一体的，要想改变就相当困难，改变者与被改变者都会感到相当棘手。问题外化之后，问题和人分家，人的内在本质会被重新看见与认可，转而有能力去解决自己的问题。例如，对于一个抑郁的来访者，叙事治疗师会问"这个'抑郁'是什么时候来到你身边的？这个'抑郁'对你的影响是什么？"，而不是问"你从什么时候开始抑郁的？"。把"抑郁"拟人化，让来访者觉得他本身不是问题，而是他在面对问题，问题是可以来也可以走的，这就让来访者觉得自己是有主动权和力量去和问题抗争。

（二）特例事件的寻找

特例事件指的是人生经验中那些未引起来访者注意，却包含着来访者为追求美好生活、反抗主流故事压制的偶发事件，也就是偶尔解决问题或突破困惑的意外事件。特例事件的寻找并不是叙事疗法的目标。通过这些特例事件可引发来访者的共鸣，这些来访者所珍视的价值与治疗师积极回应之间的共鸣；来访者过往记忆和当下意象之间的共鸣；来访者人生经验、生命主题和意向性观念之间的共鸣等。共鸣有助于激活来访者内心语言，即意识流，让来访者形成或者重塑他的个人现实，最终产生以"我自己"这个词来表达的自我感。治疗师的询问要引导来访者去发现和觉察那些他们赋予价值并珍视下的生活层面。我们也可以将心理痛苦和情绪困扰视为人们对珍视之物的表达。比如，治疗师会问："你有多少次成功战胜或抵抗住了问题？它们发生在什么时候？你是怎样做的？"这种问话既是在澄清人对问题产生的影响，又可以引导出"独特结果"。随着故事的叙说，就会带出有关的经验。

对此，作者麦克也受到巴赫汀的启发，强调治疗师对来访者要抱持"不知道（not knowing）"的态度，治疗师跟"傻瓜"一样好奇，以"不知道"的状态更能够"惊觉"来访者身上"看似顺理成章的事物，并非必然具有其正当性"的信念，才有机会去显明来访者隐藏的多元故事。

（三）仪式和文本的运用

叙事心理治疗非常重视信件、证书等文本及仪式的作用，并把其作为有效的治疗工具适时使用。在传统的心理治疗理论中，治疗师要与来访者保持一定的距离，不能有治疗室以外的接触，要保持客观中立的姿态，治疗工具如量表、诊断手册、测验等都要有严格科学的常模或评估标准。与来访者进行信件来往无疑会打破治疗师与来访者之间清晰的界限，使治疗师介入来访者的生活，使用证书、宣言等并举行一定的仪式授予来访者，还邀请"重要他人"来见证重要时刻，既没有科学的评价标准做支撑，更掺杂进了许多难以控制的无关因素，这在传统心理治疗看来是非常不科学、缺乏逻辑甚至是荒唐的。但在叙事治疗师看来，这些都不重要，最重要的是看是否对来访者的改变有效。事实证明，这些文本工具及仪式非常有效。怀特在他的咨询治疗中喜欢用"简信"。他认为许多对他们自己有负面看法的人会感到自己的存在很渺小，对于这些人而言，光是收到一封指名寄给他们的信就足以表示有人承认他们存在于这个世界。其他方式还有诸如"预测信""特殊信""参考信"等，其主要目的都在于强化叙事心理治疗中来访者对于改变自己行为的信心，将问题外化之后，帮助来访者寻找其生命的意义。

（四）故事重构

如前所述，寻找特例事件不是目标，叙事心理治疗的目标是通过寻找特例事件打开通往新故事的大门。叙事治疗师与来访者一起在特例事件基础上重新构建并用更多的特例事件丰富一个新故事。这个新故事与原故事相比，具有较少压迫性和较多解放性，可为自己提出的选择及新的生命经验铺路。在叙事治疗师看来，故事不是描述生活而是建构生活，来访者说的故事什么样，他的生活就是什么样。帮助分析和解释故事的含义、建构一个积极的新故事对来访者来说，就意味着他的现实生活变得更积极。在实际的操作中，寻找特例事件经常是和建构新故事同时进行的，尤其是在寻找"将来独特的结果"的时候，这时候治疗的重点已经由呈现问题建构的过程转向建构个人成长的力量。

（五）积极自我观念的形成

叙事疗法认为：来访者积极的资源有时会被自己压缩成薄片，甚至到视而不见，如果将薄片还原，在意识层面加深自己的觉察，这样由薄而厚，就能形成积极有力的自我观念。如何在消极的自我认同中寻找隐藏在其中的积极的自我认同？这有点像中国古老的太极图——在黑色的区域里隐藏着一个白点，这个白点不仔细看还看不到，其实白点和黑面是共生的。如果让人内心中的白点由点扩大到一个面的程度，整个情形就会由量变发展到质变。那么，找到白点之后，如何让白点扩大呢？叙事心理辅导采用的是"由单薄到丰厚"的策略。来访者的力量在叙事疗法的对话之中是逐步被发现、挖掘出来的。当我们遇到生命里的难题时，我们可以邀请一些已经在我们的生活甚至生命之外的人来与我们对话，比如已经过世的爷爷、已经好多年没有联系的好友等，只要是你觉得他是你生命中重要的一个成员即可。中国台湾叙事治疗专家吴熙娟老师在其叙事培训中常使用自己与自己的对话，通过自我在不同时空的对话和见证来给予自我有力的肯定与支持。譬如，现在的自己对过去的自己有什么话想说？现在一路走来最大的感受是什么？你准备怎样感谢现在的自己？老年的自己想对现在的自己说些什么？对现在的自己会有什么样的支持？

### 思考题

1. 请谈一谈你对叙事疗法的认识。
2. 在叙事疗法中，倾听技巧是否被弱化？请谈谈你对此的理解。

# 第八章 心理危机干预及自杀防控

> **教学目标及要求**
>
> 知识：了解心理危机的概念、军人心理危机的特点及种类，了解自杀的概念、DBT概念，熟悉军人心理危机的表现及流程，掌握危机干预的主要技术。
>
> 能力：具备自杀的早期识别技能，扮好第一守门人角色。
>
> 素质：树立正确的人生观、生死观和价值观。

## 第一节 心理危机概念及其征兆表现

### 一、心理危机及危机干预的概念

（1）心理危机（Psychological Crisis）：是指当人们遭遇突然或重大的应激事件，无法运用个人常规处理问题的方法解决，而出现的暂时心理失衡状态。这种心理失去平衡，具体表现为无序感、无力感、无助感、无望感。

通常心理危机应该符合下列三项标准，即：①存在具有重大心理影响的事件；②引起当事人急性情绪扰乱或认知、躯体和行为等方面的改变，但又均达不到任何精神疾病的诊断标准；③当事人解决当下所面临问题的资源或能力不足，或者当事人用平常解决问题的手段暂时不能应对或应对无效。

（2）危机干预：是指危机干预者对当事人的短期帮助过程，是对处于困境或遭受挫折的人予以关怀和帮助的一种方式。危机干预又可称为情绪急救，它以解决问题为目标，通过给予当事人关怀、支持和援助，使之恢复心理平衡，安全度过危机，并不涉及对心理危机当事人的人格矫正。

### 二、军人危机的特点、种类及表现

（一）军人危机特点及种类

军事环境、军事任务及军事训练带给军人的外部压力相对较大，尤其是在战时，官兵无时无刻不在面对失去生命的恐惧，再加上长时间作战的疲惫、远离家人的孤独等，使得其承受着更多的身心压力，所以也会出现应激等相关问题。总体上，军人心理危机呈现出以下特点：①年轻军人的心理危机发生率高；②院校学员的心理危机发生率高；③特殊兵种心理危机的发生率高；④特殊时期、军事行动及战时军人心理危机的发生率高。

军人心理危机也分为三种常见的类型：①最境遇性危机，如前所述，军人任务的高转换性，客观上遭遇心理危机的情况比普通老百姓更多，这些危机情形的特点是强烈性、突发性、震撼性，甚至灾难性。因为当事人无任何心理准备，所以极易出现严重的情绪、认知及行为反应等。②发展性危机。常言道铁打的营盘流水的兵，军人一生中大多都要面临二次择业以及成长发展等问题，面对转业、复员不遂愿或没有太多思想准备，选取套改失利、评优评先无果、送学培训无望、调职调级受阻，奖励考学遇困等，当面临以上问题时，官兵就很容易发生心理危机。③存在性危机，在部队相对较少，主要指诸如目标、责任、价值、成功等人生问题所引发的内心冲突与焦虑，所以存在性危机的发生主要是当事人对自身存在价值的主观感受。

（二）军人心理危机的症状表现

**1. 认知改变**

主要表现为：①感觉过敏或迟钝、麻木，对周围环境缺乏合理的正确判断和解释，表现出惊呆、茫然或目瞪口呆；②当事者关注的对象仅限于事件本身或事件对其造成的影响；③有的甚至出现一过性的错觉或幻觉；④记忆能力下降；⑤思维变得迟钝，缺乏灵活性，甚至出现思维逻辑混乱，其联想过程很难被人理解，缺乏理智；⑥沉湎于对危机事件的沉思，由于强迫、自我怀疑和犹豫而明显影响当事者解决问题和做出决定的能力；⑦对事件的认识与现实情况有差异，严重影响当事者的生活，造成注意范围狭窄（仅局限于对事件的关注）。

**2. 情绪情感改变**

危机发生时，当事者的情绪情感表现主要有：①情绪表现与环境变化明显不协调，心境波动明显；②出现极度的恐惧、紧张、焦虑、悲伤或激动；③出现愤怒、敌对、烦躁、失望和无助感。求助者往往能意识到自己的负面情绪，但他们常常难以自控。

**3. 意志/行为改变**

危机发生时，当事者的意志/行为改变表现主要为：①当事者可能出现痛苦悲伤的表情，哭泣，回避外出，避免接触现实，兴趣减少，社交技能严重受损，日趋孤单、不合群、郁郁寡欢，对周围环境漠不关心，处于麻痹状态；②对前途悲观失望，拒绝他人帮助和关心，脾气暴躁易激惹；③受损严重时，当事者的应对行为明显超出对危机事件的正常反应，日常功能受到严重影响，工作能力下降，不能上班和做家务；④当事者处于一种高度准备状态，既可以对某一特别的目标产生不顾一切的行为，又可以出现随机的无目的的行为，存在对自己或他人的生命造成伤害的危险；⑤有的还会出现病态固执和淡漠。

上面三种均属于心理层面的反应，在生理或躯体层面的常见表现如下：

当事者在危机阶段，除了发生心理改变外，还会出现躯体生理功能的改变。主要表现为：全身不适症状，入睡困难、多梦或早醒，食欲减退、食量减少，便秘，心悸，头痛。还有些当事者会发生血压升高、心电图和脑电图变化的情况。

这里再补充一个知识点，即破坏性压力，经历极端事件后，心理症状是多方面的，强烈的破坏性压力甚至能造成创伤后应激障碍（PTSD）。心理危机情境下当事人所表现出的破坏性压力情况常被分为三个阶段：①惊吓期，此阶段受害者对重大危机事件或灾难丧失知觉，有点像"失魂落魄"状态，在此阶段感受明显的当事人事后常对事件不能回忆。②恢复期，在此过程中，当事人出现焦虑、紧张、高警觉、失眠、注意力下降等，该阶段有点像"后怕"所描述的症状。该阶段还有一个特点，就是当事人常会逢人便倾诉自己的遭遇。③康复期，康复后，当事人的心理重新达到了一个新的平衡，度过失衡状态。

## 第二节　危机干预及支持技术

### 一、危机干预原则

重大心理危机会导致意志失控、情感紊乱、认知混乱。介绍危机干预主要有以下五大原则。

（1）安全感（safety）。增进安全感，安全感有利于减轻压力反应，特别是生理反应，且能改善妨碍复原的不合理认知信念，如全世界都是危险的，未来是悲惨的或灾难化的态度。

（2）平静（calming）。促进平静稳定，可减轻创伤焦虑，降低强烈冲击造成的麻木或情绪波动，心理危机所造成的症状会干扰睡眠、饮食、决策及生活，若应激反应持续进行，则会进一步导致恐慌、解离、PTSD。

（3）自我与集体效能感（personal-collective efficacy）。自我与集体效能感，通过集体与团队，提高个人管理困扰事件的能力。主要通过想法、情绪和行为的自我管理来实现。

（4）联系（connectedness）。加强联系有助于个体获得关于危机事件的应变信息，理解、接纳情绪，解决实际问题，分享创伤体验，这种社会支持能预防PTSD的发生。建议每天至少与亲友联系1次。

（5）注入希望（instilling hope）。希望是危机后介入的关键要素。保持乐观、积极期待、对生活和自我有信心或是有其他信念，这样有益于心理复原。

### 二、危机干预流程

在介绍危机干预流程前，先对危机干预的目标作出强调。心理危机干预目标可分为三个层次：①最低目标是缓解当事人的心理压力，防止过激行为，如自伤、自杀或攻击行为等，其核心是"劝导"；②中级目标是帮助当事人恢复以往的社会适应能力，使其采取积极而有建设性的对策重新面对自己的困境，其核心是"恢复"；③最高目标是帮助当事人把危机转化为一次成长的体验，并提高当事人解决问题的能力，其核心是"发展"。

心理危机干预五步骤模型已被广泛用于实践，其方法主要包括以下几个步骤。

第一步，评估并初步确定问题。同一事件对不同的人造成的影响是不同的，因为每个个体的成长经历、个性、文化、价值观等因素是不同的。因此，危机干预的第一步是从当事者的立场出发，确定和理解当事者的问题。建议干预人员使用积极的倾听技术，如共情理解、真诚接纳等。

其中危机评估有以下内容：

（1）危机水平的评估。危机水平的评估包括以下两个方面。

①评定危机发生者是否存在生命危险，即自杀、自伤、冲动、攻击等行为发生的可能性。

**2. 调整对"挫折"的看法**

协助当事人端正对困难或挫折的看法，调节并改善心理问题。例如，父母常因子女顶撞或不听话而气愤，咨询师/治疗师可帮助父母了解子女青春期的心理特点，让父母明白当子女开始向自己的父母提出意见甚至提出相反的见解时，这实际上是件可喜的事情，因为这表示孩子已经长大，且逻辑思维能力在不断发展，并不是不敬长辈。假如能用这样的想法去看待孩子的行为，也就能以稳重的心态去应付青春期孩子的言行。总之，检讨自己对问题和困难的看法，调整对挫折的感受，常能改变自己对困难的态度，让自己用恰当的方式去面对困难，走出困境。

**3. 善于利用各种"资源"**

帮助当事人对可利用的内外资源进行分析，看是否能最大限度地运用"资源"来应对所面临的心理困难和挫折。所谓资源，其范围相当广泛，包括家人与亲友的关心与支持、家庭的财源与背景、四周的生活环境及社会可供给的支持条件等。当一个人面临心理挫折时，往往会忽略可用资源，低估自身潜力。咨询师/治疗师应在这方面予以指导，助其渡过难关。

**4. 进行"适应"方法指导**

"适应"方法指导的重点之一就是跟当事人一起分析，寻求应付困难或处理问题的恰当方式方法，并指导当事人选用正确的方法。

（二）支持疗法主要技术

支持疗法采用能给当事人提供心理支持，舒缓心理压力的一系列技术，主要包括以下六种。

**1. 倾听**

倾听技术即咨询师/治疗师在任何情况下都要善于倾听当事人的诉说。这不仅是了解当事人情况的需要，也是建立良好医患关系的前提。咨询师/治疗师要专心倾听当事人叙述，让当事人觉得咨询师很关心他们的疾苦，这样可以消除当事人的顾虑，增进双方之间的信任感。此外，当当事人尽情倾吐后，其也会感到心情舒畅。

**2. 解释**

解释技术主要是指咨询师/治疗师依据某一理论构架或者个人经验，对当事人的问题、困扰做出合理化的说明，从而使当事人能够从一个新的角度来看待自己的问题。

咨询师/治疗师在对困扰当事人的问题以及当事人所具备的潜能和条件有了充分了解后，可向当事人提出切合实际的、真诚的解释和劝告。当事人通常情况下记不清许多专业术语，因此，咨询师/治疗师要用通俗易懂的语言把解释和劝告多讲几次，以便当事人回家后细细领会。

要注意的是，不论是保证还是解释，都应实事求是，言过其实即使暂时有效，将来也迟早会出问题。另外，解释也不必过多。

**3. 鼓励**

鼓励技术是指咨询师/治疗师通过语言等对当事人进行鼓励，鼓励其进行自我探索和改变。鼓励技术具体可以表现为咨询师/治疗师直接地重复当事人的话，或仅以某些词语如"嗯""讲下去""还有吗"等来强化当事人叙述的内容并鼓励其进一步表达、探索；还可以是非常明确的语言，如"通过三次咨询，你已经解决了一部分问题，通过努力，你一定能解决自己的问题"。

只有当咨询师/治疗师明确当事人需要达到的目标时，鼓励才是有效的。大多数慢性当事人需要长期经常的鼓励，结合生活或疗养中的具体处境和实际问题给予鼓励最为有效，含糊笼统的鼓励作用性不大。尽管当事人的病情和处境千差万别，但需要鼓励的情况主要为两种：①在和自卑作斗争的过程中，加强当事人的自尊和自信；②当当事人犹豫不决时，敦促当事人采取行动。咨询师/治疗师可以用自己的经验或当事人过去成功的实例进行鼓励。但不要鼓励当事人去做他实际上办不到的事，这样的鼓励可能会起相反的作用，可能会挫伤当事人的积极性，降低其自信心。

**4. 建议**

咨询师/治疗师一旦在当事人心目中建立起权威，那么他提出的建议就是强有力的。但咨询师/治疗师不能包办代替，要当事人自己做出决定。咨询师/治疗师的作用在于帮助当事人分析问题，让当事人了解问题的症结；提出意见和劝告，让当事人自己找出解决问题的办法，并鼓励当事人实施。咨询师/治疗师提出建议要谨慎，要有限度、有余地，否则，当事人按建议尝试失败了，不仅对自己失去信心，也会对咨询师/治疗师失去信心。另外，所建议的内容还应包括当事人如何对付疾病、如何安排休养生活、如何处理各种人际关系等。

**5. 保证**

在当事人焦虑、苦恼时，尤其是处于危机时，给予保证是很有效的。但对当事人尚不够了解时，过早的保证是无效的，当事人会认为受到了欺骗，可能使治疗前功尽弃。所以，咨询师/治疗师在做出保证前一定要有足够的依据和把握，使当事人深信不疑。这种信任感是取得有效治疗结果的重要保证。

**6. 调整关系**

咨询师/治疗师多次为当事人提供支持后，当事人容易对其产生依赖，什么问题都要求咨询师/治疗师做主。这时就需要调整双方之间的关系，引导当事人信赖组织，信赖亲人，信赖自己。

此外，支持技术又分为精神情感支持和物质支持。我们经常讲，支持不一定是支持，感受到的支持才是真正的支持，那么如何有效的支持当事人呢？主要包括以下几点。

（1）安排休息。让当事人好好休息或是洗个热水澡，或者给当事人递上一杯热水等。

（2）支持安慰。"如果感觉太难过的时候，想哭就哭出来，感到愤怒想大喊一声，就喊吧，没关系的。如果想抽烟，嗯，请抽吧。"

（3）倾听。倾听对方诉说，说出经历，宣泄悲伤和情感。

（4）陪伴。陪伴当事人一起做一些简单的工作，这样有助于促进当事人快速恢复其全部社会能力（包括最基本的按时起床/就寝/三餐/训练等）。

## 第三节  自杀防控及DBT技术简述

### 一、自杀的概念

当前学术界对自杀的定义尚未统一，但学者们普遍认为需要关注四个要点：①意识清醒；②当事人有想死的愿望，即自愿结束生命；③当事人采取了自我伤害行为；④造成死亡的既定事实结果。

自杀意念，即有明显的自杀企图，但未采取任何自杀行为。当事者的行为有很大的冲动性和可逆转性。可以通过有针对性的开导，使其放弃自杀念头。

自杀未遂是指自杀未到达结束自己生命的状态，即已采取了自杀行动，但因各种原因未达到实际的死亡。

自杀死亡，即有自杀的企图和愿望，且也已自杀成功。

## 二、自杀原因及危险因素

自杀原因非常复杂，中南大学湘雅医学院的专家们将自杀危险因素归纳为以下八类：①自杀者心理特征。在认知层面，常常有非此即彼的想法，思维极端偏激；看问题多消极、悲观、黑暗；宿命论者不愿求助，认为命中注定。在情绪层面，常常被负性情绪持续笼罩；在性格层面，多为神经质特质，即情绪高不稳定性。在行为层面，一是人际关系不良，如表现为独来独往，有事不说等；二是环境适应性相对较弱。②精神应激因素。当事者最近遭受挫败打击事件或多重压力叠加，或是近期应激事件虽微弱，但成为压垮骆驼的最后一根稻草。③社会文化因素。如恶劣的亲子关系、贫困、信仰缺失等。④躯体疾病。尤其慢性难治性疾病，如肿瘤，既花钱治不好，又会让其遭受疼痛折磨。⑤精神疾病。实证研究发现，自杀者中存在患有精神障碍或高共病性的比例较高，其中尤以心境障碍，如躁郁双向，抑郁症，偏执型人格障碍等居多。⑥家族遗传因素。⑦精神生物性因素，如五羟色胺活性差、浓度低，或其功能紊乱等都会使得自杀风险升高。⑧其他。如媒体对死亡的负面渲染报道，使那些对死亡不恐惧、对生命生活不热爱的人的自杀风险变得更高。

笔者对自杀的各种因素也进行了梳理，将其分为：①内源性因素。比如基因遗传、素质基础。②精神生物因素。如神经递质活性或浓度不足，以及早期的教育经历、个性特征等。③外源性因素。如巨大应激事件，失去一段关系或珍贵的物件，环境贫乏，生理疾病，过度的压力等。下面按照心理疾病常见的原因归纳思路，对自杀的危险因素进行介绍。

（一）生物性因素

（1）躯体因素：躯体疾病是引起自杀的常见原因。如癌症患者、残疾人等。

（2）生化因素：研究显示，人体的一些神经物质或激素与自杀的易感性有关。

（3）遗传学因素：研究发现，自杀行为有遗传学基础。这为预防自杀提供了新视角。

## （二）心理学因素

（1）认知因素：认知范围狭窄，倾向采用非此即彼和以偏概全的思维方式，看不到解决问题的多种途径；分析问题时，倾向于外归因，将自己的问题归因于命运、运气和客观环境，认为问题是无法解决和不可避免的；缺乏解决问题的能力和技巧；戒备心强，对周围抱有敌意，甚至敌对社会；缺乏决断力，没有主见，但又具有冲动性。

（2）情绪/情感因素：通常有一些慢性痛苦，比如，焦虑、抑郁、愤怒、厌世、内疚等；难以接受自己的一些负性情绪；情绪不稳定，神经质倾向；倾向于采用冲动性的手段解决情感问题。

（3）人际因素：社交关系有限，与同事朋友经常发生冲突，缺乏建立人际关系的能力；害怕被人拒绝，缺乏社会支持；社会适应能力差，应付困难的能力差。

（4）心理疾病：心理和精神疾病患者出现自杀的比例很高。相较于其他精神疾病，抑郁症、边缘性人格障碍、酒精成瘾者的患者自杀比例比普通人群都要高。

## （三）社会学因素

（1）应激事件。重大的负性生活事件是导致自杀的直接原因或诱因，自杀者在巨大的心理压力下，自信心受挫，自我否定，产生消极观念。研究证明自杀者在自杀行动前的3个月内的生活事件发生频率明显高于正常人，如丧失性挫折、人际关系挫折、自信心挫折等。

（2）婚姻家庭及亲子关系。家庭是社会环境的一个重要组成部分，对个体的心理健康有着不可替代的作用。良好的婚姻状况可以有效防止自杀发生。许多研究表明，已婚人群的自杀率低于单身、未婚及离异和分居的群体。并且，丧偶人群的自杀率最高。

（3）经济状况。当人们对生活的恐惧超越了对死亡的恐惧时，自杀风险会明显增高。有学者认为，经济压力对自杀存在影响，如贫困和失业这些经济挫折可能会直接影响自杀行为，也有可能会通过其他一些途径间接地增加个体的自杀风险。

（4）媒体报道。关于新闻媒体报道自杀事件是否会导致社会模仿的讨论已经持续多年。自杀模仿现象又称为"维特效应"（Werther Effect），1774年，德国大文豪歌德发表了一部小说《少年维特之烦恼》，这本小说讲述的是一个青年因失恋而自杀的故事。小说发表后，造成极大的轰动，不但使作者歌德名声大噪，而且在整个欧洲引发了模仿维特自杀的风潮,"维特效应"因此得名。

（5）宗教信仰。在一些文化背景中，自杀在特殊的情境下可以被道德接受。例如，和尚有时为了宗教的自我牺牲而推崇自杀是高尚的；在日本，受到耻辱时自杀是正常的行为反应。

### 三、自杀识别与防控

（一）自杀信号及早期征兆

在普通自杀人群中，自杀者在自杀前一般会发出求救信号。其实，这些信号有一定的相似性，如能及时破译并实施干预，自杀实际上是可以预防的。

**1. 言语线索**

人的内心活动可以通过言语来表达，在自杀发生前，有自杀意念的人往往通过谈话的方式把自杀的想法直接告诉他人，有的也可能通过日志、遗书、短信、微博等方式间接表达自杀意愿。

通过聊天、对话的方式表达自杀意愿。聊天的话题主要有：一是讨论有关死亡的话题，他们往往会在有三五个人的场合讨论人生的意义与价值、来世与现世、死后是否有灵魂等问题，这实际上表明其对生存产生了某种程度的困惑，但内心冲突不大。二是流露厌世念头，有些是直接表达，如"我希望我已经死了""我再也不想活了""我活着没什么意义"等偏激性语言；有些是间接表达，如"现在没人能帮得了我""我再也受不了了""我所有的问题马上都要结束了""没有我，别人会生活得更好"等隐含性语言。这是有自杀意图的人发出的自杀信号，表明其正处于生与死的两难中，内心冲突很大。三是交代后事，一般情况下，自杀者会在自杀前与最亲近的人（一般是父母、朋友）联系，交代后事，如"感谢你们的养育之恩""我死了，谁也不想连累"等。四是表达歉疚，"我对不起你们"等。五是谈论自杀方式，谈论自杀方式的人往往已经做好了自杀准备，正在寻找自杀的方式，此时死的决心非常大。若能及时通过以上信息发现自杀者的自杀意图并予以有效帮助，很可能会促使其放弃自杀。

**2. 行为线索**

行为是内部心理活动的外在表现。当个体内部出现剧烈的心理震荡时，外在行为会出现相应的变化。随着外部行为问题的增加，个体出现自杀意念的现象也在增高，所以，这些外部行为可能是自杀意念出现的一个重要信号，也可能是影响自杀行为的重要因素。自杀者自杀前的异常行为主要表现在以下几个方面。

（1）突然而又明显的改变。表现在行为、个性、情绪等方面的变化。由积极活泼转变为消极退缩，由安静内敛转变为活跃且话多，由谨慎变得爱冒险等。心理学研究表明，人的个性、行为一旦定型后都较为稳定，如果外部环境没有发生显著的变化，但是个体的个性与行为却发生了较大变化时，这些说明个体心理状态可能发生了激烈且消极的变化。

（2）安排后事。对自杀经过深思熟虑的人往往在自杀前能有条不紊地安排后事，如将原本杂乱无章的物品整理得井然有序或反复整理个人物品，将自己珍爱的东西送予他人等。

（3）使用成瘾物质。中国自杀者的成瘾物质主要是烟与酒。研究表明，抽烟量的增加与心理压力有着密切的关系。抽烟量越大，个体内心压力就越大。酒精也与自杀有着紧密的联系。过度饮酒会抑制大脑功能，使当事者的判断力和自我控制力下降，也使当事者的行为更鲁莽、更冲动。所以，烟与酒某种程度上也会增加当事者做出自杀行为的风险。

（4）反复出现危险行为。在冲动性自杀中，自杀者一般会毫不犹豫立即采取自杀行为，这大概率是受到了某种强烈刺激，但这种情况比较少见。大多数自杀者即使已经作出了自杀决定，但在真正实施时，往往会犹豫徘徊，从而反复地做出危险行为。如选择割腕的，会对刀、剪子等工具产生兴趣，时不时地拿出刀来看一看，挽起袖子瞧一瞧，用手在胳膊上比画比画。

（二）自杀早期识别策略

只要采取科学的（深谙其规律、特点）、全维的（全社会现实世界以及网络）手段，自杀是可防可控的。这里提供两个识别系统供参考：一个是中南大学所研发——基于应激-素质模型的心理健康教育大数据平台。另一个是本教材编写团队所提出的心理障碍高危人群"症状-特质"筛查模型。前者偏重采用他评手段，即通过对当事者特别熟悉的第三者的观察打分（借用自杀高危人群识别表格，当事人在越多指标上有得分，则其发生自杀的概率越大）进行评估。后者则主要采用自评或自陈量表的形式进行，即甄选信效度均较优良的自杀症状高危量表、自杀特质高危量表进行，如果当事者在上述两类量表上都高危,则提示其自杀风险较大。

其中,自杀特质高危量表,科研团队已研发出计算机化自适应测验(Computerized Adaptive Testing,CAT)版本,CAT 是一种现代测量技术,它可以提高测验效率,同时提高测量的精度、可靠性和效度。

(三)自杀防控干预

自杀的早期干预防控,属于危机干预范畴。干预中要注意把握以下原则:早发现、早预防、及时干预、持续陪伴。总结为两句话,即及时发现和持续陪伴。陪伴最好是当面、全身心陪伴,而不是在电话中。具体做法如下。

**1. "发现"对方的痛苦很关键**

看到对方痛苦很重要。武志红教授曾说"感受被看到,就是最好的治疗"。情绪是一种提醒,有时无须处理,被看见就是很好的治疗方式。在看到对方痛苦的同时,如果能努力做好以下几点,对自杀防控非常有用。

(1)让当事人倾诉自己的感受,我们要充分表达理解与关心。比如,你可以说,自杀是你的选择,是一种解决问题的办法,但不一定是最好的方法。

(2)保持冷静和耐心倾听,判断他的决定是经过认真思考还是一时冲动,切忌用大道理教训人。

(3)认可他表露的情感,但不试图说服他改变自己的感受。

(4)如果他要你对他自杀的事情保密,你应该对此做解释,一般不要答应。

(5)让他相信他人的帮助能缓解困境,并鼓励他寻求帮助。

**2. 家人和社会支持之间的配合很重要**

(1)家人要用爱、用心做好第一个守门人。家庭成员对当事者最了解,所以当当事者发生一些改变时,家人要有意识地关注到位。

(2)激发他对亲友的牵挂和责任感,帮助他想象他自杀后亲友的反应(如果当事者对家人特别厌恶,或者说他想走的念头就是源自对家人的恨,此时该环节需慎重)。

(3)寻求其他人的帮助。

(4)对马上出现自杀行为的人,应第一时间寻求上级和专业人士的帮助。

(5)对已经实施自杀行为的人,应立刻组织送往医疗机构。

《一位精神科医生的诊疗手记》第三章讲述了这样一个例子:某妇人的丈夫是重度

抑郁者，其近期情绪持续低落，没有精力做任何事，注意力涣散，他没法工作，总是觉得累，经常一动不动，话说得也越来越少，早起，食欲减弱，行动变得迟缓（他说话很慢，几乎不动，任何动作都非常缓慢）。除此之外，其丈夫还有两个非常明显的信号：①以前喜欢做的事情现在觉得索然无味（不再理会他的女儿，不再打网球）；②有很深的愧疚感（认为自己是亲人的负担，配不上他们对他的爱）。

为了帮助医生说服丈夫住院，妻子起初用强硬的口气让他留在医院，其丈夫摇头，面露痛苦。最后没有办法，妻子苦苦哀求："老公，求求你，为了你的健康你就住院治疗吧，你住在这里，我会觉得比较安心。"二人互相注视了一会儿，最终丈夫同意住院。经过一个月的药物和心理治疗，丈夫开始逐渐恢复到了以前的状态。这就是家庭、家人的支持在重度抑郁干预，防治自杀中的作用。

上面这个例子，既展现了早发现的重要性，又说明了家庭与社会的支持是多么有效的防控措施。

### 四、DBT 技术

DBT 技术，即辩证行为疗法，是由玛莎·莱恩汉（Linehan）创立的一种针对边缘型人格障碍（borderline personality disorder，BPD）的有效治疗技术。

边缘型人格障碍主要是一种以情绪、人际关系、自我形象的不稳定以及显著冲动为特征并且伴有多种冲动行为的人格疾患，空虚感是边缘型人格障碍的病理学标准之一，此外，边缘型人格患者个人求医率低，持续性治疗难以开展，常共病多种疾病，如重性抑郁障碍。

该疗法以生物社会理论和辩证法为基础，综合运用了精神分析动力学、认知行为学以及人际关系疗法等多种方法，并独具特色地整合了东方哲学和佛教禅学。最后，辩证行为疗法将正念方法作为治疗边缘型人格障碍的一项核心技术。

（一）DBT 技术治疗理念

莱恩汉认为，BPD 当事人在情绪、行为、认知、自我感觉和人际关系调节上所表现出来的困难是一种辩证的失败。以往的治疗方法过于强调帮助当事人产生改变而常常令当事人自我失落，进而导致临床脱落率极高的情况，所以莱恩汉将 DBT 定位于在接纳与改变之间寻求平衡，并运用了普遍联系、矛盾统一、动态变化三个原则来重新审视对 BPD 当事人的治疗。

（二）DBT 技术治疗策略

（1）辩证性策略。到目前为止，DBT 明确提出了八种为达到平衡的辩证性策略，即自相矛盾、隐喻、魔鬼的提倡技术、扩展、慧其心智、榨取柠檬中的柠檬汁、允许自然变化以及辩证性评估。

（2）核心策略。包括接纳与改变两大策略，治疗中要求在两者之间达到一种辩证的平衡。接纳类似于禅学中的"顺其自然"，指咨询师/治疗师在情绪、认知和行为上对当事人的一种合理化认同，目的是使当事人接纳自己与现实，进而产生自我效能感，同时运用行为分析和问题解决的方式来改变当事人不良的认知和行为反应。接纳使我们如其所是地看待我们的体验，接纳并不意味着赞同我们接纳的东西，它意味着放下。

（3）交流风格策略。交流风格是一种用来保证咨询师/治疗师和当事人之间进行平衡沟通的策略，有互动式和强硬式两种沟通模式。①互动式沟通是咨询师/治疗师通过热情、真诚、自我暴露等方式使当事人感到其与咨询师/治疗师之间的沟通是一种恰当而平等的互动模式；②强硬式沟通是在当事人思维长期停滞时，咨询师/治疗师为了促进问题解决而采用的一种沟通策略。在实际治疗中，两种策略需要同时平衡地运用，才能使沟通有效。

（4）案例管理策略。莱恩汉指出，DBT 的案例管理策略在于使咨询师/治疗师指导当事人去管理好自己的生活环境，以期帮助其实现生活目标，同时促进治疗顺利进行。

（三）DBT 技术四种技巧

（1）痛苦承受技巧。一种分散或转移注意力的方法，通过帮助你建立良好的心理弹性以更好地应对痛苦，并且教你新方法来缓和消极环境因素的影响。有时人们会遇到超出自己控制能力之外的问题、麻烦或困扰，人们会很容易认为这是不公平的，或别人很开心而自己不应该遇到这样的问题，以一种受害者的心态去思考，而这种思维方式只会让事情变得更糟。此时，可暂时停下来，辩证的思考事物的正反面，有助于降低痛苦。

（2）正念技巧。将帮助你忽略过去的痛苦经历和未来可能发生的恐惧事情，从而更充分地体验当前的经历。

（3）情绪调节技巧。帮助你更清楚地认识你的感受，体察每一种情绪而不是被它们左右。目的是用非对抗性、非破坏性的方式来调整你的感觉。

（4）人际效能技巧。给予新的方式来表达信念和需求，设定原则，协商解决问题的方法。人际效能技巧的前提是维护你的社会关系和尊重他人。

当人们被某些情绪困扰、心烦意乱时，上述四种技巧，尤其是情绪调节技巧能减少当事人情绪波动的幅度，让人们保持平衡、稳定。从基本层面来说，在运用上述技巧时，咨询师/治疗师需要努力把当事人从他们"所在的地方"转移到他们"想要去的地方"。

### 思考题

1. 如何识别个体是否存在心理危机？
2. 如何有效做好自杀问题防控工作？

# 第四篇
# 特定环境下官兵心理健康的维护

本篇立足高原特殊环境和战时特定情境，探析两种特有场景下的军人心理健康及其维护模式。高原边防官兵长年累月坚守高海拔地域，自然环境艰苦：山高坡大、极度缺氧、终年寒冷、常年风沙、气候多变、强日照伴强紫外线。与此同时，高原地区生活资源及社会保障相对缺乏，官兵生活单调、心理问题多样、精神压力多维、心理需求多元，可及性及经常性心理服务比较缺乏。高原这种特有的地形地貌、气候气象直接冲击着守防官兵的中枢神经，无时无刻不带给官兵身心压力；战场环境对人的考验更具复杂性和多样性：死亡危险、疲劳威胁、睡眠剥夺、战伤疾病、饥饿缺水，失败感、挫折感、愧疚感、孤独感如影随形，带给官兵身心双重考验。故此，探究高原及战时心理维护具有重要现实意义。紧贴边防高原实际，着眼未来胜战要务，聚焦保障打赢能力。本篇分两章内容：第九章聚焦战场团体心理训练与心理辅导，尤其凸显战时心理自救互救及急性战斗应激救治等内容；第十章则紧扣高原军人心理健康维护方法进行系统梳理、凝练总结，对高原军人认知及神经心理功能损伤维护，常驻高原、高原驻训及临战状态三种情境下官兵常见心身、现实问题及如何心理维护进行探索思考。

# 第九章 战场团体心理训练与心理辅导

> **教学目标及要求**
>
> 知识：了解组织心理健康、心理资本、战场心理适应能力、正常化技术、放松技术、心理稳定化技术、表象训练技术、集体心理晤谈等概念；熟悉战时心理自救互救技术，初步掌握战时心理救治常用技术及至少一种放松训练技术。
>
> 能力：能使用所学技能方法对有心理应激的官兵（群体）进行简单心理疏导与救治。
>
> 素质：树立战场心理救治身心一体整体观，树立爱"伤"观及战场环境下科学的救治理念。

## 第一节 组织心理健康及团体心理训练

### 一、组织心理健康

士气在心理学层面是指整体的战斗意志加上群体的情绪状态。显然，士气与团队整体的心理健康水平高度关联。评估一个团队或组织的心理健康状态，需要引入一个新概念——组织心理健康。组织心理健康（Organizational Psychological Health，OPH），简言之即分队成员对其所属组织的心理健康的总体评价。目前，此概念已被《中国大百科全书》（第三版）收录，具体含义是指：作战单位在组织成员与组织互动中，将个体目标与组织目标协调一致以完成组织任务而形成的向心性趋势。

组织心理健康概念在国内最早见诸军事领域，2005年苗丹民教授团队对其内涵及架构进行了探索，并编制了一套测验。组织心理健康测验共分成六个维度，分别是领导行为、凝聚力、人际关系、士气、连队支持和连队效能。其中领导行为（Leader Behaviors，LB）是指连队军官在执行领导职能过程中表现出来的行为和人格特质，被认为是连队的组织心理健康与否的关键决定因素；凝聚力（Cohesion，CO）是指士兵的集体荣誉感、自豪感和归属感，是组织心理健康的重要指标，是连队完成遂行的任务，特别是完成急难险重任务的根本保证；人际关系（Interpersonal Relationship，IR）是组织心理健康的重要组成部分，主要着眼于官兵之间、士兵之间的互动质量，反映组织间关系的亲密程度和协作的一致性；士气（Morale，MO）是指连队在完成遂行任务时表现出来的一种积极向上的精神面貌，被认为与战斗作风和战斗精神是一致的；连队支持（Company Support，CS），也称为组织支持，是指连队为士兵提供的物质支持和文化支持，连队支持体现了所属组织的资源状况，影响了组织成员对组织的认知评价；连队效能（Company Efficiency，CE），也可称组织效能，是指连队满足士兵成就需要的程度，合理的激励措施有助于战士形成成就感和满足感。

随着研究的不断深入，上述六个维度最终被合并为：领导行为、组织氛围（凝聚力、人际关系及士气）及个体与组织目标（组织支持、组织效能）三个维度。大量研究证实，凝聚力可通过影响成员心理健康进而对个体与组织工作绩效产生影响。当个体与组织目标一致时，组织凝聚力最高；领导行为则主要指领导所扮演角色及其在组织心理健康中所发挥的作用，在此三维模型中，领导角色是将个体目标与组织目标协调一致的"调解人"。组织心理健康的基本目标是提高成员与团队凝聚力。

## 二、团体心理训练

在介绍团体心理训练之前，先介绍团体的概念。团体是指三人及以上，有相互关系，有共同目标、共同认识的集合体，成员间彼此有交互作用或互动关系。团体心理训练也叫心理行为训练，下面从团体心理训练的目的、原理与理论基础、主要方法与形式及组织实施等五方面展开。

（一）团体心理训练的目的

心理行为训练目的可归纳为五个方面：

（1）提高心理调节能力。比如让个体情绪稳定良好，保持认知清醒，动机水平恰当等。

（2）提高心理活动强度。比如提高注意力和观察力，激发创造性，提高自信心等。

（3）增强对环境的适应力。比如通过心理行为训练能较快地调整个体的应对方式，重新获得良好的适应性。

（4）增强心理耐受力。心理行为训练能够使得个体有较强的压力承受力、抵抗力和克服困难的意志力等。有文献将耐挫力分解为调节能力、承受力和适应力。

（5）改善社交能力。心理行为训练一般都是团队训练，因此在人际关系、表达情感、互助合作、增强团队凝聚力等方面有极大的帮助。

在战时，通过心理行为训练对指战员保持稳定的情绪情感、坚强的意志韧性、积极的精神状态、高昂的战斗士气都具有重要作用。

（二）团体心理训练的原理与理论基础

心理行为训练的理论基础主要包括以下三个方面。

（1）行为主义理论。比如其中的经典条件反射、操作性条件反射以及强化理论。

（2）社会学习理论。比如其中的观察、模仿和经验等。

（3）组织行为理论。比如其中个人与集体相互依赖、相互制约、相互影响的理论等。

心理行为训练的特征常被总结为以下三条。

（1）体验激发情感。即指人的心理活动从本质上都是因刺激而起的，对客观环境的体验是情感形成的桥梁。与传统理论教学的本质差异在于个体的主动参与性，心理训练中个体不是被动地听或被动地接受训练，而是积极参与、沉浸于活动中的。

（2）行为改变认知。行为是认知的结果，正确或错误的认知能够形成良好或不良的行为。心理行为训练可以改变个体既有的、不合理的认知，让受训者改变自己的观点，觉得"我是可以的"。笔者更相信一句话："很多时候，不是因为人们自信而去做，而是当人们一遍一遍地去做一件事，坚持下来，在这个过程中，逐渐找到了自信。"

（3）习惯积淀品质。强调行为训练需反复多次方可起效。即通过反复练习，使之成为习惯，随着这种习惯的养成，逐步积淀内化为稳定的心理品质。人们常言，习惯成自然，一个行为不断地重复就固化成了一种习惯，而个体的品质，不管好坏都是一个个习惯的集合。心理行为训练就是通过多次的系统训练，使行为最终内化积淀为优秀的品质。习惯积淀品质体现了心理行为训练所遵循的长期性、循序渐进以及科学组训的原则。

（三）团体心理训练的主要方法与形式

心理行为训练有不同分类方法，以调节情绪为主的训练方法可分为以下几种。

（1）放松训练。包括腹式呼吸放松法、渐进式肌肉放松法、正念冥想放松法、音乐放松法等。

（2）兴奋性训练。主要通过加快呼吸的节奏，提高心率，达到短时间内神经兴奋、活力充沛的目的。

（3）自我成长训练。主要包括克服恐惧的高空项目。

（4）生物反馈训练。借助生物生理科学仪器，比如生物反馈仪，将个体平时意识不到的生理信号——肌电、脑电、皮温、心率、血压等，转变为可被人们觉察、识别的直观信号，再根据这些信号的提示（解释直观信号与各种心理状态之间的关系），使个体能理解并直观掌握自身生理状况，例如是紧张的还是放松的，并根据需要有意识地调节自主神经系统功能，进而达到调控生理和心理状态的目的。

（5）表象训练法。表象训练法又称念动训练或想象训练，主要是指受训者在组训员的指导语下，于脑中反复回想甚至操控曾经学习和成功操练过的某种技能动作、要点或情境，从而提高操作技能和情绪控制能力的方法。表象训练法简单易行，能模拟一些现实无法实现的情境、场景，让受训者有身临其境之感，从而达到辅助教学和训练的目的，该方法在体育、军事特别是一些技能动作教学中应用较广。在军事训练中开展表象训练旨在创设一种情境，让军人建立起鲜活的战场情境表象；也可诱发其产生恐惧等情绪，再帮助其调节情绪，激发其内在动力，以便提高战场适应性。表象训练法通过使军人建立形成战场表象以及使用放松技术等，能使其调节改善情绪，提升自我效能感。

实践中的表象训练法包括放松练习和唤醒感觉两种。唤醒感觉主要指激发多感官通道。在视觉方面情景方面，比如硝烟弥漫、火光四溅、血肉横飞，有战友倒下，有战友出现心跳加速、血压升高、肌肉紧张、动作失调、兴奋、狂热、胡乱跑动、大喊大叫的现象，各种强光刺激让人目眩；在听觉方面，比如炸弹声、枪炮声此起彼伏，哀号声、呐喊声、杀敌声震破天，噪音发射器发出各种"撕心裂肺"的尖叫、怪声；在触觉方面，比如手可能会与各种装备器械如枪、弹等接触；在动觉方面，如想象自己坐在狭窄的坦克、步战车里，颠簸、摇晃等。想象激烈惨烈的战斗场面，大规模轰炸一波接一波，人员伤亡，战车坠毁、侧翻、损坏。

心理行为训练按情境或场景分可分为以下几种。

（1）高空训练。包括极限攀岩、凌空跨越、勇闯天涯、空中越障、飞跃自我、高空吊索、绝境逢生等。

（2）场地训练。比如四米高墙，信任背摔、疾风劲草、夹球接力、同舟共济、赛龙舟等。

（3）拓展项目。以熔炼团队，提升团队沟通力、协作力、领导力、凝聚力等为主体。

心理行为训练更注重高空项目的训练，以磨炼意志、锤炼作风，克服恐惧、挑战自我、超越自我，提升受训人员心理承受力为主要目的。

此外，当传统方法无法实现或再现某些场景时，虚拟仿真训练也是一种非常有效的训练方法，比如借助虚拟现实（Virtual Reality，VR）技术模拟战场环境，受训者在计算机构建的虚拟场景中，能身临其境感受战场氛围，沉浸式体验恐惧、紧张的战斗现场环境，训练、培塑学员（士兵）的勇敢品质、耐挫品质、自信品质及战场适应力，缓冲、抵御因战斗应激造成的战斗减员，更好地适应战场，提高部队战斗力。将虚拟仿真训练与生物反馈技术相结合，可提升受训者的战场心理适应能力，能使其更好地保持稳定的情绪情感、坚韧的意志品格、积极的精神状态和高昂的战斗士气。

（四）团体心理训练的内容

心理行为训练内容体系可归纳为以下七个方面。

（1）适应军营训练：创设军事活动情境，建立对军营的安全感、归属感，彼此熟悉，和谐相处。

（2）拓展思维训练：主要指克服定势思维，提升创新思维。

（3）提升自信训练：通过心理行为训练，可以让不善言辞、相对内向者自信演讲。高空项目飞越也是提升自信的一种训练方法。

（4）抗挫能力训练：主要指创设困难情境，通过心理行为训练提升受训者的抗压能力以及应对挫败的能力。

（5）沟通能力训练：对在人际中不敢交往、不愿交往、不善交往人员，通过心理行为训练，促其接纳自己、开放自己、不封闭不包裹自己，信任他人。最终能够积极大胆参与社交，主动沟通协作。

（6）开发潜能训练：主要指极限心理训练，极限条件下的求生训练、水火近身条件下的死亡训练、极限生存训练等。

（7）团队精神训练：比如孤岛求生（同舟共济）就是体现团队凝聚力、向心力的项目，此类项目还可提升集体效能感。俗语说，两个"3"加起来，只要配合默契，就能大于"6"，变成"8"，这就是团队的力量。

（五）团体心理训练的组织实施

**1. 训前准备**

（1）熟悉训练对象：了解受训者年龄、文化程度、家庭状况、健康状况、工作经历、生活事件、接受能力、心理状态等。

（2）拟制训练计划：包括训练目的、训练对象、训练内容、方法步骤、训练时间、器材保障、训练场地、注意事项等。

（3）编写训练教案：包括提要部分，教学内容的具体安排，训练总结。

（4）器材场地保障：包括检查器械是否完好，器材是否充足，场地是否符合要求。

**2. 活动实施（主题活动组织展开）**

在活动实施前，通常需下达科目（科目、目的、内容、方法、时间、要求）。训练中要做好观察引导。具体如下。

（1）观察引导。观察受训人员表现，引导受训者专注体验、感受心理变化，引导其完成任务。可观察受训者是否积极参与训练，遇到困难情境时有无担心、畏惧、退缩、回避社交等问题。

（2）调适受训人员出现的问题。帮助受训者调节训练中出现的情绪问题，帮助矫正调整失衡认知与不合理信念，促其成长。

（3）确保训练安全、有效。增加受训人员的安全意识，提高组训和保障人员的责任意识。尽管训练前组训人员对安全已经足够重视，但实训中伤情还是时有发生，训练伤不仅单指躯体伤，不当的心理行为训练不仅无法起到强心练胆健体的目的，反而可能会引发心理问题。

**3. 训练结束（活动主体完成后）**

（1）交流回顾：交流分享是心理行为训练的一个显著区别，这一点与体能和队列训练不同。交流分享环节中，要提醒每名发言者多分享内心感受体验；受训人员可自主发言，发言没有对错，可长可短，可多谈心理成长上的收获。

交流回顾的主要作用为升华心理感受、重温训练过程，帮助受训人员宣泄情绪、释放压力。此外，也可让受训人员全面深入地体验和认识自己的内在感受。

（2）总结点评：组训师要结合心理学知识与原理，对受训者进行精准点评，凝练观点，总结发言，将碎片化的认识上升到理性理论层面。同时要纠正受训者不合理认知，帮助受训者分析失败原因，增强受训者耐挫能力，分析受训者心理发生、发展变化的规律。

心理行为训练实施过程简单总结为训前准备和训练实施（训中）两大步骤，后者包括下达科目、观察引导、交流回顾、总结点评四个环节。在实际操作时，经常在正式开展主题游戏前，插入暖场热身或破冰小游戏，使受训人员之间快速建立关系。

### 附：团体心理训练方案——信任背摔

一、下达科目

（1）科目：心理行为训练（信任背摔）。

（2）目的：①通过本项目，建立成员间的相互信任、信赖与支持；②通过本项目，让受训人员认识恐惧、感受恐惧，提高克服恐惧、战胜自我的心理能力；③通过本项目，增强受训人员的责任感和合作精神，增强团队凝聚力。

（3）内容：信任背摔。

（4）方法：由我统一讲解，分两组实施。

（5）时间：训练共计70分钟，其中科目操作约60分钟，交流分享及点评约10分钟。

（6）要求：①严格按照安全规定进行操作，全程严肃认真，不得嬉笑打闹，确保训练安全；②训练中充分参与，积极体验，感受内心的变化，体悟信任带给自己内心的力量；③认真体验信任和协作在团队训练中的作用，确保训练科学有效。

二、项目介绍与训前准备

（1）项目简要介绍。安全感和归属感是人类最基本的需要，是心理健康的重要标志，也是组织心理健康以及团队凝聚力的基础。安全感和归属感又与信任有关，信任是维系人与人之间关系增进情感的纽带，信任是比爱更好的赞美，团队成员之间只有彼此信任、合群融入，才能提高团队的凝聚力和战斗力。

（2）向全体参训人员介绍本次训练器械及场地要求。背摔台：高1.45米、1.75米，宽2.4米，周围地面整洁，无障碍物。另备绑手软绳一根。

（3）本项目的理论基础。本项目的理论基础或原理包括社会学习理论及团体动力学理论。社会学习理论即通过观察模仿学习他人的做法，习得某种技能；团体动力学理论，即在团队氛围中（战友的鼓励、组训人员的引导）完成自己独自一人难以完成的或自己独自一人不敢尝试的任务。

本项目很好地体现了心理行为训练的三大理念：体验激发情感、行为改变认知、习惯积淀品质。体验背摔台就是一个很好的"行为改变认知"的例子，通过观察他人完成此项目，难以获得亲身尝试时所体验的真实情感。只有当自己上到背摔台，才能体会到恐惧反应，当自己最终成功完成背摔任务时，认知会慢慢发生改变，觉得自己是"可以的"。当完成第一次、第二次以后，会发现自己已经不那么恐惧了，抗拒被摔的强烈恐惧会减弱甚至消除。

三、训练实施

（1）教练员布置训练任务，宣布训练规则。

（2）教练员组织参训队员进行准备活动，所有参训队员在项目开始之前必须要充分地活动身体，防止在训练中受伤或影响动作的正常发挥，准备过程要使各个关节充分舒展、肌肉拉伸、身体发热、微微出汗。

（3）教练员组织参训队员卸除身体多余物品（如手表、首饰等），检查衣服、鞋子是否合适。

（4）背摔人员登上背摔平台，用软绳系上双手，防止其背摔过程中双手打开伤及队友。全体人员为背摔人员加油。

（5）全体队友呈保护位置站好以便保护背摔人员。

（6）背摔人员准备好以后大声询问保护队员："大家准备好了吗？"全体保护人员集中精神，大声回答："准备好了！"，背摔人员再大声告诉他们："我要倒了！"待大家回答："我们支持你！"之后尽可能保持身体笔直地向后方自然倒下。

（7）全体保护人员稳稳接住背摔人员并保持三秒钟，同时大声给予其赞扬，然后将其双脚放下使之安全站立。

四、背摔人员动作要领

（1）爬上器械：顺梯子爬上背摔台，靠在与保护队员垂直的护栏上，背对保护队员们。

（2）学做动作：两手前举、掌心相对，向内翻转手掌、拇指冲下，双臂交叉、掌心相对，十指交叉握紧，然后将双手向内掏出，抱于胸前。

（3）用捆手绳捆住背摔队员的手腕，松紧程度以让其既打不开手、又不感到疼痛为准。

（4）背摔队员后倒时要始终保持双脚并拢、膝盖伸直、腰挺直、微微低头、身体挺直的姿势。背对保护队员,脚后跟探出背摔台,身体缓慢后倒,利用自身重力后倒,不可跳跃。

(5)针对背摔台上同学(口诀)。

收肘绑手打直身;强调并拢脚,微低头。

睁眼呼吸放轻松;强调深呼吸放松。

信任战友放宽心;突出信任。

### 五、保护队员动作要领

(1)学做动作:按身高情况两两一组,两两相对,组与组之间肩膀相靠。双腿呈弓箭步状,膝盖内侧靠紧。手臂前平举,始终保证对方的一只手臂在自己的双臂之间,指尖搭在对方锁骨窝处,掌心向上、手臂伸直、肩膀挤紧。肩膀挤紧时,靠近背摔台的第一组向远离背摔台的方向挤,其他组与他们挤紧。

(2)在背摔队员准备好后,要严格按照教练员的要求做好动作,并调整自己的位置。当背摔队员问"大家准备好了吗?"时,一定要真的准备好了以后,才可以大声地回答他:"准备好了!",并注意观察其动作,集中注意力,判断其什么时候接触自己的手臂。

(3)当保护队员看到背摔队员倒下时,手臂一定要用力伸直,重点是其接触手臂的瞬间,全力接住背摔队员。

(4)接住后要将背摔队员的脚先放下,然后再将其扶正站稳,帮助其解开捆手绳,不得抛接。

(5)针对地面保护队员(口诀)。

| 1 | 前弓后箭面对面 | 强调面对面的两人膝内侧靠紧,肩膀挤紧 |
| --- | --- | --- |
| 2 | 掌心向上平举前 | 强调队员头颈稍后仰,保护好对方,保护好自己 |
| 3 | 责任意识记心间 | 突出责任担当 |

### 六、训练中观察引导

(1)观察背摔队员是否不时地回头看保护队员准备好了没有。

(2)观察背摔队员是否在即将倒下前,非常紧张,双腿僵直。

(3)观察背摔队员背摔后的姿势(有的笔直地后倒,有的姿势变形)。

(4)观察有无队员第一个站出来,自告奋勇先上背摔台体验。

(5)引导背摔队员倒下的瞬间大声叫喊出来。

（6）引导保护队员尽力靠近，为保护背摔队友缩小间隙。

（7）提前告知保护队员：背摔的冲击力会导致其身体疼痛、疲倦。

（8）询问背摔队员："躺在队友的臂膀环抱中是否感到十分幸福"。

（9）询问保护队员："每次保护完一名队友后，是否都感觉很愉悦，如释重负？"

## 七、训练中注意事项

（1）要求保护人员在任何情况下都不可以撒手。

（2）随时提醒大家注意保护，纠正保护动作，一旦发现安全隐患，应立即中止训练。

（3）整个过程中要时刻注意保护人员的动作是否正确，精力是否集中。如发现有人嬉笑打闹或有人还未准备好时，不可让背摔人员进行操作。

（4）不管背摔人员在任何情况下、向任何方向发生坠落，都要有人能够接住并保护。

（5）尤其要注意保护背摔人员的头部、颈部和脚部。

（6）项目进行中组训员要随时关注可能出现危险的地方，宁可自己受伤也要保护好队员。

（7）当背摔人员长时间不敢背摔时，要及时进行疏导并采取调适措施。

## 八、交流分享

全体参训人员集中坐成一圈，交流分享以下内容：

（1）背摔者站立背摔台时心里有何感受？能够完全信任台下的保护队友们吗？

（2）倒在队友的臂弯中的那三秒有何感受？这时参与保护的队友们又有什么样的感觉？

（3）你们在这个活动中，受到激励了吗？是什么在激励你们？

（4）工作中的信任是如何促进大家进步的？此活动对工作有哪些启示和帮助？

（5）在工作中有没有由于信任不足而产生的失败？

（6）信任带给我们力量。信任会让我们内心的恐惧感减轻，进而毫无顾忌地倒下，品尝到成功的喜悦。

（7）信任会让人放松，放松会让人更有力量。只有在心理放松、姿势标准的情况下，背摔的人才最安全，保护的人也最省力。而当我们对战友不够信任或有信任危机时，动作容易变形，这不仅会伤到队友，也会伤到自己。

（8）恐惧很多时候源于内心缺乏安全感、归属感。坚强有力、紧密和谐的团队能提升成员的安全感和归属感。

## 九、总结点评

（1）信任感的培养，对他人的信任。

（2）责任意识培养。

（3）安全感的强化，克服恐惧、克服自我，是对自己信任的一种表现。

# 第二节 战时团训组织与集体心理晤谈技术

战时团体心理训练是提高战时官兵心理活性，提升战斗士气，增强官兵战时现场适应能力的一种技术，就战时心理训练活动主体而言，可以设置团队合作主题、放松训练主题、应激应对主题、人际沟通等主题，增强人际支持，增强凝聚力、归属感，强化整体战斗意志，稳定群体情绪状态，从而提振战斗士气，增强集体荣誉感。

## 一、战时或战前团体心理训练

战时精神高度紧张，压力较大，所以官兵比平常更需要身心放松，以蓄积力量和能量。胜战得靠战斗力，具体讲，就是意志力、血性、士气，团队内部的强大凝聚力、战友的支持等。战斗精神，即指一种由信念、情感、意志行为等融合升华后的内在力量，它兼有思想和心理的双重特征。其中血性是战斗精神的核心。习近平总书记曾讲："无论什么时候，一不怕苦，二不怕死的战斗精神千万不能丢。"不管是战斗精神，还是战斗士气，这些都需要官兵同心同德、团结合作。适时组织高质量的团体心理行为训练，可有效提升团队士气、提升团队战斗力。所以战时心理行为训练非常实用，也深受官兵喜爱。战时或战前心理训练主题包括以下三个主要方面。

（一）战场心理适应性训练

王国平曾说过："适应力，是人应该具备的第一能力。"达尔文（1859年）名言："幸存的生物不是最强大的，也不是最聪明的，而是适应能力最强的生物"，用我们中国人的话说就是"物竞天择，适者生存"。

适应力对军人有着更高的要求和更现实的意义，比如，对集体环境的适应、对高强度训练环境的适应、对严格的军事化管理的适应、对节奏变化极快的军事任务的适应，尤其是对战争情境的适应。

心理适应能力是指个体在面对各种生活生存压力和挑战时保持稳定的情绪和行为反应的能力。提高心理适应能力的方法很多，例如：接受现实，培养积极乐观心态，学会调节放松情绪、疏解压力，加强沟通和谐人际，聚焦当下，等等。

战场心理适应性训练方法也颇为丰富，如渐进式肌肉放松训练、表象训练、正念训练等。本教材以正念吃葡萄干为例，介绍正念训练减压法在促进战场适应能力方面的应用。正念训练法操作简便易行，且非常有效。正念训练可提升注意力，将沉浸于负性经历当事人快速拉回到当下，让其觉察自己此时此刻的感受情感，身体变化以及思维等。正念训练法对提升战场适应能力，提升高压情境下指战员军事行动绩效及压力复原力极为有益。下面简述正念吃葡萄干练习。

（1）原理：它通过把自己的注意力全神贯注地集中在当下的意识状态上来专注、统一自身当前的状态和感受。正念实质是告诉我们，当你经历着什么，你就必须让自己完全（全身心）投入其中。意识和身体合一，即心身合一/形神无二，我们的身体是实实在在地存在于当下的，它既没有生活在过去，也没有生活在未来。只有心身合一，你才能借助这个情绪的引导进入你的潜意识，你会将情绪和事情剥离开来，不被欲望所牵制，这就是觉知的阶段，是知行合一的阶段。从关注你的身体开始，倾听和感受身体的声音，它会极大地回报你。

（2）技术要领：正念内涵包括觉察、不评价、接纳当下。

（3）练习方法：见下文。

### 👉 附：正念吃葡萄干

当你做这个练习时，请把所有分心的事情都放在一边，关掉电话，专注于直接、清晰地觉察你所体验到的每个方面和每个时刻。在正式开始练习之前，请调整自己的坐姿和姿势，以让自己感觉比较舒服、放松。

现在把一颗葡萄干放在你手中。如果你没有葡萄干，其他食品（如香蕉、松子等）也可以。想象自己刚从一个遥远的星球来到地球，那个星球上没有这种食物。

现在，这种食物在你手里，你开始用你所有的感觉来探索它。

现在，请集中你的注意力，带着友善、好奇的心态去观察这颗葡萄干，仔细观察它，探索它的每一个部分，如同你以前从未见过它一样。用你的手转动它，并注意它是什么颜色。

注意它的表面是否有褶皱,再看看它的表面什么地方颜色较浅,什么地方颜色深暗。

接下来,调动你的触觉,探索它的质感,感觉一下它的软硬度、粗糙度和平滑度。

当你这么做的时候,如果出现下列想法,例如"我为什么做这个奇怪的练习?""这对我有何帮助?"或者"我讨厌这些东西""我觉得好无聊",那就看看你是否能认同这些想法,然后随它们去吧,或者你可以温柔而坚定地邀请游走的想法回来。总之你需要慢慢地再把你的注意力带回到这个物体上。

把这个物体放在你的鼻子下面,仔细地闻它的气味。

把这个物体放到耳边,挤压它,转动它,听一下是否有声音传出来。

慢慢地把这个物体放到你嘴里,注意一下手臂是如何把这个物体放到嘴边的,或者注意一下你是何时开始意识到你嘴里的口水的。

把物体缓缓地放入嘴里,不要咬它,只去仔细体会这个物体在你嘴里的感觉。

当你准备好时,就有意识地咬一下这个物体,注意它在你嘴里是怎样从一边跑到另一边的,同时也注意一下它散发的味道。

慢慢地咀嚼这个物体。注意你嘴里的唾液,在你咀嚼这个物体的时候,它的黏稠度是如何变化的。

当你准备吞咽的时候,有意识地注意吞咽这个动作,然后看一下你是否注意到吞咽葡萄干的感觉。去感觉它滑入到你的喉咙,进入你的食道,再进入胃里。

(二)团结合作主题训练

### 1. 心有千千结

工作与人际中有时就是一团麻、一锅粥般杂乱无序,身处其中着实让人烦躁。此时,不能单打独斗我行我素,否则只会让网更加错综复杂,团结一心是解决问题之道。心有千千结项目的主要目的是促成沟通协作,依靠集体智慧,攻坚克难,取得成功。活动过程简述如下。

(1)将所有受训者分成两组(每组10~12人);

(2)组内所有人手拉手围成一个圆,拉着手转圈,在转圈的过程中记住左右两边的人(左手与右手分别拉着的人);

(3)之后,大家松开手,主讲者"请大家闭上眼睛,想象自己走在青海高原西大滩草甸上，跟着感觉小幅度走动去寻找，寻找他（她），他也许在你右边，也许在你左边，也许在你后边，大家动起来，随意走动，也不要走得太远，就在刚才围成的圆圈范围内移动；

（4）当组训者喊停时，大家睁开眼睛，在原地站定不动的情况下去找你刚才左右的人，用你的左手去牵刚才你左边人的右手，用你的右手去牵刚才你右边人的左手，全体成员都要拉住手；

（5）听组训者口令"开始解"，开始解这个网（恢复到刚开始的形状，即手拉手围成一个圆），在这个过程中所有人都不能松开手。

**2. 同舟共济**

此活动目的是集思广益，感受集体智慧，感受团队力量，提高合作协同能力。在介绍活动过程前，可创设一个军事情境：先遣小分队急行军过程中，突遇前面汪洋水域，水流湍急，无法直接通过，目前仅有的渡河工具就是一艘小船，所有十几名船员需要借用此通过湍急水域，到达对岸，要求所有船员身体的任何部分都要在船身内，一个都不能少。下面介绍活动过程。

（1）各组先练习体验，充分讨论，设计出最佳方案。哪个小组准备好了，就邀请组训者来验收。

（2）当两个小组均成功完成渡河任务后，组训者宣布，任务难度升级。（此时，天气变化突然急转直下，狂风大作，浪更大、水更急，船体一半地方进水，致使不能容人。）

（3）所有成员需成功登上缩小一半的小船，成员的身体需在船体内，一只脚可以在船体外，但不能沾水，且需稳住保持八秒钟。如何完成渡河？

（4）当所有船员成功完成渡河任务后，组训师宣布，任务难度再次升级。

通过同舟共济活动，让受训者明白在人际交往中常遇到相互"打结"的时候，要解开它需要大家齐心协力、互相配合、相互信任、不去抱怨，团结起来就能解决困难；独自行动，结可能永远都解不开。工作当中，任务当前常会遇到困难，危难之中见真情。危难是对一个人及一个团队适应力的考验，此时个人和团队必须发挥其潜能，齐心协力，同舟共济，应对困难，渡过危机。

**3. 珠行万里**

该项目培养训练团队领导者的领导力、沟通协调能力，配合、衔接以及自我控制能力，共同的目标以及对团队的责任感等多个方面。在介绍活动过程前，可创设一个军事情境：2022年课题组对高原任务官兵（139人，主要是军士和战士）心理问题及需求进行调查问卷，被调查者中近一半人提到了在高原"水源问题"是个困扰。为此，我们借用珠行万里活动模拟管道输水过程：把滚珠（球）想象成水，把球槽想象成输水管道，成员接力配合把水从附近水源输送到营地。活动流程如下。

（1）给任务划定一个起点终点。

（2）团队中每个队员手拿一根半圆形球槽（排成一队，球槽首尾拼接）。

（3）组训者将球放在第一名队员的球槽，球连续传动（滚动）到下一个队员的球槽中，并迅速地排到队伍的末端，继续传送前方队员传来的球。

（4）直到球安全地到达指定的终点（塑料杯）为止。

本活动的规则为：

（1）球在运动过程中，不能倒退（从后面队员球槽返回到前面队员球槽中）。

（2）球只能在球槽内运行，不能掉到地面或接触手部位。

（3）违反以上规则，均要从头再来。

（4）把球按照规则最先运行到指定位置的为胜。

（5）如果最后一步球从塑料杯中跳了出来也为失败，须从头再来。

该项目对团队领导者的领导力、沟通协调能力，工作的计划严谨性、对时间与效率的控制能力，资源的有效利用能力，以及在紧张时间内调动各种资源解决问题的能力，都是一个很好的锻炼。也可看到，每位成员都是这个团队完成任务中的一个"链条"，都非常重要，在完成任何一项工作时，要考虑是否能让你的下一个"链条"顺利承接，当队友出现问题时，要及时提醒，这样才能确保共同成功。

这个活动能够很好地培养同学们相互协作、有效配合的意识。此外，它对自我控制能力也是一个很好的训练。

团队合作主题训练的主要目的：（1）强化团队合作意识，营造团队和谐氛围。团队成员间团结一致、互信互助、通力合作、协调配合、克服困难，最终促成团队目标达成。（2）提升受训者组织协调、分工协作能力，锻炼领导力（活动中有成员会自觉充当领导者，组织协调完成任务），提高团队工作效率。（3）感受集体智慧，感受团队力量。（4）提升部队战斗力。作为部队，没有团结就没有高效工作；没有团结，就没有和谐；没有团结成铁石一块，战斗力就是一句空话。

最后，再次引用习近平总书记的话，"懂团结是真聪明，会团结是真本领"，团结出凝聚力，出战斗力！

（三）身心放松训练

战场针对应激的身心放松技术包括常用的腹式呼吸放松技术、渐进式肌肉放松训练，想象放松训练等，下面主要介绍想象放松法之安全岛技术。

**1. 安全岛技术概念**

安全岛是一种想象放松技术，该技术练习旨在帮助我们在内心世界，通过想象找到并建立一个个人独有的、与外部世界是有边界（此空间只有你一个人可以进出）的安定、安全、舒服、惬意之地，能让自己完全身体放松、心灵平静。

**2. 安全岛技术练习**

（1）先做放松训练。将双脚踏实地踩在地板上，可以选择闭上眼睛，或者把目光柔和地投向某个固定的地方。把注意力转向自己的呼吸，你只需自然的呼吸。吸气的时候，知道自己正在吸气；呼气的时候，知道自己正在呼气。就这样，随着每一次呼吸，让自己安稳下来。

（2）寻找安全/平静之地。现在，如果你愿意，请用自己神奇的想象力，在内心世界里找一找，看一看，有没有这样一个绝对安全的地方。在这里，你能够感到绝对的安全和舒适。它可以在任何一个地方，可以在其他星球上，或者宇宙的什么地方。

你还可以带上友好的、美好的、可爱的、能够给你提供帮助的东西陪伴你。

你可以按照自己的想象设置这个地方，比如一个界线、一扇门、一个洞口……

如果你还想不出来，不着急，慢慢想。用自己的想象力，创造一个神奇的、安全的、惬意的地方。

也许有时候，你会看到一个画面，或者感觉到一个美好的感受，或者出现了这么一个地方。就让它出现，无论出现的是什么，都是它。

如果在你寻找安全岛的过程中，出现了一些不舒服的画面或感受，不必太在意，告诉自己，现在我们只需要想象绝对安全的、美好的、舒适的、惬意的地方。以后再处理这些不舒服的感受。

可以肯定的是存在这样一个安全的地方。你只需要花一点时间，花一点耐心，来慢慢地寻找。

（3）构建安全之地。现在请你再检查一下这个地方，看看是不是很安全、很舒适。请从下面的各种感觉进行检查。

你的眼睛所看见的事物，你感到舒服吗？如果是，就留下；如果不是，就调整一下，直到你的眼睛看到的都是舒服的。

你听到的声音，是否喜欢？如果是，就保持现状；如果不是，就做些调整，直到你听到的所有的声音都是自己喜欢的。

周围的气温是否适宜？如果是，那就这样；如果不是，就调整一下气温，直到你感到真的很舒服。

你能闻到什么味道吗？是否是美妙的味道？如果是，就保留下来；如果不是，就调整一下，直到你闻到的味道非常美妙、香甜。

空间够不够大，是否让你觉得舒服？你能在里面活动吗？能不能摆出你想摆的姿势？

如果你在这个只属于你自己的地方，还不能感到非常的安全、惬意的话，那你可以调整一下。仔细地观察一下，还缺少什么，直到自己感到绝对的安全、舒适。

现在再看看需不需要给这个地方设一个边界，好让你感觉到在这里是绝对安全的。你能控制这个地方，没人能进得来。想象你需要一个什么样的边界，是树篱呢？是围墙呢？还是有魔法的边界呢？……你自己去想象，做些调整，直到你觉得足够安全为止。

现在再问问你自己，愿不愿意邀请一个或者几个有生命的东西进来陪你。不要让任何人进这个地方，但可以邀请对你友善、仁慈、关怀备至的帮助者。如果你想出来的生物没有这些特点，你应该把他们送走，他们不属于这个地方。

（4）完善安全/平静之地。你的眼睛所看见的东西让你感到舒服吗？你可以运用自己想要用的任何办法将你所见调整到你真的觉得很舒服为止……

你能听见什么，舒服吗？你可以运用自己想要用的任何办法将你所听的调整到你真的觉得很舒服为止……

气温是不是很适宜？你可以运用自己想要用的任何办法将气温调整到你真的觉得很舒服为止……

你能不能闻到什么气味？你可以运用自己想要用的任何办法将周围的气味调整到

你真的觉得很舒服为止……

如果你在这个属于你的地方还是不能感到非常安全和十分惬意的话，这个地方还应该作哪些调整？请仔细观察，在这里还需要些什么，能使你感到更加安全和舒适……

（5）锚定安全/平静之地。把你的安全/平静之地装备好了以后，请你仔细体会，你的身体在这样一个安全的地方，都有哪些感受？

你看见了什么？你听见了什么？你闻见了什么？

你的皮肤感觉到了什么？

你的肌肉有什么感觉？

呼吸怎么样？

腹部感觉怎么样？

请你尽量仔细地体会现在的感受，这样你就知道，到这个地方的感受是什么样的……

请你在自己的安全平静之地，尽情地感受这种绝对的安全、惬意、美妙。

（6）提示词或提示动作。如果你已经感到非常的惬意、安全、舒适。如果你已经感到这样的一种美好的感觉，可以设计一个特殊的手势或者动作，以后遇到压力或者紧张时，就可以摆出这样的手势或者动作，随时回到这个地方来。

请你仔细地体会，当你摆出来这样的手势或者动作的时候，你就能够快速地来到这样一个绝对安全、舒适、惬意的地方。

（7）结束练习。有时候，或许你得对这个地方的一些东西做些调整，或者添加点什么，才能让你的这个地方更为安全。所以，时不时地检查一下，密切留意。

现在花点时间感受一下在你的安全/平静之地那种安全与舒适的感觉，然后带着全然的觉察回到这个房间，感受一下你的双脚踏在地上。

## 二、战时集体心理晤谈技术

介绍集体心理晤谈技术前，先介绍一个概念——团体辅导或团体心理辅导。团体心理辅导是一种在团体情境中提供心理学帮助与指导的重要方式。通过团体内部人际交互作用，促进个体在活动中学习，体验认识自我、探讨自我、接纳自我，调整与改善与他人的关系，学习新的行为及应对方式，以发展出良好适应的助人过程。

团体辅导是青少年心理健康发展的"安全基地",在部队开展团体辅导,既具有操作性,也具有实用性。

团体辅导是相对于一对一的个体辅导而言的,在团体情境下的心理辅导形式。由领导者根据成员问题的相似性或由成员自发组成团体,在领导者的心理援助和组织引导下,通过共同讨论、分享、训练,解决成员共同的发展问题或共有的心理问题,从而帮助成员得到积极向上的发展。

团体辅导技术特别适合个体在交往中通过观察、学习、体验,认识自我、探索自我、接纳自我,调整自己与他人关系,学习新的态度和行为方式,增强适应性、教育性、预防性。

团体辅导具有以下技术特点:①专业性:领导者不仅仅是主持人角色,他还必须要懂心理学,尤其是心理动力学理论。②开放性:开放性的情景,但团队成员要对成员分享的信息保密。③互动性:领导者与成员以及成员间产生交互作用,彼此认知,态度与经验交互影响。比如领导的功能,沟通的模式,团体的气氛(宽松还是压迫感等,尤其成员间的互动比领导者的作用在治疗中作用可能更大,这也是个体辅导所无法拥有的功能)。④目标性:教育性的目标,通过团体辅导协助成员形成获得正确的信息。

团体辅导有很多疗效因子,比如:灌注希望,普遍性(问题的普遍性),传达信息,利他主义,原生家庭的矫正重现(修正自己的一些认知),发展社交技巧,行为模仿,团体凝聚力,情绪宣泄等。故其具有诸多优势:①促进良好人际关系;②增强归属感,凝聚力;③体验互助与互利,互动学习;④多元价值观与信息的交流;⑤情绪宣泄。

战时集体心理晤谈是战时团体辅导最常见的一种形式。为便于讲授此技术,在实施战时集体晤谈技术前,可创设现实情境。

(一)创设情境

首先模拟创设场景:高原执行任务或对峙或待战情境下,官兵遭遇心理应激事件影响,不少官兵出现了应激反应甚至出现应激障碍。你作为一名心理骨干,如何应对?

(二)技术流程

实践中,集体晤谈技术分为以下六步(团体辅导主要体现在第五步)。

（1）介绍期。组训者先自我介绍，而后介绍晤谈程序，再引导官兵自我介绍；要强调保密原则。"我叫ⅩⅩⅩ，组织大家进行一个心理团体辅导，团体辅导又称为心理晤谈，适合在团体情境下进行，下面请各位依次自我介绍"。

（2）事实期。描述执行任务过程中，自己及事件本身一些实际情况。"下面请各位战友从自身角度描述任务期间你们的所见，所闻，所嗅，所为"。

（3）感受期。引导官兵描述事件发生时感受，此时感受及对当事人的影响。比如，最近恰逢任务期间，你们每天执行巡逻任务，时不时有突发情况，大家都很辛苦，请各位谈谈执行任务中的感受。（事件发生时你有何感受？你目前感受如何？以前有过类似感受吗？对你来说，事件中最不幸的是什么？）在此环节，尤其要注意对有内疚、自责、自罪感的士兵进行正确引导。

（4）症状期。引导官兵讲述自己的痛苦症状，从吃、睡、胃、知、情、意。比如，你最近睡眠怎么样？吃饭怎么样？晚上有没有做噩梦？觉得生活有些不真实等。组织过程中，组训者尽量避免疾病、心理疾病、心理障碍等词。

（5）辅导期（团体辅导）。组织者介绍正常的应激模式（三期）之前类似情境应对策略。在这个环节真正体会团体不可替代的作用，成员间相互交流，比如通过交流，首先让成员明白几乎每个人都会出现这些症状，这是普遍的，是一种正常反应；此外，学习别人出现这些症状时是如何应对的，是如何调整自己的情绪的，学习他人应对此类问题的方法。

（6）恢复期。组织者总结晤谈内容，回答问题，提供保证，提出行动计划。关闭本次辅导，与应激事件告别。强调小组成员互相支持，共同努力，走出阴影，学会成长。

开展集体心理晤谈技术后，交流分享是很必要的。可从以下几个方面引导参训者分享感受、体会及经验：①之前理论课上，教员教授了集体心理晤谈技术，通过刚才的亲身经历，请学生谈谈对集体心理晤谈技术的新认识；②每位学员都参与了刚才的活动，请简要对刚才的活动的感受。

在集体晤谈结束时，做一个总结讲评。集体晤谈技术无论采取什么方式，其中最重要的是人际沟通、共情、理解以及支持在团体成员间的流动。共情的关键在于让对方感觉到，你是在认真地听他说话，而且理解了他的意思，感受到了他的心情和需求。个体通过倾诉，希望寻求的是一种关心、理解和心理支持，需要的是一种社会连接感。

团体情境，让人更容易感受到团队带给自己的力量和温暖、团队凝聚力和归属感，又会促使战友之间相互关心、化解烦恼、共同快乐成长。

## 第三节 战时心理自助互助及战后心理调适

战时心理自助互助技术对部队而言非常重要，也非常迫切，因为很多时候，专业心理工作人员不是随时随地都有的，这时更多依靠的是个体或战友间的心理救助或情绪急救。相对而言，心理自助互助技术操作简单，对心理专业性要求不高，没有医学或心理学专业基础的军人可独立进行操作或经简单教授即可自行实施。下面介绍几种技术。

### 一、战时自助互助技术

**（一）正常化技术**

正常化技术，即"别人遇到你这样的情况也会这样反应的"。简单讲，即极端情境下，自己或战友出现紧张、无助、手抖、呼吸困难、晚上做噩梦等反应属于正常反应，是正常人在非正常（极端）情境下的正常反应，这不是脆弱，你有、我有、大家都有。正常化技术是一种有代表性的保障技术，可以起到降低焦虑、减轻负担，进行支持的作用。此外，该技术还强调出现的感受及反应是可理解的，是暂时性的，是可改变的。为了更加贴近军事场景，需创设一特定情境。

**1. 创设情境**

战斗打响后，不远处枪声猛烈响起，紧接着就是此起彼伏的炮弹声，听到这些剧烈的响动，一名战士吓得瑟瑟发抖，出现手脚颤抖，吃饭时端不住碗的现象，他觉得自己很弱、很怂包，连着好几个晚上做噩梦……面对这样的急性应激者，应如何进行心理救护？

**2. 技术演示**

可让组训者，如教员扮演施救者，学员扮演心理应激者。演示（用语）参考：

（1）问候。"同志，我是咱连随队军医XXX，那天枪声炮弹声太响了，我在数百米外都听到枪炮声，当时隐约感觉到手腿都抖了一下，所以我特别能理解你现在的感受（这种剧烈的响动，换作是我，我也会和你一样紧张、恐惧、浑身战栗。）正常人遇到这种情况都会有和你一样的感受，有和你一样的行为反应，有的说不定比你还恐惧！这是一种非常普遍的现象，不是你脆弱，更不是你怂包、贪生怕死"。

（2）解释安抚。"请你放松点，放安心，这种恐惧感觉不会一直这么强烈，它会逐渐减弱消失"。

（3）接纳。"你不排斥它，也不要想着用头脑快速摆脱它，试着面对这种恐惧，我知道这种感觉会不舒服，因为直面恐惧会让你更加崩溃，但没关系，当你慢慢接纳它，接纳这种恐惧时，你会发现恐惧对你的影响已经没有那么大了，你的焦虑感会慢慢减少直至消失"。

（4）深呼吸。"接下来跟着我做几次深呼吸放松：深深地吸气，屏住呼吸，慢慢地呼气"。

（5）穿插使用蝴蝶拍技术。"很好，再跟我做一个动作，这个动作叫蝴蝶拍，就像蝴蝶拍打翅膀的样子，左手放在右肩，右手放在左肩，双手轻而缓地交替拍打肩膀，脑海中想象一些积极的画面，连做几组，你的焦虑情绪会慢慢平复下来"。

"有时，当我们身处暴风雨中的时候，我们常常无法看到暴风雨之外的任何东西。我们会认为，暴风雨可能永远都不会结束了，但实际上，它一定会结束。再大的暴风雨都一定会结束，因为这是大自然的规律"。（不要说：①你要坚强；②不用紧张；③你已经很幸运了）。

**3. 练习**

针对刚才的情境，学员两人一组练习正常化技术，而后互换角色。

正常化技术主要从认知层面介入，用于轻度心理应激，属于预防性的。为什么要使用它？原因有二：其一是我们需要帮助应激者意识到他们当前的问题是人们普遍存在的，是非正常情境下的正常反应，是人人都会有的；其二，应激者的问题可能是被自己扩大或看问题比较片面，正常化技术正是改变应激者的这种感觉，从而帮助应激者缓解情绪、接纳现实，激发起其战胜困难的信心和勇气。

（二）稳定化技术之聚焦当下技术

稳定化技术是一系列技术，也称为情绪急救技术，旨在帮助安抚、稳定急性应激者情绪和行为。其中聚焦当下技术（见图9-1）主要是让创伤人员与现实接触，将其从内心的恐惧、慌乱的感觉中拉回到外部现实世界，重新激发创伤人员的内在生命力与解决和面对当前困难的能力，提升对未来生活的希望。

**1. 创设情境**

两名战友在高海拔地区执行任务途中，突然道路上方一巨石滚落下来，正好砸到一名战友，由于事发突然，被砸到的这名战友，瞬间失去意识，昏迷不醒，被紧急送至营救护站，经止血包扎后恢复意识……另一名目睹这一场景的战友当时被这一幕吓得浑身发抖，惊慌失措，向前猛跑二步后，腿部发软，瘫倒不起，也被一并送至该营救护站。面对此情景，作为一名心理骨干，你如何施救？

**2. 技术演示**

组训者扮演施救者，上来两名学员，一名扮演意识昏迷者，一名扮演受到惊吓的急性心理应激者（疑似），其他学员观摩。

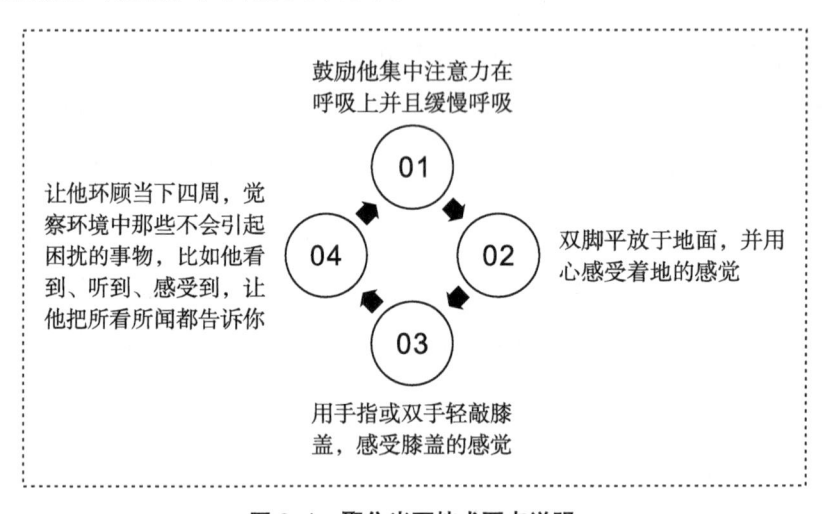

图 9-1 聚焦当下技术要点说明

说明：被砸伤失去意识者属于一级应激者，即亲历者（生命威胁，身体受伤）；受惊吓者属于二级，即目睹者。

对亲历者的演示（用语）参考：

"看到你醒过来了，我太高兴了，虽然你刚才跟死神擦肩而过，但你最终战胜了死神。"（说话同时，拉着他的手，握紧他的手，让其感受到你的力量、你的支持、你的陪伴。）

他醒来后如果大喊大叫，浑身发抖，非常惊恐。请抱紧他，拍拍他的背，告诉他："想哭就哭出来吧，我知道你现在很难受，哭出来！一切都会过去的。"

对目睹者的演示（用语）参考：

"没事的,有我在呢!我会一直陪着你。来,把手给我,相信我。"

(同时关照两个人,进行心理应激救护。)

对两个人的演示(用语)参考:

"我很关心你俩的感受,你们对我很重要"。"你们俩互相也看看,(对亲历者说)你叫什么?""这会儿估计腿很痛,刚才医生已做了检查,骨头没大碍,你试着看能不能慢慢坐起来。""我能感觉到你们俩此时都很紧张,请跟着我的指导语慢慢地深呼吸。"

(1)呼吸放松技术。"深深地吸气,慢慢地呼气,用鼻子吸气(1-2-3-4-5),屏住呼吸(1-2-3-4-5),用嘴巴呼气(1-2-3-4-5-6-7-8);吸气时尽量吸到底,直到吸不动为止,呼气时尽量呼彻底,直到呼干净为止;呼气时可以把手放在胸口;吸完气后,可稍稍停顿3至5秒后,然后再徐徐地呼气;呼吸过程中,有意识让呼气时间比吸气时间长。"

"重复刚才的动作,深深地吸气,慢慢地呼气。鼻吸口呼,深吸慢呼,吸气时感觉空气凉凉的,呼气时感觉呼出的气暖暖的。非常好!"

(2)感知觉跟现实链接——视觉通道。"接下来,看看你的周围,坐在你对面的人是谁,叫什么名字?你感觉你现在在哪里?"

(3)感知觉跟现实链接——听觉通道。"你听听,你周围有什么声音?"(让对方说出3~5个听到的声音)

(4)感知觉跟现实链接——触觉通道。"你试着把右脚平放地面,感受脚底接触地面的感觉,必要时,赤脚接触地面,这时的感觉是最好的。"

(对目睹者):"慢慢地呼吸,放松,放松,很好!"

(同时对两人)"相信我,我会一直陪着你俩!"

**3. 学员练习**

针对刚才的场景及情境,学员两人一组,练习稳定化技术,而后互换角色练习。

稳定化技术,主要用于受到强烈刺激,过于激动,行为失控者。从情绪层面介入,增加情绪反应强烈者的安全感、稳定感,降低其无序、无助、无力及无望感等。

(三)稳定化技术之着陆技术与战场应激恢复技术

运用着陆技术,对大喊大叫者、到处乱跑者、人格解体者可先稳定情绪,让其快速恢复平静，安定下来；战场应激恢复技术主要针对急性战斗应激反应者（例如：精神恍惚、呆滞状态等），缓解其应激反应。

**1. 创设情境**

敌我双方激烈战斗 3 天，夜间时分，敌人向我军发起了新一轮猛烈进攻，高强度、大规模轰炸一波接一波，我方出现大量人员伤亡，3 台运输车出现不同程度损坏，一台车因为驾驶员惊慌翻进沟里。与此同时，对方的噪音发射器发出各种撕心裂肺的尖叫、怪声，战场上各种强光刺激。

在距离自己不远处，1 名战友出现心跳加速、血压升高、肌肉紧张、动作失调、兴奋、狂热、胡乱跑动、大喊大叫，对身边的危险失去判断的现象；个别战友伴有呕吐、耳鸣心悸、视觉模糊、神情恍惚、精神崩溃的情况；在自己附近的指挥连长，突然出现幻觉，感觉眼前一片血红、情绪狂躁、拳打脚踢、反应能力降低，难以胜任指挥工作。

你作为心理骨干，面对此情景，应如何处理？

**2. 着陆技术演示**

演示（用语）参考：

（1）"请你放松，以一个你觉得舒服的姿势坐着，两肩放松。"

（2）"慢慢地深呼吸，用鼻子深深地吸，微微张开嘴巴慢慢地呼。"

（3）"看看你的周围，说出 5 个你看到的不让你难过的物体，如我看到了远处的大树，我看到了湛蓝的天空，我看到了我的战友 XXX，我看到了马扎凳，我看到了很多人。"

（4）"慢慢地深呼吸。"

（5）"接下来，说出 5 个你能听到的不让人悲伤的声音。比如，我听到我的战友 XXX 在说话，我听到了自己的呼吸声、关门声等。"

（6）"慢慢地深呼吸。"

（7）"说出 5 个你能感觉到的不让人悲伤的事情，如我能感觉到毛毯一样的地面，我能感觉到鞋子里的脚趾头，我能感觉我的双唇紧贴在一起。"

（8）"慢慢地深呼吸。"

（9）"说出你们看到的周围存在的五种颜色。比如，草绿色的地面，刺眼的灯光等。"

（10）"慢慢地深呼吸。"

注意事项：

（1）施救者要镇定，因为你的镇定能让对方镇定下来；

（2）要有神圣感和庄严感；

（3）不要问对方现在什么感觉；

（4）此技术需要不断练习，勤加练习。

**3. 战场应激恢复技术演示**

演示（用语）参考：

（1）唤醒（判断并减轻对方无力感）："同志，同志，你叫什么名字？看着我，请抓紧我的手。"

（2）承诺（判断并减轻对方无助感，给对方安全感）："战友，你现在不是一个人，我现在和你在一起，我会一直陪伴你。"（支持不是支持，感受到的支持才是支持。）

（3）询问事实（判断并减轻对方无"序"感）："你的指挥官是谁，你和谁一起执行任务，你现在任务有哪些？"

（4）建立顺序（引导战友时间定位，恢复其方向知觉，评估其有无定向障碍，建立其对事件的整体认知）："战争哪天打响的（时间定向），你现在哪里（方位定向）？"

（5）发出指令（通过任务指令，促使其有目的地完成任务，让其感受到价值感、被需要感、自主感和掌控感）："同志，请你站起来，拿上枪跟我一起去战壕"，或者说："同志，你深吸一口气，拿上枪站起来，跟我一起走"，或"我相信你，你是可以的，把你的物品放入背包，站起来跟我一起"。

## 二、战后人员心理调适

战后应激人员的心理需持续关注，战后官兵的心理问题亦需要及时调适，所有战后心理创伤的修复是一个亟须重视的问题。如果应激人员在战后得到高质量陪伴，持续的支持，恰当的干预，那么可以确保他们在很大程度上有一个良好的预后。战后心理调适方法按干预对象数量的多少可分为团体与个体两大类。这里主要介绍针对个体的调适方法。

（一）常规方法

常规调适方法包括基于认知的，如合理情绪疗法，基于行为的各种疗法，包括系统脱敏、暴露疗法、各种放松技术等。其他一些自我调适方法，包括倾诉、书写、运动，以及支持技术，包括社会支持、实际帮助等。通过给应激人员介绍战斗应激身心反应现象及规律，教授当事人一些实用又有效的应对方式，比如通过认知疗法，引导居功自傲、受到惩罚、争功夺奖或应激事件后怕者积极、正确的思维和信念，正确认识事物、合理表达情绪、接纳真实自己等；对战后出现冷漠心理者，可通过行为塑造法，教其尝试体验爱、学会爱，以积极乐观的心态看待自己的经历；对战后焦虑为主要症状的人员，可以选用支持性治疗为首选方法，同时配合认知疗法及系统脱敏法；对战后强迫症状者则可以厌恶疗法为主，联合使用暴露疗法，其中厌恶疗法，比如电击厌恶疗法或药物催吐厌恶疗法；对最常见的一类症状PTSD，可通过正常化等心理宣教以及常用稳定化技术调适。上述精神心理问题严重者，在心理治疗基础上，均可辅以药物干预。

此外，引导存在战后心理创伤问题患者积极行动，对未来保持希望等。最后，帮助应激人员发现并建立自己的积极有效的社会支持系统，充分使用被其遗忘的社会资源，鼓励加强与亲人的联系、拥抱、倾诉，积极回应、理解其情绪，让他们感受到来自外界的稳定、持久的支持。这些方法很基本，比较简单，但对战后人员心理恢复特别重要。

（二）心理资本在战后应激中的应用

心理资本概念最早源于经济学领域，但由于信息快速传播及学科高频互动融合使得心理资本的学术价值迅速被社会学家和心理学家关注，尤其在心理学领域的热度最高，后来还开发了专门的心理资本量表。目前被学界广泛认可的心理资本量表是由弗雷德·卢桑斯（Fred Luthans）等人编写的，这一问卷包含24道题目，涵盖自我效能/自信、希望、韧性、乐观四个维度。

自我效能即相信自己，即使是面临艰巨的任务或进行富有挑战性的工作，也相信自己可以通过努力换来成功；希望即指有强烈的目标感，能够通过自我引导而坚持不懈，同时具有"路径力"（way power），即在实现目标的途中受到阻碍时，能调整路径——实现目标的计划——以达成目的；韧性是指不管是面临困境还是身处非正常的状态，哪怕是身处能力临界值之外，都能迅速恢复到"自我"的正常状态，并且能够通过主动积极的转变和自我成长提升能力素质，实现最终超越；乐观指对现在与未来的成功有积极的归因，对自己的现在和未来保持积极的态度。

如上所述，心理资本包含四种重要的心理品质，每一种心理品质都可帮助我们在逆境或遭遇打击时快速复原。下面逐一对其功能作出阐述。

自信，即自我效能感，它可助力个体积极行动起来。即自信的人，更容易接受挑战；自信的人，不怕失败；自信的人，更倾向于让自己走出去，在人际社交中更大胆。自信可促使人积极行动，想办法解决问题。

希望是一种非常可贵的品质，希望会让人坚持。许多身处窘境甚至濒死的人，因为内心充满希望最终让他们走出困境。故此，希望可激发人的精神力，使人振奋，是动力的重要来源，也是人积极行动起来的动机所在。希望不仅可促使人积极思考，更重要的是会增加动力，即我要变好。

韧性，偏向意志层面，即让个体坚持下去。毛主席曾说，最后的胜利，往往在于再坚持一下的努力之中。心理资本之韧性可使人多次站起来。让人不惧失败，而且还可快速让个体复原，恢复到正常、平衡的状态，且保持强劲。

乐观是一种看问题的态度或处理信息的方法，是一种优秀的心理品质，也是一种积极的核心信念。乐观者倾向于对失败进行稳定的外归因，他们总对事件结果保持积极的认知。契诃夫曾讲："要是火柴在你的口袋里燃烧起来，那你应该高兴，多亏你的口袋里不是火药桶"，这句谚语形象地展示了乐观的积极效果。

当个体拥有了上述心理资本后，再遭遇战场心理应激，其应激反应的发生率会降低，应激反应的强度也会减小，他们更容易摆脱困局，快速复原。

## 思考题

案例：吴某，男，20岁，上等兵。执行维稳任务时被暴恐分子砍伤右腿致大出血，出现木然僵直状态，卫生员迅速将其转移至安全区域，在紧急处置的同时进行心理急救。此名战士在被转运至驻地医院后情绪紧张，失眠，警觉性增高，头脑中反复闪现战斗场景，后担心被战友耻笑，不愿与人交流，回避与战场受伤的相关事宜。

结合上述案例，请谈一谈你对战时支持技术的理解。

# 第十章　高原军人心理健康维护方法

> **教学目标及要求**
>
> 知识：了解高原常见心理问题、正念技术，理解团体训练对有人际社交问题成员"治疗"效果更佳的机理；熟悉高原心理维护措施；掌握高原心理维护关键技术，掌握至少一种高原团体训练科目。
>
> 能力：具备常见高原环境心理问题维护技能。
>
> 素质：学习高原卫士奉献牺牲精神，涵养戍边爱国情怀。

## 第一节　高原军人认知神经心理功能损伤与维护

认知神经心理学是近年来兴起的一门交叉学科，属于心理学、认知科学、神经科学的交叉领域。认知神经心理学是认知心理学的一个分支，它是在认知心理学和神经心理学的基础之上发展起来的，其目的就是探究人们在进行认知活动时，其心理过程规律或心理信息加工的具体过程，通常所采用的研究对象为认知功能受损的病人。

认知神经心理功能是认知神经心理学研究的内容，它包括：人们的注意力、记忆力、反应时、运动时、深度知觉、速度知觉、动作稳定性等。通过对上述认知神经心理功能变化、损伤或异常的研究来探究环境或刺激是如何影响个体认知功能或心理功能，以此研究如何改变环境（如果环境可以改变）或干预，来改善个体的认知功能，降低环境对认知神经心理功能的损伤，提高心理健康水平。

### 一、高原环境对认知功能的影响

高原缺氧对认知功能的影响显著而持久。研究者认为长期生活在较高海拔的高原上，会明显损害认知功能，如语言功能降低，感知困难，记忆的获得、保持较差，且操作速度显著减慢。

（一）对感觉和知觉的影响

高原缺氧对机体感觉机能的影响出现较早，其中视觉对缺氧最为敏感。急性高空缺氧时，以柱状细胞为感受器的夜间视力受影响最为严重，一般自海拔 1200 米起即开始出现障碍，平均每升高 600 米，夜间视力下降约 5%。严重高原反应的患者不但伴有头痛、头晕或意识模糊的症状，同时还伴有视力模糊或短暂视力减退的情况，甚至发生一过性失明。缺氧导致的视觉障碍还包括：视力减退、视疲劳、闪光幻觉、飞蚊幻觉，夜盲、复视、视野改变等；视敏度及颜色辨别能力在海拔 3000 米就开始下降，海拔高于 5000 米时，对红蓝的辨别发生障碍。

听觉机能也随海拔的增加而受到一定影响。大约在海拔 5000 米附近，高频范围的听力下降；在 5000 米~6000 米以上，中频及低频范围的听力才显著减退。中度缺氧时出现听觉迟钝，严重缺氧时出现耳鸣和重听。海拔越高，听力下降越明显。

触觉和痛觉在严重缺氧时也会逐渐变得迟钝，在 5600 米以上的高度时，痛觉阈值会明显降低。在极端高度（海拔 6000 米以上），大多数人出现幻觉，幻觉表现形式主要是躯体幻觉、听幻觉和视幻觉等，一般均为假性幻觉。缺氧还会导致机体的咸、酸、苦等味觉降低。

（二）对记忆的影响

神经系统对缺氧最为敏感。低氧环境对神经行为功能的影响主要表现为思维迟钝、注意力不集中、记忆力下降。在海拔 1800 米~2400 米处进行检查，发现记忆力开始受到影响。大约 5400 米时，记忆力减弱，已不能同时记住两件事。

随着海拔升高，缺氧程度加重，个体开始表现出不同程度的记忆损害，从记忆能力下降到完全丧失记忆能力。在此过程中，虽然意识尚在，但下降到地面后本人对自己在高空停留期间的许多异常表现却完全遗忘（逆行性遗忘）。

高原低氧对操作技能，尤其对精细操作影响也很大。随着海拔高度增加，缺氧愈明显，对人的短时记忆和瞬时记忆影响愈明显。

（三）对思维的影响

急性高原缺氧会严重影响人的思维能力，而且对反应能力的影响有蓄积效应。随海拔高度的增加，损坏程度明显加重。严重缺氧常产生不合理的固定观念，表现为主观性增强，说话重复，书写字间距扩大，笔画不整齐、重复混乱等现象。正常理解力、判断力也遭到破坏，丧失对现实的认识和判断能力。

缺氧对思维能力影响的危险性在于主观感觉和客观损害相矛盾，缺氧已致个体的思维能力显著损坏，但自己却往往意识不到，做错事也不会察觉，还自以为思维和工作能力"正常"。海拔1500米时，思维能力就开始下降，表现为新近学会的复杂智力活动能力受到限制；3000米时，思维能力全面下降，其中，判断力下降较为明显。

（四）对注意力的影响

急性高原缺氧时注意力明显减退。大约海拔5000米，注意力的转移和分配能力明显减弱，注意很难从一项活动转向另一项活动，往往不能同时做好几件事情。随着海拔的增加，缺氧程度加重，注意力难以集中，注意的范围越来越窄，往往只能看到前方事物，看不到左右两侧的事物。不能像平时那样集中精力做好某项工作。

## 二、高原环境对心理运动能力的影响

心理运动能力是指控制有机体运动、保证运动任务完成所需的能力。高原缺氧对心理运动能力的影响随海拔的升高而加深。国内研究发现，心理运动绩效在海拔2800米时并无显著改变；在3000~3500米，平时已熟练掌握的精细技术动作，开始变得有些笨拙，甚至出现手指颤抖及前后摆动。脑、眼、手的协调性也降低了。可见，在此高度，精细运动的协调机能已受影响；在3600米时反应时间明显延长，运动绩效下降。随着高度的增加，缺氧程度逐渐加重，运动协调机能障碍也进一步加剧，出现运动迟缓，身体有震颤、抽搐和痉挛等表现。

# 第二节 常驻高原军人心身及现实问题应对

高原边防官兵长年累月坚守高海拔地域，为国防安全和军队建设作出了重要贡献。高原地区自然环境艰苦，生活资源及社会保障缺乏，官兵生活单调，心理问题多样、精神压力多维、心理需求多元，缺乏可及性、经常性心理卫生服务。客观环境及现实条件对高原官兵提出了更高的要求，尤其是在适应环境、疏解压力、预防疾病等诸多方面。同时恶劣的自然环境也给官兵带来了许多现实问题及困扰。解决好上述问题，可在一定程度上减少高原驻防官兵的后顾之忧，也可稳固军心、巩固国防。

## 一、高原军人心身问题

（一）情绪情感问题及其应对

缺氧、寒冷、大风、干燥、强紫外线、气候多变，这些极端自然地理因素不仅直接影响高原官兵的认知与行为，也引发诸多情绪问题，其中较常见的症状有：孤独感，思念家人，易怒易激惹；等等。这些问题又会进一步影响人际关系及社会功能，甚至导致职业功能受损。

情绪情感状态和唤醒水平对人的身心健康和活动效率有重要影响。人的情绪情感由边缘系统产生，受大脑皮层调控。高原缺氧对中枢的影响是越高级的部位影响越早，所以缺氧时首先麻痹皮层功能，使情绪情感失去皮层的正常调节，从而发生不同程度的情绪紊乱，直至情感障碍。约自海拔4000米起，便会使人出现情绪方面的变化。其表现特点、严重程度除了与缺氧程度、暴露时间有关外，还与个体的情绪反应类型有关。如有的表现为活动过多、喜悦愉快、好说俏皮话、好做手势、爱开玩笑等；有的则表现为嗜睡、反应迟钝、对周围事物不关心、头晕、疲乏、精神不振和情感淡漠等；还有的表现为敏感、易激惹、敌意、争吵等，严重者有欣快感的表现，如饮酒初醉状态。随着海拔高度的不断升高，情绪失控现象将会越发严重。

（二）躯体损伤及行为问题

高原独特的地理环境对驻防官兵的身体健康带来诸多负面影响，直接影响表现为官兵机体的生理机能下降、活动效率降低，体力精力下降，有氧代谢率（最大有氧能力，maximum aerobic capacity）降低，脑力认知加工负荷加大；间接影响表现为作业绩效下降，最大工作效率降低。

行为问题中最突出的当属易困倦，同时又易失眠。高原环境中，睡眠问题几乎是所有心理问题的伴随症状，比如焦虑、抑郁、强迫症、应激障碍或创伤后应激障碍等。一般情况下，心理问题会导致失眠等问题的发生，失眠问题又会反过来加重心理问题。但高海拔环境下官兵的睡眠问题，通常直接由环境本身引起，如果个体本身就有失眠问题，那在高原环境下驻训驻防可能会加剧睡眠问题。

引起高原失眠的因素首先是缺氧，血液中氧气不足会直接导致睡眠问题；其次，寒冷、干燥、白天的强紫外线等均会影响睡眠。高原环境与个体平时的睡眠环境差异巨大，在外部环境发生变化时，出现失眠问题实属正常。根据已有研究发现，采取渐进式上山，即逐渐习服的方式，可有效降低失眠的发生，改善睡眠质量。此外，大多数人上到高海拔区域时，失眠情况在一周后通常会有所缓解。

高原环境下，除了缺氧显著影响作业绩效外，低温、气候干燥、风速大、太阳辐射线和紫外线照射量增多等均会对官兵的作业绩效和心理功能产生一定影响。

## 二、高原官兵婚恋家庭问题及其应对

常驻高原地区官兵的婚恋问题较为突出。一是择偶受限，女兵少，接触异性的机会少；二是已婚官兵面临异地分居问题；三是离婚问题也日益凸显。

所以更应切实关注军人的婚恋及家庭心理健康问题。逢年过节，在政策允许范围内，为异地军属提供慰问、送上部队党委的祝福。通过细致、用心的人文关怀，让军属感受到部队的关心、支持；同时，在任务压力相对较小的情况下，准许家里确有现实困难和需求的官兵回家探亲，让高原官兵真切感受到组织的关怀、集体的温暖。

## 三、高原官兵职业发展问题及其应对

除婚恋问题外，人生发展及职业规划问题也常常困扰高原官兵。军人大都会面临二次就业问题，而驻防高原，尤其长期久居高原的官兵在面对人生发展规划问题时，则面临着更多的挑战和更大的困难。初到高原的官兵，激情满怀，大都立志戍边卫国、建功立业。随着驻防时间增长、年龄渐长、婚恋家庭问题凸显，在跟同龄人的对比中，不少官兵对自己当初的选择产生怀疑，想法开始动摇，加之进退走留等不可回避的现实问题的出现，不少官兵内心冲突加剧，进而引发相关心理问题。面对此类问题，一是要调整认知、调整心态。既来之，则安之，做好当下的事，干好本职工作；二是多跟身边其他战友，尤其是久居高原且做出不少成绩的战友交流，听听他们的故事和心路历程。

上述几类问题与官兵切身利益息息相关，也是国家层面、军队保障、福利制定部门时时考虑和考量的问题。其实部队从来都没有停止过对改善上述问题的研究。除了一步步改善高原驻防条件外，也在不断优化完备的保障体系。

## 四、高原综合保障和心理服务体系构建

高原地区自然环境艰苦，环境相对封闭，生活资源、网络信息、社会保障相对缺乏，官兵生活单调，心理问题多样、精神压力多维、心理需求多元，可及性、经常性心理服务比较缺乏。国家这些年，对高原边防基础建设投入了大量精力，加大财力加强基础设施建设，相比之前，高原官兵的生活设施、保障条件已经发生了巨大变化。健全心理服务保障工作主要归纳为以下三个方面。

（一）构建完备心理服务保障体系，增强组织心理健康

单靠本级或上级医疗卫生队伍中的心理工作者或兼职心理工作的医务人员来承担

高原官兵的心理服务工作，一方面不现实，另一方面效果有限。解决此问题，有几个措施可参考：一是和专业院校签订对口定期服务帮带合同，依托专业院校到高原定期开展心理服务；二是高原部队每年派出有一定心理学基础的人员到专业院校参加短期培训，学成后回单位开展工作；三是对专业能力的培养。加强卫生军士，尤其是来自高原边防一线卫生军士心理工作能力的培养，使其具备基本的心理维护技能。

（二）完善基础建设，配备好必要的心理服务设施设备

习近平总书记指出："要注重部队心理工作，从基础建设抓起，提高科学化管理水平"。软件有了，必要的心理服务设施设备也得配备。比如心理咨询室、心理治疗室、心理放松室、心理宣泄室、心理氧吧，甚至一些现代化设备（VR训练室、体感互动仪器等）。让官兵在训练之余，有空间去宣泄情绪，倾诉烦恼。

就倾诉而言，找对倾诉对象很重要。当战友们感觉内心苦闷或察觉自己有不良情绪时，可根据自身实际情况，寻找合适的倾诉对象，从而缓解心中压力。其中，家人、战友、发小等都是绝佳的倾诉对象，他们能够提供当事人最好的内心支持。倾诉对象一般可分为以下三类：①曾有共同经历或体验的人。跟他们倾诉，更容易获得对方的理解，甚至还能获得有益指导。②对自己的现实处境比较了解和关心的人。向他们倾诉时更容易获得正向情感反馈。③那些具备一定心理学知识的人。此外，找准倾诉时机和环境亦很重要。最后，还应注意倾诉时要把握好以下几点：①实事求是。客观叙述自己的情况，不故意隐瞒和夸大；②突出重点。倾诉者一般有自己的想法和观点，为获取倾诉对象对其观点的认可和支持，可能会有意、无意地重复相同的话。建议战友们倾诉时，讲清影响情绪的主要事件。如果倾诉对象没有追问详情，不必过多描述细枝末节，防止倾诉对象产生抵触情绪。③注重倾诉过程中的及时反馈和积极互动。单纯的倾听易使人感觉枯燥乏味。战友们倾诉时可适时注意倾诉对象的反应，给对方表达想法的机会。如果仅一味倾诉，可能使倾诉对象出现消极反应。这种消极反应还可能影响倾诉者，使倾诉者更加焦虑、不安。

（三）制度性开展心理服务工作，建立好官兵心理档案

定期为高原官兵开展心理服务。需制定政策和制度，机制的建立可确保心理服务的连续性。弄清官兵心理需求，可提高心理服务工作的有效性和针对性。此外，建立官兵心理档案是个非常有用的心理服务策略，通过知"心"档案可对每名官兵的心理状态、人格特征、人际交往、社会关系等进行动态监测，掌握重点人群的心理动态。

建立知心档案，既能提高心理筛查的可靠性、准确性，同时可有助于针对性开展心理识别工作，从而提高了心理检测的效率，可更好地开展部队心理服务工作。

### ☞ 附：集思广益化解高原官兵心理困扰示例

生活中、工作中难免会遭遇心理困扰，能通过自我调节、自我消解来独立解决问题是一个很好的现象。但现实中发现有些个体的思维较狭窄或线性化、爱钻牛角尖，导致其身心问题难以解决，此时设置适当主题，开展团体训练。团体情境能提供给成员更多的视角和思路，以便更好地解决问题。

一、训练流程及规则

（1）把参训人员分成若干小组，每组8~12人为宜。

（2）每个小组围圈而坐，指导者引导大家静下心来进行思考：最近一个时期，自己最困扰、最想得到的帮助是什么？然后，把这个问题写在纸的最上端，"我最困惑的问题是……"，并在后面注上自己的名字。这张纸就是自己的"问题纸"。

（3）在小组范围内，按顺时针方向把自己的"问题纸"传递给左边的成员，每位成员拿到他人的"问题纸"后，首先阅读最上端的问题内容，认真思考，根据自己的经验及体会，怀着真诚助人的心情，以自己的方式解答问题，答案没有对错之分，把自己对这一问题的真实看法写出来，并在后面注上自己的名字。

（4）把手中的"问题纸"继续向左边传递。

（5）以此类推，直到自己的"问题纸"重新回到自己的手中。你会发现收获了大家对这一问题的不同看法。认真阅读，进行领会、思考和感悟。

（6）在小组范围内，每位成员都谈一谈阅读完他人意见后的感想，以及对自己的启发和收获。

（7）每组选派代表在全体范围内进行交流，交流的方式可以这样规定：首先自报姓名，接着念自己最困惑的问题，接着按照"×××（姓名）给我的建议是……"这样的方式，依次把其他人所提出的建议念出来，最后，自己做一个小结或评价，并谈谈自己的感受。

注意事项：

（1）除各组推荐的代表重点发言外，其他参与者也可主动发言，并进行补充；

（2）组训者观察并关注大家普遍关心的话题，予以引导、解释、解答。

## 二、交流分享

（1）"重点人"谈感受谈、谈体会、谈收获。

（2）参训者自愿发表感受。

## 三、总结点评

到了一个新的地方，人们之间因为缺乏沟通而显得紧张、不安和拘谨。尤其当我们情绪低落时，沟通显得格外重要。要特别注意与战友的沟通、与班长的沟通、与排长的沟通、与家长的沟通，沟通能够让我们开阔眼界，沟通能够让我们得到更多的帮助，沟通过程中我们也能够去帮助其他人。

当每个人把自己的知识、智慧、经验、成果甚至失败的教训拿出来与大家分享时，实际上是在进行思想的交流、交锋、碰撞和学习。分享的越多，交流的越充分，从中撞击出的思想火花就越多，每人吸收到的知识营养就会越丰富。由于得到多个人的帮助，集中了其他人的智慧，丰富了个人有限的经验，参训者感到收获颇丰。

# 第三节 高原驻训及临战情境中的心理维护

军强才能国安。要建强军队，就必须全面加强练兵备战，努力提升人民军队打赢能力，在实战环境中锤炼部队官兵作战能力。为此，部队奔赴高原实训实练，高原演训、驻训成为常态。同时，中印边境擦枪走火时有发生，官兵需从心理上适应临战待战情境，甚至要习惯于战场环境。唯有这样，在冲突真正发生、战争到来时，才不至于人心惶惶、未战先溃、丧失战斗力。故此，如何做好高原驻训及临战情境下官兵心理维护工作，提升官兵战场心理适应性具有非常重要的现实意义。

## 一、正念疗法

正念疗法是由美国麻省理工学院的卡巴金教授在20世纪70年代提出的，近年来已成为心理治疗界的热点。正念疗法被认为是认知行为疗法的第三次浪潮。正念疗法强调身心统一、形与神俱，它在本质上是一种有意识的关注即时体验的清醒状态。正念实践或正念训练要求人们全身心、全心全意地投入，否则，正念实践就从根本上偏离了其目标。

有意识、有目地关注和观察当下的一切，但不对当下的一切做任何评价，此谓正念。曾国藩语"物来顺应，未来不迎，当下不杂，即过不恋"后两句"当下不杂、即过不恋"就是对正念理念中活在当下的一种极好诠释。正念内涵包括觉察、不评价、接纳、当下；让意识和身体合一，即心身合一/形神无二，我们的身体是实实在在的存在于当下的，它既没有生活在过去，也没有生活在未来。只有心身合一，你才能借由这个情绪的引导进入你的潜意识，你才能将情绪和事情剥离开来，不被欲望所牵制，这就是觉知的阶段，是知行合一的阶段。从关注你的身体开始，倾听感受身体的声音，它会极大地回报你。你善待自己，命运也会善待你，一切疗愈从善待自己开始。有些自杀者，由于身心完全脱节，自己非常痛苦，他们借助自杀来结束这种身心决裂所带来的痛苦。神经症带来的紧张感、紧绷感、警惕感，实际上是身体的自我防卫机制，这种防御机制的目的就是教你对抗来自外界的危险，在极端情况下，它会演变为植物神经紊乱，比如窒息感、濒死感、心跳加速、腹泻、尿意频频等。"不要为打翻的牛奶哭泣""昨天的太阳晒不干今天的衣服""今天扫完今天的落叶，明天的树叶就不会在今天落下来"。这些谚语均是正念对活在当下的解读。告诉人们要把握现在、享受当下。

（一）正念疗法的原理与机制

**1. 原理**

"正念"这个概念来自佛教禅修，强调当下的意识，即对当下的一切进行有意识、有目的地关注和察觉，同时并不对此做出判断和分析。即当想法、感觉和情绪出现时，觉察到它们的存在但不对其过度反应。我们的目标不是完全清空大脑或停止思考，而是将全部注意力集中于当下或此时此刻。正念内涵通常包括三个方面内容：①觉察。自然地内观、观自在而不做任何评价或不过度反应。②当下的体验。苏格拉底说"世间最珍贵的不是'得不到'和'已失去'，而是现在能把握的幸福"，谚语"The present is present."告诉我们最珍贵的礼物就是当下。当你把握住当下，就把握住了未来。这两者都是对其定义中当下体验的强调。③接纳。接纳即告诉人们如其所是、无条件地接受认同一切，允许一切的发生。以一种不带评判的态度接纳你出现的任何感觉。感到焦虑就承认你感到焦虑，比如"我感到很焦虑，没关系，这是正常的情绪"；不要试图改变情绪，只需要承认其存在即可。

正念疗法是基于"正念"而发展出来的一种自我调节的心理疗法。它通过把自己的注意力全神贯注地集中在当下的意识状态来专注、统一自身当前的状态和感受，帮助我们从这种惯性又无知无觉的睡眠状态中觉醒过来，从而能触及生活里所有的可能性，达到治疗目的。正念实质是告诉我们，只要你经历着什么，你就必须让自己完全（全身心）投入其中。

**2. 机制**

（1）三轴模型：罗纳德·夏皮罗（Ronald D. Shapiro）等人提出了正念的三轴模型，轴Ⅰ即目的，轴Ⅱ即注意，轴Ⅲ即态度。此模型尤其强调对意识本身的加工，而非对意识内容的加工。通过训练个体对心理现象保持短暂易逝的态度来提高个体对不愉快的情绪和状态的容忍度，从而让个体能更好地调节情绪，提升幸福感。其次，正念强调非评价性。由于个体在正念疗法中对意识的内容是不带有主观情绪的，所以个体能更客观地去体验和感受。通过这种正念训练弱化对刺激知觉的情绪偏向，使个体形成稳定的正念状态（正念状态实验研究为实时观察正念过程提供了很好的机会，进而帮助我们理解意识是如何处理体验的，以及如何优化这一处理方式才能增强情绪体验及幸福感）来对待客观情绪，使他们积极面对负面情绪，不再逃避。

（2）正念应对模型：这是一个因果模型，强调正性的认知重评。当个体评价自己遇到的困难时，通过正念方式（即关注意识本身而不是意识的内容）对这个评价去中心化处理，从而扩展认知，重新定义和构建压力事件，进而引发正面情绪。

（3）推动性上升螺旋模型：该模型指出，正念疗法中的加工过程是螺旋上升型的。通过压力评价—去中心化—正念状态—注意扩散—正性重评—正性情绪及压力降低—新压力评价—去中心化等螺旋上升过程，最终达到特质正念及正性素质。

（二）正念疗法主要功用

（1）减轻焦虑和抑郁情绪：正念在缓解情绪方面发挥着重要作用，尤其对焦虑、烦躁等情绪。

（2）改善记忆和注意力：通过正念可让当事人将注意力聚焦当下，全神贯注于正在进行的任务。实证研究发现，正念提升人的记忆力、注意力以及认知加工能力。

（3）降低反刍：思维反刍是抑郁症的一个典型特点，通过正念练习可降低思维反刍倾向。

（4）提升情绪管理能力，更好适应压力情境：通过正念练习，如前文所提到的正念吃葡萄干，可让受训者将注意力拉回当下、聚焦当下。关注当下，可增强个体对其内在情绪的感受力和觉察力，从而有助于提高其情绪的稳定性。这一点对战争中急性战斗应激反应发生时的情绪反应缓解极为有益。

（三）正念疗法的主要技术

**1. 静坐冥想**

静坐、冥想是正念训练中最主要、最基本、最核心的技术。具体做法是：静坐，调整呼吸，关注自己的呼吸节奏、腹部起伏，关注自身的感觉，注意想法的生成、发展和消失。

**2. 全身扫描**

全身扫描的具体做法是：躺下闭眼，按照一定的顺序感知身体的不同部位。在全身扫描的过程中，一定要精确地扫描和感知身体的所有部位。

**3. 正念行走**

正念行走具体做法是：自由呼吸，不加控制地行走；注意力集中在行走本身和脚掌与地面接触的感觉，以及重心的改变和身体的移动。

**4. 三分钟呼吸空间**

三分钟呼吸空间的具体做法是：静坐闭眼，关注自己当下的想法、情绪和自己身体的整体感觉。

**5. 正念瑜伽**

正念瑜伽强调感知在瑜伽练习过程中的拉伸和运动，而不在意动作本身的完成度。

## 二、ACT训练法

ACT训练法，通常指接纳承诺疗法ACT（Acceptance and Commitment Therapy）。该疗法由美国内华达大学史蒂文·海斯教授创立，该疗法是建立在关系框架理论（Relational Frame Theory，FRT）之上的，RFT认为个体的语言和认知的基础是人类的关联能力。为了更好展现ACT技术的效果，降低语言对人类痛苦的影响效应，在临床使用中，隐喻这一方式常被大量使用。此外，接纳承诺疗法是一种将正念治疗技巧（正念治疗非常强调接纳症状而不是回避或抑制症状）和自我接纳的实践结合起来，将承诺和行为改变相结合的心理疗法，目的在于帮助人们提升心理灵活性。认知解离是接纳承诺疗法所提出的又一种应对策略或一种心理治疗技巧，它强调将个人从自己的思维内容、记忆感觉、语言规则中分离出来，以一种客观的态度看待自己的思想活动，就像是在观察外部的对象一样。简而言之，认知解离就是让人们能够与自己想法和主观经验保持一定距离，不过分评判或认同这些想法和经验，仅仅是观察它的存在。比如，我们头脑中每时每刻的想法，他们一直来来去去，对此，我们可以想象自己正坐在河边的树下，树上的叶子落在河面上飘来飘去，同时，你想象你的想法都被写在叶子上，随着叶子漂浮着，你静静地看着树叶慢慢飘走，既不往前推它，也不往后赶它。我们对待自己的想法就要像看这水面上的叶子一样：想法是想法，我是我，想法不等于事实，同时，我们对这些想法最好的态度就是接纳。ACT 疗法更强调以接纳取代回避。

还有一种 ACT 训练法概念，其具体内容则如下所述。

Accepting：接纳现实，允许一切的发生；

Connection：与他人建立连接，与外界联系；

Talking kindly：选择用第二人称跟自己友善对话，类似于自我激励或自我暗示。

这里的 ACT 训练也包括接纳这一策略。Connection 则鼓励人们与他人建立连接，即不要将自己封闭起来，要多走动，要主动跟别人建立社交关系，要多与亲近的人、身边的人，如家人、战友沟通，沟通可以是面对面，也可通过网络电话等形式展开。Talking kindly 则鼓励人们与自我对话，因为自我鼓励、自我暗示有很强效应。多跟自己友好地对话，倾听自己的内心声音，有时大声说出来效果会更好，这一点正是训练自信的方式之一。

### 三、放松训练及团体心理行为训练

久居高原会产生慢性应激，人际社交能力会受到影响，会出现烦躁、易激惹、心理活性下降等。本教材前述所提到的各种放松训练法，比如呼吸放松、肌肉放松都是管用实用的方法。这里强调一点，放松技术与上文的正念有联系（如都是身体处于一种相对静的状态），但两者不同。后者本质上是一种觉知方式、一种心灵对体验（体验的内容不重要，可以是呼吸、行走、进食，或任何日常活动）的态度。

除放松训练外，开展经常性的团体心理行为训练，比如人际沟通主题训练、团队合作主题训练、激发士气等主题的训练都是非常好的选择。通过团体活动，把官兵聚在一起，让大家身体有接触，情感有交流。比如，可以设置"乌鸦与乌龟"的暖场活动，让大家把手搭在一起，接着，设置"心有千千结"活动，让官兵把手牵在一起，再设置"同舟共济"活动，让参与官兵互相拥抱，身体紧紧贴在一起。通过这样的设置，逐渐消除陌生感，减少疏离感。这些心理活动在拉近身体距离的同时，也拉近了官兵间的心理距离，对促进人际和谐，加强沟通交流，增进团队合作，提振战斗士气都有着极为重要的作用。

### 思考题

1. 假设你到高原后，发现官兵内部关系紧张、人际社交能力比较差，你想组织心理团训改善此状况，该如何开展？
2. 请浅谈对正念技术的理解。

# 参考文献

[1] 冯友兰. 中国哲学史补 [M]. 中华书局, 2014.

[2] 苗丹民, 曹爽. 职业能力倾向测验与军人心理选拔 [M]. 北京：清华大学出版社, 2023.

[3] 宋华淼, 孙丛艳. 军人心理健康维护技术方法 [M]. 北京：清华大学出版社, 2019.

[4] 曹玉萍, 张亚林. 老庄哲学与心理健康维护 [J]. 临床心身疾病杂志, 2006 (2)：138-140.

[5] 江光荣, 李丹阳, 任志洪, 等. 中国国民心理健康素养的现状与特点 [J]. 心理学报, 2021, 53 (2)：182-201.

[6] 苗丹民, 刘旭峰. 心理卫生工作手册 [M]. 西安：第四军医大学出版社, 2015.

[7] 沈云林. 当代大学生的心理健康及其维护 [J]. 长沙大学学报, 2003 (1)：77-79.

[8] 姚新良, 沈云林. 论大学生心理健康维护的途径 [J]. 湖南师范大学社会科学学报, 2001 (S1)：126-129.

[9] 曾莉, 胡德英. 我国护士心理健康维护现状及对策 [J]. 医学与社会, 2015, 28 (2)：77-80.

[10] 保宏翔, 苗丹民. 强迫症高危人群"特质-症状"筛查范式探究 [J]. 医学与哲学, 2021, 42 (4)：48-52.

[11] 严进, 路长林. 美军军事应激研究之管窥 [C]. 第十届全国心理学术大会论文摘要集, 2005.

[12] 冯正直, 王佳. 战斗应激反应的研究进展及展望 [J]. 第三军医大学学报, 2019, 41 (4)：275-281.

[13] 曾奇峰. 幻想即现实 [M]. 北京：北京联合出版公司, 2017.

[14] 禹智波, 吕艳冰, 宋凌恒, 等. 首次急进高原对军人认知功能影响的计算机神经心理学测试研究 [J]. 神经疾病与精神卫生, 2019, 19 (4): 390-394.

[15] 史菊红, 丁玎, 史建平. 2037名驻高原官兵认知功能降低情况及其危险因素分析 [J]. 第二军医大学学报, 2017, 38 (9): 1214-1217.

[16] 保宏翔, 陈竺, 王东勇. 海拔3700m驻防3个月和15个月的男性新兵认知功能对比研究 [J]. 第二军医大学学报, 2015, 36 (4): 455-458.

[17] 汪瑞, 陶雨. 驻高原官兵心理健康状况及其影响因素研究 [J]. 人民军医, 2005 (1): 5-7.

[18] 冯正直, 夏蕾. 军人战争心理创伤特点研究与展望 [J]. 第三军医大学学报, 2017, 39 (15): 1507-1513.

[19] LAURENCE J H, MATTHEWS M D. 牛津军事心理学 [M]. 杨征, 译. 北京: 科学出版社, 2014.

[20] 张嘉虹. 班级团体心理辅导对技校生心理健康水平的影响研究 [J]. 中国健康心理学杂志, 2012, 20 (4): 631-633.

[21] 杨业兵, 苗丹民, 田建全, 等. 应用项目反应理论对《中国士兵人格问卷》的项目分析 [J]. 心理学报, 2008 (5): 611-617.

[22] 陈谨, 何静, 佟仁城, 等. 英语标准化考试评价中IRT与CTT的比较研究 [J]. 数学的实践与认识, 2011, 41 (20): 1-9.

[23] 汪存友, 余嘉元. CTT与IRT参数不变性比较的实证研究综述 [J]. 南京师大学报（社会科学版）, 2008 (02): 93-98.

[24] 邓远平, 戴海琦, 罗照盛. 计算机自适应测验在特质焦虑量表中的运用 [J]. 心理学探新, 2014, 34 (3): 272-275.

[25] 朱宁宁, 张厚粲. CTT与IRT方法对人格测验结果处理的比较研究 [J]. 心理学探新, 2003 (03): 48-51.

[26] 刘翔平. 神经质人格 [M]. 北京: 光明日报出版社, 2018.

[27] 查理德·格里格, 菲利普·津巴多. 心理学与生活 [M]. 王垒, 王甦, 周晓林, 译. 北京: 人民邮电出版社, 2003.

[28] 丹尼斯·库恩. 心理学导论: 思想与行为的认识之路 [M]. 郑钢, 译. 北京: 中国轻工业出版社, 2014.

[29] 彭聃龄.普通心理学（修订版）[M].北京：北京师范大学出版社，2012.

[30] 哈维·拉特纳，埃文·乔治.焦点解决短程治疗：100个关键点与技巧[M].赵然，于丹妮，马世红，等译.北京：化学工业出版社，2017.

[31] 埃略特·阿伦森，提摩太·D·威尔逊，罗宾·M·埃克特.社会心理学[M].侯玉波，译.北京：世界图书出版公司北京公司，2012.

[32] 姚树桥，杨彦春.医学心理学[M].北京：人民卫生出版社，2013.

[33] 法布里奇奥·迪唐纳.正念疗法认知行为疗法的第三次浪潮[M].郭书彩，范青，陆璐，等译.北京：人民邮电出版社，2021.

[34] 郭召良.认知行为疗法咨询方案10大心理障碍[M].北京：人民邮电出版社，2020.

[35] 郭召良.认知行为疗法：会谈技能与咨询现场[M].北京：人民邮电出版社，2022.

[36] 吉姆·丁克奇.放下的力量[M].陶莎，译.南宁：广西科学技术出版社，2022.

[37] 卡伦·霍妮.我们时代的神经症人格[M].徐晓飞，译.北京：煤炭工业出版社，2017.

[38] 涂冬波.计算机化自适应测验：理论与方法[M].北京：北京师范大学出版社，2017.

[39] 陈水科，杨艾军，崔卫兵，等.战时心理虚拟训练系统构建的理论与技术[M].合肥：中国科学技术大学出版社，2022.

[40] 戴晓阳，王孟成，刘拓.常用心理评估量表手册：第3版[M].北京：北京科学技术出版社，2023.

[41] 施旺红.战胜自己：顺其自然的森田疗法[M].西安：第四军医大学出版社，2009.

[42] 亚伦·T.贝克，丹尼丝·D.戴维斯，阿瑟·弗里曼.人格障碍的认知行为疗法：第3版[M].王建平，辛挺翔，朱雅雯，译.北京：人民邮电出版社，2018.

[43] 冯正直，赵梦雪.高原军事心理健康研究[M].北京：科学出版社，2018.

[44] 洪洁州，夏敏慧，李梓欣.团体心理游戏256例[M].北京：人民邮电出版社，2023.

[45] 杨国愉.军人团体心理训练［M］.重庆：西南师范大学出版社，2016.

[46] 杨国愉.军校校园心理剧理论与实践［M］.重庆：西南师范大学出版社，2022.

[47] 杨国愉.军人心理防护手册［M］.重庆：西南师范大学出版社，2021.

[48] 董玉坤.着力提高官兵战场心理适应能力［J］.政工学刊，2021（10）：76-77.

[49] 何爽，滑树红.战场心理适应性训练探析［J］.白求恩医学杂志，2019，17（01）：2.

[50] 吴欣，林莉.军营中的心理学：理论与实务［M］.北京：中国轻工业出版社，2012.

[51] 武国城，伊丽，郝学芹，等.军人心理适应性量表的编制［J］.第四军医大学学报，2004（22）：2024-2026.

[52] 胡晓婧.入伍新兵部队适应状况及其相关心理社会因素的研究［D］.山东大学，2017.

[53] 赵梦雪，杨国愉，贺英，等.野战部队新兵适应性心理健康教育干预效果评估［J］.解放军医学杂志，2015，40（6）：492-497.

[54] 杨彦平.社会适应心理学［M］.上海：上海社会科学院出版社，2010.

[55] 陈曦，李川云，田彬.基层官兵心理训练集锦［M］.北京：北京师范大学出版社，2016.

# 附　　录

## 症状自评量表（SCL-90）

指导语：

以下表格中列出了有些人可能有的病痛或问题，请仔细阅读每一条，然后根据最近一星期内下列问题影响你或使你感到苦恼的程度，选择最合适的一格，划一个"√"。请不要漏掉问题。

|  | 从无 | 轻度 | 中等 | 相当重 | 严重 |
| --- | --- | --- | --- | --- | --- |
| 1. 头痛 |  |  |  |  |  |
| 2. 严重神经过敏，心神不定 |  |  |  |  |  |
| 3. 头脑中有不必要的想法或字句盘旋 |  |  |  |  |  |
| 4. 头晕或昏倒 |  |  |  |  |  |
| 5. 对异性的兴趣减退 |  |  |  |  |  |
| 6. 对旁人责备求全 |  |  |  |  |  |
| 7. 感到别人能控制你的思想 |  |  |  |  |  |
| 8. 责怪别人制造麻烦 |  |  |  |  |  |
| 9. 忘记性大 |  |  |  |  |  |
| 10. 担心自己的衣饰整齐及仪态的端庄 |  |  |  |  |  |
| 11. 容易烦恼和激动 |  |  |  |  |  |
| 12. 胸痛 |  |  |  |  |  |
| 13. 害怕空旷的场所或街道 |  |  |  |  |  |
| 14. 感到自己精力下降，活动减慢 |  |  |  |  |  |
| 15. 想结束自己的生命 |  |  |  |  |  |

|  | 从无 | 轻度 | 中等 | 相当重 | 严重 |
|---|---|---|---|---|---|
| 16. 听到旁人听不到的声音 |  |  |  |  |  |
| 17. 发抖 |  |  |  |  |  |
| 18. 感到大多数人都不可信任 |  |  |  |  |  |
| 19. 胃口不好 |  |  |  |  |  |
| 20. 容易哭泣 |  |  |  |  |  |
| 21. 同异性相处时感到害羞不自在 |  |  |  |  |  |
| 22. 感到受骗，中了圈套或有人想抓你 |  |  |  |  |  |
| 23. 无缘无故地感觉到害怕 |  |  |  |  |  |
| 24. 不能控制地大发脾气 |  |  |  |  |  |
| 25. 怕单独出门 |  |  |  |  |  |
| 26. 经常责怪自己 |  |  |  |  |  |
| 27. 腰痛 |  |  |  |  |  |
| 28. 感到难以完成任务 |  |  |  |  |  |
| 29. 感到孤独 |  |  |  |  |  |
| 30. 感到苦闷 |  |  |  |  |  |
| 31. 过分担忧 |  |  |  |  |  |
| 32. 对事物不感兴趣 |  |  |  |  |  |
| 33. 感到害怕 |  |  |  |  |  |
| 34. 你的感情容易受到伤害 |  |  |  |  |  |
| 35. 旁人能知道你的私下想法 |  |  |  |  |  |
| 36. 感到别人不理解你不同情你 |  |  |  |  |  |
| 37. 感到人们对你不友好，不喜欢你 |  |  |  |  |  |
| 38. 做事情必须做得很慢以保证做正确 |  |  |  |  |  |
| 39. 心跳得厉害 |  |  |  |  |  |
| 40. 恶心或胃不舒服 |  |  |  |  |  |
| 41. 感到比不上别人 |  |  |  |  |  |

|  | 从无 | 轻度 | 中等 | 相当重 | 严重 |
|---|---|---|---|---|---|
| 42. 肌肉酸痛 | | | | | |
| 43. 感到有人在监视你谈论你 | | | | | |
| 44. 难以入睡 | | | | | |
| 45. 做事必须反复检查 | | | | | |
| 46. 难以做出决定 | | | | | |
| 47. 怕乘电车、公共汽车、地铁或火车 | | | | | |
| 48. 呼吸困难 | | | | | |
| 49. 一阵阵发冷或发热 | | | | | |
| 50. 因为感到害怕而避开某些东西、场合或活动 | | | | | |
| 51. 脑子变空了 | | | | | |
| 52. 身体发麻或刺痛 | | | | | |
| 53. 喉咙有梗塞感 | | | | | |
| 54. 感到前途没有希望 | | | | | |
| 55. 不能集中注意力 | | | | | |
| 56. 感到身体的某一部分软弱无力 | | | | | |
| 57. 感到紧张或容易紧张 | | | | | |
| 58. 感到手或脚发重 | | | | | |
| 59. 想到死亡的事 | | | | | |
| 60. 吃得太多 | | | | | |
| 61. 当别人看着你或谈论你时感到不自在 | | | | | |
| 62. 有一些不属于你自己的看法 | | | | | |
| 63. 有想打人或伤害他人的冲动 | | | | | |
| 64. 醒得太早 | | | | | |
| 65. 必须反复洗手、点数或触摸某些东西 | | | | | |
| 66. 睡得不稳不深 | | | | | |
| 67. 有想摔坏或破坏东西的冲动 | | | | | |

|  | 从无 | 轻度 | 中等 | 相当重 | 严重 |
|---|---|---|---|---|---|
| 68. 有一些别人没有的想法或念头 |  |  |  |  |  |
| 69. 感到对别人神经过敏 |  |  |  |  |  |
| 70. 在商场或电影院等人多的地方感到不自在 |  |  |  |  |  |
| 71. 感到任何事情都很困难 |  |  |  |  |  |
| 72. 一阵阵恐惧或惊恐 |  |  |  |  |  |
| 73. 感到在公共场合吃东西很不舒服 |  |  |  |  |  |
| 74. 经常与人争论 |  |  |  |  |  |
| 75. 单独一个人时神经很紧张 |  |  |  |  |  |
| 76. 别人对你的成绩没有做出恰当的评论 |  |  |  |  |  |
| 77. 即使和别人在一起也感到孤独 |  |  |  |  |  |
| 78. 感到坐立不安心神不定 |  |  |  |  |  |
| 79. 感到自己没有什么价值 |  |  |  |  |  |
| 80. 感到熟悉的东西变陌生或不像真的 |  |  |  |  |  |
| 81. 大喊大叫或摔东西 |  |  |  |  |  |
| 82. 害怕会在公共场合晕倒 |  |  |  |  |  |
| 83. 感到别人想占自己的便宜 |  |  |  |  |  |
| 84. 为一些有关"性"的想法而苦恼 |  |  |  |  |  |
| 85. 你认为应该因为自己的过错而受惩罚 |  |  |  |  |  |
| 86. 感到要赶快把事情做完 |  |  |  |  |  |
| 87. 感到身体有严重问题 |  |  |  |  |  |
| 88. 从未感到和其他人亲近 |  |  |  |  |  |
| 89. 感到有罪 |  |  |  |  |  |
| 90. 感到脑子有毛病 |  |  |  |  |  |

# 后　　记

本教材在编写过程中，参阅了目前已正式出版的各类相关专著、文献等资料。同时，教材基本框架亦得到同类院校相关领域专家的审阅和指导，尤其借鉴吸纳了军事职业技术院校同类教材编撰过程中的经验。

教材具有一定的创新性，如在教材立项初期，联合地方单位收集了相关音视频资料。不过，需要指出的是，这些资料的数量有限、参考价值及针对性仍需提高。在下一步的教材更新中，我们将全力补充、更新相关影音资料，以增加教材的丰富度和鲜活性。此外，教材在贴近战场方面还需继续补充新的研究内容，并针对高原边防卫生军士群体，编写心理维护工作手册或口袋书，更方便高原官兵，尤其是广大军士朋友随时随地翻阅使用。

限于编者能力水平及经验，书中难免有不足之处，望广大读者朋友不吝赐教，多提宝贵意见。

编者

2024 年 6 月